QINHEFENGYUN　　　　SOUSHENJI

沁河风韵系列丛书　　主编｜行　龙

搜神记
沁河流域的村庄神明

郭永平｜著

山西出版传媒集团　山西人民出版社

图书在版编目（CIP）数据

搜神记：沁河流域的村庄神明 / 郭永平著. —太原：
山西人民出版社，2016.6
（沁河风韵系列丛书/行龙主编）
ISBN 978-7-203-09613-9

Ⅰ.①搜… Ⅱ.①郭… Ⅲ.①神—信仰—研究—山西
省 Ⅳ.①B933

中国版本图书馆CIP数据核字（2016）第123505号

搜神记：沁河流域的村庄神明

丛书主编：行　龙
著　　者：郭永平
责任编辑：魏美荣

出 版 者：山西出版传媒集团·山西人民出版社
地　　址：太原市建设南路21号
邮　　编：030012
发行营销：0351-4922220　4955996　4956039　4922127（传真）
天猫官网：http://sxrmcbs.tmall.com　电话：0351-4922159
E-mail：sxskcb@163.com　发行部
　　　　　sxskcb@126.com　总编室
网　　址：www.sxskcb.com

经 销 者：山西出版传媒集团·山西人民出版社
承 印 者：山西出版传媒集团·山西新华印业有限公司

开　　本：720mm×1010mm　　1/16
印　　张：16.75
字　　数：300千字
印　　数：1-1600册
版　　次：2016年6月　第1版
印　　次：2016年6月　第1次印刷
书　　号：ISBN 978-7-203-09613-9
定　　价：55.00元

风韵是那前代流传至今的风尚和韵致。

沁河是山西的一条母亲河。

沁河流域有其特有的风尚和韵致，

那悠久而深厚的历史文化传统至今依然风韵犹存。

这里是中华传统文明的孵化地，

这里是草原文化与中原文化交流的过渡带，

这里有闻名于世的北方城堡，

这里有相当丰厚的煤铁资源，

这里有山水环绕的地理环境，

这里更有那独特而深厚的历史文化风貌。

由此，我们组成"沁河风韵"学术工作坊，

由此，我们从校园和图书馆走向田野与社会，

走向风光无限、风韵犹存的沁河流域。

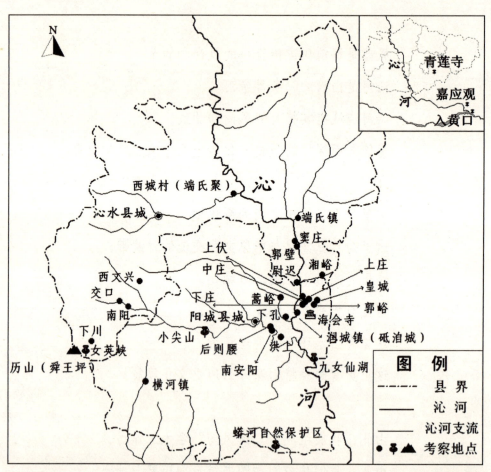

N

沁

青莲寺

嘉应观

入黄口

西城村（端氏聚）

沁水县城

西文兴
交口
南阳
下川
女英峡
历山（舜王坪）

上伏
中庄
下庄

阳城县城
小尖山
后则腰
南安阳

横河镇

端氏镇
窦庄
郭壁
尉迟 湘峪

蒿峪
下孔

洪上

河

上庄
皇城
郭峪
海会寺
润城镇（砥洎城）
九女仙湖

蟒河自然保护区

图 例

————————— 县 界
————————— 沁 河
————————— 沁河支流
● ⛩ ▲ 考察地点

"沁河风韵学术工作坊"集体考察地点一览图（山西大学中国社会史研究中心　李嘎绘制）

三晋文化传承与保护协同创新中心

沁河風韵 学术工作坊

一个多学科融合的平台
一个众教授聚首的场域

第一场

鸣锣开张：

走向沁河流域

主讲人：行龙

中国社会史研究中心 教授

时间：2014年6月20日晚7：30
地点：山西大学中国社会史研究中心（鉴知楼）

"沁河风韵学术工作坊"海报

田野考察

会议讨论

总　序

行　龙

　　"沁河风韵"系列丛书就要付梓了。我作为这套丛书的作者之一，同时作为这个团队的一分子，乐意受诸位作者之托写下一点感想，权且充序，既就教于作者诸位，也就教于读者大众。

　　"沁河风韵"是一套31本的系列丛书，又是一个学术团队的集体成果。31本著作，一律聚焦沁河流域，涉及历史、文化、政治、经济、生态、旅游、城镇、教育、灾害、民俗、考古、方言、艺术、体育等多方面，林林总总，蔚为大观。可以说，这是迄今有关沁河流域学术研究最具规模的成果展现，也是一次集中多学科专家学者比肩而事、"协同创新"的具体实践。

　　说到"协同创新"，是要费一点笔墨的。带有学究式的"协同创新"概念大意是这样：协同创新是创新资源和要素的有效汇聚，通过突破创新主体间的壁垒，充分释放彼此间人才、信息、技术等创新活力而实现深度合作。用我的话来说，就是大家集中精力干一件事情。教育部2011年《高等学校创新能力提升计划》（简称"2011计划"）提出，要探索适应于不同需求的协同创新模式，营造有利于协同创新的环境和氛围。具体做法上又提出"四个面向"：面向科学前沿、面向文化传承、面向行业产业、面向区域发展。

　　在这样一个背景之下，2014年春天，山西大学成立了"八大协同创新中心"，其中一个是由我主持的"三晋文化传承与保护协同创新中心"。在2013年11月山西大学与晋城市人民政府签署战略合作协议的基础上，在征求校内外多位专家学者意见的基础上，我们提出了集中校内外多学科同人对沁河流域进行集体考察研究的计划，"沁河风韵学术工作坊"由此诞生。

风韵是那前代流传至今的风尚和韵致。词有流风余韵，风韵犹存。

沁河是山西境内仅次于汾河的第二条大河，也是山西的一条母亲河。沁河流域有其特有的风尚和韵致：这里是中华传统文明的孵化器；这里是草原文化与中原文化交流的过渡带；这里有闻名于世的"北方城堡"；这里有相当丰厚的煤铁资源；这里有山水环绕的地理环境；这里更有那独特而丰厚的历史文化风貌。

横穿山西中部盆地的汾河流域以晋商大院那样的符号已为世人所熟识，太行山间的沁河流域却似乎是"养在深闺人不识"。与时俱进，与日俱新，沁河流域在滚滚前行的社会大潮中也在波涛翻涌。由此，我们注目沁河流域，我们走向沁河流域。

以"学术工作坊"的形式对沁河流域进行考察和研究，是由我自以为是、擅作主张提出来的。2014年6月20日，一个周五的晚上，我在中国社会史研究中心学术报告厅作了题为"鸣锣开张：走向沁河流域"的报告。在事先张贴的海报上，我特意提醒在左上角印上两行小字"一个多学科融合的平台，一个众教授聚首的场域"，其实就是工作坊的运行模式。

"工作坊"（workshop）是一个来自西方的概念，用中国话来讲就是我们传统上的"手工业作坊"。一个多人参与的场域和过程，大家在这个场域和过程中互相对话沟通，共同思考，调查分析，也就是众人的集体研究。工作坊最可借鉴的是三个依次递进的操作模式：首先是共同分享基本资料。通过这样一个分享，大家有了共同的话题和话语可供讨论，进而凝聚共识；其次是小组提案设计。就是分专题进行讨论，参与者和专业工作者互相交流意见；最后是全体表达意见。就是大家一起讨论即将发表的成果，将个体和小组的意见提交到更大的平台上进行交流。在6月20日的报告中，"学术工作坊"的操作模式得到与会诸位学者的首肯，同时我简单介绍了为什么是"沁河流域"，为什么是沁河流域中游沁水—阳城段，沁水—阳城段有什么特征等问题，既是一个"抛砖引玉"，又是一个"鸣锣开张"。

在集体走进沁河流域之前，我们特别强调做足案头工作，就是希望大家首先从文献中了解和认识沁河流域，结合自己的专业特长初步确定选题，以便在下一步的田野工作中尽量做到有的放矢。为此，我们专门请校图书馆的同志将馆藏有关沁河流域的文献集中在一个小区域，意在大家"共同分享基本资料"，诸位开始埋头找文献、读资料，校图书馆和各院系及研究所的资料室里，出现了工作坊同人伏案苦读和沉思的身影。我们还特意邀请对沁河流域素有研究的资深专家、文学院沁水籍教授田同旭作了题为"沁水古村落漫谈"的学术报告；邀请中国社会史研究中心阳城籍教授张俊峰作了题为"阳城古村落历史文化刍议"的报告。经过这样一个40天左右"兵马未动，粮草先行"的过程，诸位都有了一种"才下眉头，又上心头"的感觉。

2014年7月29日，正值学校放暑假的时机，也是酷暑已经来临的时节，山西大学"沁河风韵学术工作坊"一行30多人开赴晋城市，下午在参加晋城市主持的简短的学术考察活动启动仪式后，又马不停蹄地赶赴沁水县，开始了为期10余天的集体田野考察活动。

"赤日炎炎似火烧，野田禾稻半枯焦。"虽是酷暑难耐的伏天，但"沁河风韵学术工作坊"的同人还是带着如火的热情走进了沁河流域。脑子里装满了沁河流域的有关信息，迈着大步行走在风光无限的沁河流域，图书馆文献中的文字被田野考察的实情实景顿时激活，大家普遍感到这次集体田野考察的重要和必要。从沁河流域的"北方城堡"窦庄、郭壁、湘峪、皇城、郭峪、砥洎城，到富有沁河流域区域特色的普通村庄下川、南阳、尉迟、三庄、下孔、洪上、后则腰；从沁水县城、阳城县城、古侯国国都端氏城，到山水秀丽的历山风景区、人才辈出的海会寺、香火缭绕的小尖山、气势壮阔的沁河入黄处；从舜帝庙、成汤庙、关帝庙、真武庙、河神庙，到土窑洞、石屋、四合院、十三院；从植桑、养蚕、缫丝、抄纸、制铁，到习俗、传说、方言、生态、旅游、壁画、建筑、武备；沁河流域的城镇乡村，桩桩件件，几乎都成为工作坊的同人们入眼入心、切磋讨论的对象。大家忘记了炎热，忘记了疲劳，忘记了口渴，忘记了腿酸，看到的只是沁河流域的历史与现实，想到的只是沁河流域的文献与田野。我真的被大家的工作热情所感染，60多岁的张明远、上官铁梁教授一点不让年轻人，他们一天也没有掉队；沁水县沁河文化研究会的王扎根老先生，不顾年老腿疾，一路为大家讲解，一次也没有落下；女同志们各个被伏天的热火烤脱了一层皮；年轻一点的小伙子们则争着帮同伴拎东西；摄影师麻林森和戴师傅在每次考察结束时总会"姗姗来迟"，因为他们不仅有拍不完的实景，还要拖着重重的器材！多少同人吃上"藿香正气胶囊"也难逃中暑，我也不幸"中招"，最严重的是8月5日晚宿横河镇，次日起床后竟然嗓子痛得说不出话来。

何止是"日出而作，日入而息"，不停地奔走，不停地转换驻地，夜间大家仍然在进行着小组讨论和交流，似乎是生怕白天的考察收获被炙热的夏夜掠走。8月6日、7日两个晚上，从7点30分到10点多，我们又集中进行了两次带有田野考察总结性质的学术讨论会。

8月8日，满载着田野考察的收获和喜悦，"沁河风韵学术工作坊"的同人们一起回到山西大学。

10余天的田野考察既是一次集中的亲身体验，又是小组交流和"小组提案设计"的过程。为了及时推进工作进度，在山西大学新学期到来之际，8月24日，我们召开了"沁河风韵学术工作坊"选题讨论会，各位同人从不同角度对各选题进行了讨论交流，深化了对相关问题的认识，细化了具体的研究计划。我在讨论会上还就丛书的成书体例和整体风格谈了自己的想法，诸位心领神会，更加心中有数。

与此同时，相关的学术报告和分散的田野工作仍在持续进行着。为了弥补集体考察时因天气原因未能到达沁河源头的缺憾，长期关注沁河上游生态环境的上官铁梁教授及其小组专门为大家作了一场题为"沁河源头话沧桑"的学术报告。自8月27日到9月18日，我们又特意邀请三位曾被聘任为山西大学特聘教授的地方专家就沁河流域的历史文化作报告：阳城县地方志办公室主任王家胜讲"沁河流域阳城段的文化密码"；沁水县沁河文化研究会副会长王扎根讲"沁河文化研究会对沁水古村落的调查研究"；晋城市文联副主席谢红俭讲"沁河古堡和沁河文化探讨"。三位地方专家对沁河流域历史文化作了如数家珍般的讲解，他们对生于斯、长于斯、情系于斯的沁河流域的心灵体认，进一步拓宽了各选题的研究视野，同时也加深了相互之间的学术交流。

这个阶段的田野工作仍然在持续进行着，只不过由集体的考察转换为小组的或个人的考察。上官铁梁先生带领其团队先后七次对沁河流域的生态环境进行了系统考察；美术学院张明远教授带领其小组两赴沁河流域，对十座以上的庙宇壁画进行了细致考察；体育学院王金龙教授两次带领其小组到晋城市体育局、武术协会、老年体协、门球协会等单位和古城堡实地走访；政治与公共管理学院董江爱教授带领其小组到郭峪和皇城进行深度访谈；文学院卫才华教授三次带领多位学生赶去参加"太行书会"曲艺邀请赛，观看演出，实地采访鼓书艺人；历史文化学院周亚博士两次到晋城市图书馆、档案馆、博物馆搜集有关蚕桑业的资料；考古专业的年轻博士刘辉带领学生走进后则腰、东关村、韩洪村等瓷窑遗址；中国社会史研究中心人类学博士郭永平三次实地考察沁河流域民间信仰；文学院民俗学博士郭俊红三次实地考察成汤信仰；文学院方言研究教授史秀菊第一次带领学生前往沁河流域，即进行了20天的方言调查，第二次干脆将端氏镇76岁的王小能请到山西大学，进行了连续10天的语音词汇核实和民间文化语料的采集；直到2015年的11月份，摄影师麻林森还在沁河流域进行着实地实景的拍摄，如此等等，循环往复，从沁河流域到山西大学，从田野考察到文献理解，工作坊的同人们各自辛勤劳作，乐在其中。正所谓"知之者不如好之者，好之者不如乐之者"。

2015年5月初，山西人民出版社的同志开始参与"沁河风韵系列丛书"的有关讨论会，工作坊陆续邀请有关作者报告自己的写作进度，一面进行着有关书稿的学术讨论，一面逐渐完善丛书的结构和体例，完成了工作坊第三阶段"全体表达意见"的规定程序。

"沁河风韵学术工作坊"是一个集多学科专家学者于一体的学术研究团队，也是一个多学科交流融合的学术平台。按照山西大学现有的学院与研究所（中心）计，成员遍布文学院、历史文化学院、政治与公共管理学院、教育学院、体育学院、美术学院、环境与资源学院、中国社会史研究中心、城乡发展研究院、体育研究所、方言研究所等十几个单位。按照学科来计，包括文学、史学、政治、管理、教育、体育、美术、生态、旅游、民俗、方言、摄影、考古等十多个学科。有同人如此议论说，这可能是山西大学有史以来最大规模的、真正的一次学科交流与融合，应当在山西大学的校史上写上一笔。以我对山大校史的有限研究而言，这话并未言过其实。值得提到的是，工作坊同人之间的互相交流，不仅使大家取长补短，而且使青年学者的学术水平得以提升，他们就"沁河风韵"发表了重要的研究成果，甚至以此申请到国家社科基金的项目。

"沁河风韵学术工作坊"是一次文献研究与田野考察相结合的学术实践，是图书馆和校园里的知识分子走向田野与社会的一次身心体验，也可以说是我们服务社会，服务民众，脚踏实地，乐此不疲的亲尝亲试。粗略统计，自2014年7月29日"集体考察"以来，工作坊集体或分课题组对沁河流域170多个田野点进行了考察，累计有2000余人次参加了田野考察。

沁河流域那特有的风尚和韵致，那悠久而深厚的历史文化传统吸引着我们。奔腾向前的社会洪流，如火如荼的现实生活在召唤着我们。中华民族绵长的文化根基并不在我们蜗居的城市，而在那广阔无垠的城镇乡村。知识分子首先应该是文化先觉的认识者和实践者，知识的种子和花朵只有回落大地才有可能生根发芽，绚丽多彩。这就是"沁河风韵学术工作坊"同人们的一个共识，也是我们经此实践发出的心灵呼声。

　　"沁河风韵系列丛书"是集体合作的成果。虽然各书具体署名，"文责自负"，也难说都能达到最初设计的"兼具学术性与通俗性"的写作要求，但有一点是共同的，那就是每位作者都为此付出了艰辛的劳作，每一本书的成稿都得到了诸多方面的帮助：晋城市人民政府、沁水县人民政府、阳城县人民政府给予本次合作高度重视；我们特意聘请的六位地方专家田澍中、谢红俭、王扎根、王家胜、姚剑、乔欣，特别是王扎根和王家胜同志在田野考察和资料搜集方面提供了不厌其烦的帮助；田澍中、谢红俭、王家胜三位专家的三本著述，为本丛书增色不少；难以数计的提供口述、接受采访、填写问卷，甚至嘘寒问暖的沁河流域的单位和普通民众付出的辛劳；田同旭教授的学术指导；张俊峰、吴斗庆同志组织协调的辛勤工作；成书过程中参考引用的各位著述作者的基本工作；山西人民出版社对本丛书出版工作的大力支持，都是我们深以为谢的。

目 录

CONTENTS

一、沁河有神

沁河古称沁水，也称少水，据《左传·襄公二十三年》载："齐侯遂伐晋，取朝歌。为二队，入孟门，登太行。张武军于荧庭，戍郫邵，封少水。"文中的少水就是指沁河，当指端氏附近河段。清雍正十二年（1734）的《山西通志》（卷三十四·水利）"沁河"词条记载：

> 沁源县发源县东北浴凤村。一源出西北绵山，又一源出东北马圈沟，西南流经县城一百一十里，又南流四十里至岳阳县（安泽县）义亭村。……沁水县县东五十里沁河由岳阳县东流入县大将村，南流共袤一百三十里，至武安入阳城县境。……阳城县县东沁河由沁水县南流入县东北屯城村境，经润城沁渡太长降枢四里，共袤一百四十里，至县东南公娥涧出山口，入河南济源境至武陟入黄河。

沁河为黄河下游的支流，发源于山西沁源县西北部绵山东麓的二郎神沟，流经山西东南部的沁水、阳城和泽州县，最后在河南省武陟县汇入黄河。沁河流域是古代冀州的中心区域。古代冀州为"中国"的雏形，作为华夏文明的重要发祥地，此区域的宗教信仰历史源远流长，相传女娲补天、神农播种、禹凿石门、愚公移山、精卫填海等上古时期的原始神话传说都发生在这里。

沁河流域神明信仰系统发达，清代朱樟纂修的《泽州府志》（营建制五·坛庙）中就记载了诸多的寺观，如开福寺、保宁寺、鹫峰寺、华严寺、香岩寺、云峰寺、云堆寺、金台寺、龙泉寺、龙岩寺、开明寺、寿圣寺、灵泉寺、福胜寺、千峰寺、准提阁、太清观、长生观、灵泉观、太岳观、万龄观、阳台宫、紫微宫、天坛等24座寺观。以上记载的宗教场所均属于"正祀"的范围，在广大的乡间，还有众多没有进入国家视野，或者不被国家承认的神明系统，这样的神明数量众多，与普通民众的生活十分密切。

1. 神明的生成

广义的沁河流域是指长治和晋城两个地级市的整个晋东南地区，这是古代的上党地区。狭义的沁河流域主要是指沁水的源头沁源县，流经沁水县、阳城县和泽州县、河南省武陟县。

清代雍正版《泽州府志》引明代文学家陆深（1477—1544）的相关论述：

> 太行山川有极佳者，大率万山中得一平旷有水处，便立州县。泽之郡县皆在万山中，而川之大者曰沁、曰丹、曰濩泽，咸奔赴河济，为渠之浸，灌输民田；第其中若底柱、若丹源多为详说者，以流传不可以不正。曾子固云："理使客之馆而辨其山川者，太守之事也。"

陆深所言符合沁河流域的实际状况，这一区域位置的特殊，山多地少，州县位于山中。光绪版《沁水县志》也载：

> 沁境四围皆山，大都太行支脉，惟以沁河界，其中侧分为二派焉。张司马旧志仿《山海经》分支析派，而以山之著名者系其中。……

清同治版《阳城县志》云：

> 太行脉尽为阳城。

夹注中又引前《泽州府志》说阳城：

> 当太行之腹，省会之南，包寨群山，襟带众水。

历史时期，太行山通向外界的交通虽然有"太行八陉"，但是这些交通线大多都是羊肠小道，往来不便。沁河流域所在的晋东南地区实际上是一个较为封闭的系统。这里山多地少，从事农业生产极其艰难，且修建大型水利设施难度极大，面对自然灾害，尤其是旱灾的时候只能是向天求助。正因为如此，后羿射日、商汤祷雨的神话传说在这片区域广为流传。除了神话传说外，晋东南几乎每座庙宇里都有司雨的神明。例如，汤帝、龙王、玉皇、真武、二仙、崔府君等神明均被赋予降雨的职能。

与"山谷险阻、溪河清冽、地僻岩深、土瘠民贫"等不利状况形成鲜明对比的是这一区域蕴藏着丰富的矿产资源。清同治版《阳城县志》载：

> 土地硗确，坂坡崎岖，山谷深峻，林青丛茂。

又载：

> 阳城山县，僻处陬隅所，生既无珍异奇瑰足号于人下，且地多高岩深谷，少平畴沃野以资播艺，即稼穑之利民犹难之。若其布帛财贿，宾客饮食所供，多仰于外来。

由此可知，阳城农业生产的条件较差，传统社会粮食的供给主要依靠外地输送。但是，这里的采矿业和冶铁业却很发达。据朱绍侯主编的《中国古代史》记载："明中叶后，全国产铁地区共有一百余处，广东佛山、山西阳城、福建龙溪出现了规模较大的冶铁、铸造业。"明代阳城的冶铁业集中在"两河"，即沁河、芦苇河沿岸的润城、三庄、刘善、蒿峪、上下孔、尹家沟及郭峪、安阳、东冶等地。当时润城镇的冶铁生产最为发达，这与冶炼技术的提高有关，也与润城交通便利（经豫、鲁可以通往晋、陕、甘等地区）有关，更重要的是其周边蕴藏着丰富的煤、铁资源。润城镇东北2公里有个叫黑松沟的地方，历史上这里冶铁业发达，白天冶铸炉黑烟弥漫，夜间沟内火明如昼，因此人们又称这条沟为"火龙沟"。不仅冶铁需要木材，而且随着经济的发达，人口的增多，这里的人们砍光沟底的松树修房盖屋，于是改称黑松沟为白巷里，以后逐渐发展为上、中、下三庄。而位于阳城县润城镇的砥洎城，其高耸的城墙由炼铁所用的坩埚砌筑而成。由此可见，历史上此地的冶铁业是何等的发达。

与冶炼业相关的是煤矿资源的开采。阳城煤炭开采历史悠久，大约始于东汉，且东部地区煤炭属于浅层煤，这为采煤业的发展创造了有利条件。到明代，随着冶炼业的发展，采煤业迅速扩张。据《阳城煤炭志》载：

> 明万历（1573—1619）年间，阳城成为山西省较大的采煤地区，从事采煤的人日渐增多，而且在当时的采煤业中已有了分工，"有产煤之地，有做煤之人，有运煤之夫，有烧煤之家"，采煤业已有了一定的规模。

明崇祯十三年（1640）郭峪村豫楼墙碑《焕宇变中自记》中记载："崇祯四年四月间，陕西反贼王加胤在平阳府作乱……初八日，贼自大阳、马村由长河而来吾村。知贼将至，往炭窑躲避，见贼到岭上，男妇一拥入窑，窑口窄小，踏死九十三口。上佛、井则沟窑内亦如此，踏伤男妇五百余口……"这里就有关于郭峪、上佛、井则沟炭窑的记载，由此印证了明朝时阳城煤炭业生产已经发展到很大规模。与此相关的是在此地老君崇拜的发达，不论是在冶铁业、采煤业还是硫黄业都将老君视为行业保护神，在沁河流域大庙里都有专门的老君殿。

2. 神明的分布

山西省有国家级文物保护单位452处，晋城市有66处，阳城县有6处，沁水有4处。阳城县国家级保护单位分别为郭峪村古建筑群（明至清）、开福寺（金至明）、润城东岳庙（金至清）、海会寺（明至清）、下交汤帝庙（北宋至清）、砥洎城（明）。沁水县的国家级保护单位别为分柳氏民居（明至清）、湘峪古堡（明至清）、郭壁村古建筑群（金至清）、窦庄古建筑群（元至清）。2013年高平市河西镇苏庄村、原村乡良户村、马村镇大周村、米山镇米西村，陵川县西河底镇积善村，泽州县晋庙铺镇拦车村、北义城镇西黄石村，沁水县土沃乡西文兴村、郑村镇湘峪村，阳城县北留镇郭峪村、皇城村、润城镇上庄村13个古村落入选国家传统村落。

这些国家级保护单位、古村落（镇）主要包括三个方面：一是庙宇，二是古建筑群，三是古堡。沁河流域古庙宇遗存分布相对集中，尤其以沁水的嘉峰镇、郑村镇，阳城的润城镇、北留镇相交汇处数量最多，这一地区较为平坦，人口众多，且处于商业要道，农业、工业，尤其是冶炼业、采矿业发达，历来是沁河流域最为富庶之地。在这些众多的古堡、古村中信仰发达，难以数清的庙宇就是最好的例证。在沁水县郑村镇半峪村这个今天也只有一千多人、沁河流域一个极其普通的村落里，就有重修于明代万历五年（1577）的胡家掌上庙，始建于明末清初的胡家掌庙，嘉庆八年（1803）扩建的半峪大庙，难以考证历史的佛爷庙，始建于康熙二十年（1681）的三官庙，重修于乾隆二十六年（1761）的都山神庙，明崇祯三年（1630）重修的下半峪庙，始建于清代中叶的河神庙，创建于嘉庆十五年（1810）的萃云阁，难以考证历史的半峪东塔、魁星塔等12处宗教建筑。阳城县北留镇郭峪村是远近闻名的大村，且在明清时期商业发达、人才辈出，信仰系统更为发达。村里有汤帝庙、白云观、文庙、文昌阁、文峰塔、土地庙、虫土庙、蚕神庙、黑龙庙、黑虎庙等。村内规模最大的是汤庙，亦称大庙，创建于元至正年间（1341—1368），明正德年间（1506—1522）扩建，嘉靖年间（1522—1567）毁于火灾，又修于万历年间（1573—1620），清顺治九年（1652）又拆旧重修。文庙位于城内西城根，建于明成化六年（1470），重修于清乾隆十二年（1747），庙宇坐北朝南，位于丁字路口，大门正对窦家胡同。白云观至迟建于万历二十五年（1597），崇祯九年勒石的（1636）残碑记载，村中富商王重新出资一百二十余两新造钟、鼓楼等。清乾隆年间白云观又重修。白云观以西偏北，有一座塔院，院内有一座九层高的砖塔，《郭峪村志》载此塔"建于唐贞观年间"。白云观以东约三百米，山岭上有一座文昌阁，初建于明武宗正德十一年（1516）。郭峪村北庄岭山坡上有山神庙，清顺治十三年（1656）的《西山庙碑记》记载，此庙所在之处"从古相传皆名为山神坡。然庙中神像甚多，何独以山神名也？或者当日诸神未修，而独以山神居其始，故以此名乎？粤稽原始，无迹可考，观其梁记，盖重修于大明嘉靖二十五年也。"汉唐以后，土地庙遍布各地，到了明代，相传开国皇帝朱元璋出生在土地庙中，所以土地神在明代很受崇敬，明代土地庙达于极盛。郭峪村的土地庙就兴建于明代。村里人口多，怕一个土地神管不过来，就把村分成四个区域。郭峪村内为一方，中道庄为一方，土沟为一方，侍郎寨及黑沙坡一带为一方，各方都建有土地庙。

3. 神明系统的特征

神明的地域性　沁河流域内部神明的分布呈现出区域性。在沁水，围绕历山形成了舜帝信仰圈。在阳城，主要是汤帝信仰；在高平，则是炎帝信仰。沁水民间分布最广的宗教建筑就是舜庙，也称为大庙。民间传说"舜耕历山"，最早记载始见于《墨子·尚贤中》："古者舜耕历山，陶河濒，渔雷泽，作什器于寿丘。"其后在诸子百家著述中，舜耕历山的传说被不断加以转述。到了汉武帝年间，通过司马迁《史记·五帝本纪》的整理与转述，"舜耕历山"的历史传说被进一步传播开来。

阳城对于汤帝的信仰，其历史也相当久远，据《吕氏春秋·顺民篇》记载：

> 昔者汤克夏而正天下，天大旱，五年不收。汤乃以身祷于桑林，曰："余一人有罪，无及万夫，万夫有罪，在余一人；无以一人之不敏，使上帝鬼神伤民之命。"于是翦其发，磨其手，以身为牺牲，用祈福于上帝。民乃甚悦，雨乃大至。

清末民初国学大师王国维在《今本书纪年疏证》中记述：商汤

"二十四年，大旱，王祷于桑林，雨。"围绕阳城县西南析城山形成了汤帝信仰圈，汤王祈雨之地析城山也被世代尊称为圣王坪。析城山成汤庙是阳城最早的成汤庙。北宋政和六年，宋徽宗赐析城山成汤庙"广渊之庙"庙额，把析城山的爵位从"诚应侯"提升为"嘉润公"。阳城还有桑林乡（现属蟒河镇），"成汤之庙，全国都有，但阳城数量最多、分布最广"。据史籍记载，宋元以来，阳城的汤庙最多时曾达380多处。县境内至今还保存着120余座规模宏大、建筑精美的汤庙及其古建筑群。关于汤王祷雨的神话故事和民间传说也遍布阳城，形成了独特的商汤文化现象。

行业神信仰发达 行业神是各行各业的人们供奉用以保护自己和本行业的行业祖神和保护神。行业神的出现是社会分工细化的结果。沁河流域独特的自然环境中孕育出一些具有地方特色的信仰形式，如蚕姑信仰、老君信仰。沁河流域很多地方生长着大片的桑树，养蚕业发达，当地流传着"家有三株桑，种地不纳粮"的农桑谚语。明清时候，沁水县西南土沃乡的南阳村曾是中条山丝绸古道上的商业重镇。山西省史志研究院的张铁锁研究员考证后认为，该区域也是中国古代"丝绸之路"重要的发源地，"'丝绸之路'的真正起点，在古代山西沁河流域潞、泽二州女子的织机上，在古代山西沁河流域潞、泽二州男子的打丝框上。"唐宋乃至更久远的历史时期，中原客商慕名从洛阳东来，穿过太行山，跨越沁河流域，从泽州人手中购买丝绸，然后西出长安，过敦煌，到达当时的西域，还可能进入波斯，走向欧洲，这就是著名的陆上丝绸之路。明清时期，沁河流域养蚕业、丝织业更加发达，产生了中国北方最具代表性、影响力的丝绸织品——潞绸。明代著名散曲家沁水人常伦在《沁水道中》写道：

处处人家蚕事忙，盈盈秦女把新桑。
黄金未遂秋卿意，骏马骄嘶官道旁。

清代泽州知府钱塘人朱樟纂修的《泽州府志》（《风俗》篇）中也有"民重农桑，性多朴直，前代以来，多文雅之士"的记载。清代《沁水县志》云："民勤耕稼务蚕桑。"可见当时沁河流域蚕桑生产是何等兴盛。现在沁水县境内有"桑叶沟"、"桑树圪坨"、"桑院"等村名，阳城县境内还有白桑乡，以桑命名的地名有36个。与养蚕业、丝织业发达相关联的是蚕姑（神）信仰的兴盛。古沁河流域，人们把蚕神称做"三蚕娘娘"，分别指养蚕神（嫘祖）、地桑神（马皇后）、天蚕神（马头娘）。阳城每年农历三月三是蚕神节，养蚕户们要到蚕姑庙里上香。阳城县西南40公里的横河乡庙河口养蚕业、缫丝业发达，曾有一座三蚕姑庙，立有蚕姑神位，是当年缫丝的作坊，后被洪水冲没。2006年，庙河口发掘出一通道光二十一年（1841）的《立茧秤碑序》，碑文如下：

　　盖闻生民以来，居民乐业，由此而出也，夫农养蚕、植桑、结茧、缫丝而成习，捐上乃润国之珍宝。庙河各家立身理宴，虔敬三蚕圣母，酬神圣功德之恩。近闻四邻村庄，皆有茧称一事，独盘亭定此备社，偶起此念，想余社之茧，可归于社中变卖，方为三益：凡商者坐庙求得货农之心愿，庙而得财，社内抽油资而荣社，真乃神从人愿。意欲已定，竭力难全。今同阖社处士热心公请酒，共议既妥，商翁畅允，所有条例，辟开于后，勒石流传，万古足哉。

　　一、议茧入社者，买卖两家每茧一斤，各出油资钱三文；

　　二、议在社人等，不许在家卖茧，如私卖茧者，照罚；

　　三、议新旧四位老头每日一位，七位茧头每日一位，轮流周转，在庙执日主价过秤；

　　四、议每六月初六日，祀三蚕圣母尊神，所用之物照帐办理，此日勾帐交头，不许失误，和违者遵古惩罚；

　　五、议社抽油资，只许置买社物花费，不许古迹祭祀使用。

　　时大清道光二十一年暑月 谷旦 阖社仝立

　　碑文记录了庙河村各家虔敬三蚕圣母，社里抽取蚕茧买卖中油资钱用来置办社物的事情。同时也反映了该地植桑、养蚕、缫丝业买卖十分兴隆。在沁河流域各地的大庙中也有蚕姑的位置。

沁河流域还蕴藏着丰富的煤、铁、硫黄等矿产资源，这一行业崇拜的是老君神。早在春秋战国时期，泽州先民就开始使用煤炭了，当时的人们主要是使用露天煤冶铁。到了唐代，泽州已出现了地下采煤。北宋时期，煤炭的开采和使用已非常广泛，由于品质优良，连当时的都城汴梁都大量使用泽州煤炭，使得泽州煤炭日输中州不绝。直至今日，煤炭业依然是晋城的支柱性产业。至于铁矿的开采，同样非常久远。《山海经》记曰："虎尾之山，其阴多铁。"虎尾山，就是今天泽州县大阳镇的一座小山。从春秋战国至清末，这里一直以开采地上煤矿冶铁为主，清末才开始凿井采矿。西汉时，这里出产阳阿剑。明清时，大阳钢针行销全国，出口域外。泽州府所属五县，铁矿资源都很丰富，其中又以阳城为最。明成化版的《山西通志》中记载："铁，唯阳城尤广。"早在明洪武初年，阳城全县生铁产量为115万斤，居全国各省铁产量第五位。到天顺年间，阳城"每年课铁不下五六十万斤"。按明代课铁"第三十分取其二"的税率计算，则阳城县年产铁750万~900万斤，比洪武初年提高了七八倍，居全国第一。山西大学教授乔志强著《山西铁业史》载："19世纪70年代，制造铁器和铸造熟铁以晋城的南村，阳城和潞安为中心。"其实，不只是砥洎城，在沁河流域很多地方，都有用坩埚砌成的房子。由此可见，历史上这里的冶铁业相当发达。太上老君因有管理八卦炉之职，故被冶铸业、煤业等供为行业神。阳城县凤城镇北安阳村北旧有老君庙，庙宇基础损坏，殿宇狭小，历年既久，风雨飘摇。同治十一年（1872）勒石的《金妆神像并增修暖阁碑记》载：

庙之东北隅有小台焉，上塑老君神像，基址无多，殿宇隘小，历年既久，为风雨所飘摇。岁壬申，值仲春祭祀之期，有存兆茹君、叙霖傅君等目击心伤，慨然以重葺之责为己任，于是乃卜吉经营，鸠工庀材，重装神像，增修暖阁，又于台前藩之以门，以蔽风雨，而复饰以丹雘，施以朽墁，殿之内外焕然一新。此固数十年以来至此而聿观厥成者也。工竣嘱予为序，予甚嘉存兆、叙霖之好善乐输，而又美庆云、苍熊之勠力同心而相与以有成也。爰援笔而为之序。

……

邑庠生范玉麟沐手书

时清同治十一年六月谷旦

阳城县有两个安阳村，隔河相望分别为南、北安阳村。南安阳村中有传统民居院落20余处，传统建筑面积近3万平方米，其中最有代表性的就是潘家大院，而潘家主要就是依靠经营煤铁生意发迹。《山西古村镇》一书里是这样叙述的，早在明朝初年，潘氏家族由高平赤土坡（今店上村）迁往阳城的北安阳村。明末战乱，潘元圉又携妻儿一起迁至隔河一里的南安阳村。最初潘氏以农耕为主，后来又在当地经营挖煤和冶炼业。清乾隆年间，开始在本地和河南一带贩运阳城的铁货、土布、陶瓷以及外省的食盐、丝绸等。之后，买卖做大，生意遍布河南、河北、陕西、湖北、湖南、江苏、浙江等十数省，甚至河南朱仙镇的大部分生意也由潘家独领。潘家从而成为当时有名的大富户，为潘家大院的兴建奠定了雄厚的经济基础。从清嘉庆年间开始一直到清朝末年，潘家陆续兴建房屋千余间，占地面积达2万多平方米。现存的潘家大院有"狮子院"，"西厅院"，"老院"，"中院"，"后院"，"东、西、中花园"，"书房院"，"账房院"，"加工院"等十三院，俗称"潘家十三院"。

神明的生活性　沁河流域的神明信仰主要包括祭祀成汤等圣地贤王的庙宇和祭祀龙王、老君、高禖、土地神、瘟神等各路仙灵的庙宇、楼阁等。杨庆堃在《中国社会中的宗教》中指出："中国传统文化就是一种分散性宗教，其特征就是宗教的教义、组织、仪式都与世俗生活和社会制度紧密地联系在一起。"因此，制度性宗教并没有成为人们信仰的主流，国家与精英对民间的想象未必符合民间的实际情况。除了佛道儒这些制度性宗教外，遍布乡间还有难以统计出数字的民间神明，这些非制度性宗教与普通民众的生活更为密切。在地方志中，沁河流域经常被描绘为"土瘠民贫"、"十年九旱"、"水陆不便"、"舟车不通"。到了明清时期泽州旱涝灾害也相当频繁。据1994年版的《阳城县志》载：泽州地区在明代的276年中共有57个年份发生过各种灾荒，平均每四年就发生一次。而且在明代成化年后，灾荒的记载更多，如阳城较大规模的旱灾从有历史记载的明成化二十七年（1484）到1985年间就有51次，春旱每四年一遇，夏旱每两年一遇，连续两年以上的旱情也有数次，如明代万历十四年、十五年，清代乾隆四十二年、四十三年，光绪八年、九年和十八年、十九年的旱灾。洪涝灾害从有记载的元至元二十年（1283）到1985年，共有40次。这些自然灾害不论是对于地方民众的生产还是生活都带来了严重的影响。与此相关的是地方祈雨系统的发达：不仅每个村建有用来酬神的戏台，区域中固定的祈雨取水地点，同时以祠庙为中心还形成了村社系统。在山西省阳城县河北镇下交村周围有三处著名的取水地：一处是位于村东60里的析城山圣王坪，另一处是北崦山白龙庙，第三处是河北镇的玉皇庙。这三个地方三年轮一次，每年抓阄选定一处去取水。三地所祀神明并不相同，析城山主神汤帝，北崦山是白龙爷，而河北镇玉皇庙则是玉皇大帝。除了祈雨神明系统外，面对灾害的频繁，民间还造出了诸多的神明。如瘟神、牛王神、马王神等。在家庭中，还供奉有财神、天地神、土地神、灶君神、中公爷等。

杨庆堃说："在中国广袤的土地上，几乎每个角落都有寺院、祠堂、神坛和拜神的地方。寺院、神堂散落于各处，比比皆是，表明宗教在中国社会中强大的、无所不在的影响力，它们是一个社会现实的象征。"杨氏的发现展示出中国宗教的广泛存在，"既存在于民众的日常生活中，以社区的集体性活动为特征，更通过天命信仰，使宗教与政治伦理结合在一起。"在这个庞大的神明体系中，作为佛道的制度性宗教与民间信仰这样的普化宗教呈现出并置的状态。然而相对于一般西方宗教，传统中国宗教有其独特之处，主要表现在非制度性宗教的发达（也叫普化宗教）。在乡村社会，民间祠庙的数量要远远多于制度化的佛道的村庙，普化宗教比制度性宗教对于村落社会起着更加重要的社会整合作用。沁河流域村落中的神明信仰呈现出包容性和杂糅性的特点，是一种多元化复合型信仰。

二、神明的信仰圈

有祭祀，就存在祭祀圈，也就有信仰圈。沁河流域山岭众多，较大范围的信仰圈主要是围绕山岭上的神明信仰而构成的，这个圈层在逐步向外扩散过程中信仰也会减弱。同时，信仰圈的形成还与神话传说，历史传统、地域社会有着密切的联系。

1. 舜耕历山

游历山（即西坪）拜瞻虞庙

西坪石庙接云涯，回首山川进帝家。

野草熏风还往日，令人窈寐忆重华。

龙游当年未御天，终身甘自往尧田。

一从历数咨文组，万国南风奏舜弦。

明隆庆四年（1570）夏四月吉户部侍郎可乐人阳城王国光书

王国光（1512—1594）是阳城人，官至吏部尚书。据《明史》（卷二百二十五·列传第一百十三）记载："王国光，字汝观，阳城人。嘉靖二十三年进士。授吴江知县。邻邑有疑狱来质，讯辄得情。调仪封，擢兵部主事。改吏部，历文选郎中。屡迁户部右侍郎，总督仓场。谢病去。隆庆四年，起刑部左侍郎，拜南京刑部尚书。未上，改户部，再督仓场。神宗即位，还理部事。时簿牒繁冗，自州县达部，有缮书、输解、交纳诸费，公私苦之。国光疏请裁并，去繁文十三四，时称简便。户部十三司，自弘治来，以公署隘，惟郎中一人治事，员外郎、主事止除官日一赴而已。郎中力不给，则委之吏胥，弊益滋。国光尽令入署，职务得修举。边饷告匮，而诸边岁出及屯田、监课无可稽。国光请敕边臣核实，且画经久策以闻。甘肃巡抚廖逢节等各条上其数，耗蠹为损。"《游历山拜瞻虞庙》写于明隆庆四年（1570）夏四月，如果按照《明史》所述，当时王国光正在家中养病，朝中政治斗争复杂，难得有这样的时光游览历山西峡。诗中追述了舜耕于历山，曾经在此高唱《南风歌》，列举舜帝之功绩，认为是文德始祖。

当时陪同王国光一同游历山的还有沁水县土沃乡西文兴村的柳遇春（1522—1596）。柳遇春，字时芳，号柳泉。明嘉靖二十五年（1546）乡试举人，隆庆五年（1571）谒选铨部，授巩昌别驾，历官奉直大夫，同州刺史。当时柳遇春也赋诗一首：

游西坪
羊场百叠步难留，猿鸟飞腾亦解愁。
独有神驹跨逐电，摇身直上碧云头。

明·柳遇春

将以上两首诗进行比较可以看出，王国光关注的是社会的道德风尚，他对于《南风》很是赞赏，希望能永远传续下去。柳遇春则不然，相比起当时已经任过户部右侍郎的王国光，他官小言轻，且感觉到仕途艰难。柳遇春希望自己能够像神驹快速冲天一样，官运顺达。以上只是明代两位官员游历历山的历史记载。其实，历代不同时期，诸多达官贵人、文人雅士远道前来，驻足停留，赋诗言志，除了其风景优美之外，历山之所以能够吸引其前来的重要原因是"舜耕于历山"的传说，以及在此基础上形成的舜帝信仰圈。

历山风光

据《史记》载："舜生于蒲坂，渔于濩泽，耕于历山。"蒲坂在今天的永济市，濩泽是指今天的阳城县，至今"濩泽河"仍流经县城中部。对于这两处地名没有多大争议，然而学界对于"耕于历山"就争议很多。全国约有二十一处历山，郦道元《水经注》云："郡南有历山，谓之历观。舜所耕处也。"郦道元评其他地方历山云："余案周处此志为不近情，传疑则可，证实非矣。安可假木异名，附山殊称，强引大舜，即比宁壤。"在全国多处历山中，影响较大的是山西的历山。在山西，历山主要有两处：一处是舜都蒲坂南之历山，在山西省永济市（古蒲州）南的中条山西端，舜所耕处，也就是今天的芮城县永乐镇历山村。芮城县历山的北面有"二妃坛"，为祭祀娥皇、女英处，又称娥皇女英陵。

另一处历山位于沁水县城西南部56公里处。历山是中条山的主峰，总面积约100平方公里，海拔2358米，与翼城、垣曲、阳城毗连，境内峰峦叠翠，传说这里是上古时代舜帝耕作的地方。舜王坪是历山自然保护区的主峰，海拔2358米，是华北最高的亚高山草甸，1982年被国务院确定为国家级自然保护区。

（1）舜帝的传说

舜王坪　舜王坪位于山西省翼城、垣曲、沁水三县交界处历山自然保护区内，传说是上古时代舜帝耕作的地方。舜王坪在历山山顶，绿草如茵。据当地村民介绍，舜王坪生长着十几种中草药。牛吃后，既防病又上膘。每年春忙过后，周围村的农民就把牛赶上舜王坪，任牛群自由生活，无人管理。晚上，每个牛群聚集一方，公牛围成一圈，双角簇立，担任警卫，保护在圈内的母牛、小牛过夜，防止野兽袭击。秋忙时节，村民才赶牛下山，秋收秋种。不过，随着这些年旅游的开发，为了保护环境，牛也不能随便跑了。在舜王坪北面草坡上，有一排天然石头形成的石墙，高低参差不齐，其中有一个猴形石头十分显眼，当地人称此景为"群猴望月"。在舜王坪周围各县百姓中，至今还流传着许多关于舜帝种粟等古老的故事，还有尧王访贤的望仙村。

七十二混沟　历山最高处为舜王坪南天门，站在此地，遥望西南，在原始森林深处，便是著名的"七十二混沟"。在七十二沟中，由于每一个沟的气候不同，所长草木的种类也很不一样。据民间传说，上古时期，舜帝通过观察七十二混沟的物候变化，同时结合天文、气象、物候知识指导农事活动，而创造了《七十二候》这部农事活动的历法。

舜王犁沟　据《史记》载："舜耕历山，渔雷泽，陶河滨"。如今在历山舜王坪顶，有一条长一千多米的浅沟，这就是"舜王犁沟"——传说中舜王躬耕的地方，也被人称为"天下第一犁"。在当地有个美丽的传说，据说当年舜王在用牛耕地的时候，就在牛背上挂一个簸箕，尧看见后很诧异地问他："你在牛背上挂个簸箕干什么？"舜王说："牛拉着犁已经很累了，我不忍心再拿鞭子抽它们，挂个簸箕，抽打簸箕吓唬吓唬它就够了。"舜王的仁慈深深地打动了尧，所以尧将二女娥皇、女英嫁给了舜，并在其老去之际，将王位禅让于舜。

东峡和西峡　除了山花烂漫的舜王坪、邈远神奇的"七十二混沟"之

历山西峡

外，历山的两条大峡谷奇峰对峙，怪石嶙峋，碧水潺潺，这里有许多景点让人应接不暇。俗言之：东峡看石，西峡看水。长约6.5公里，宽约20米的东峡也叫娥皇谷，传说是舜耕历山期间用戟劈山而成。主要景点有黑龙潭、张果老摔驴处、大岩扉、佛光壁、锁阳峰、坐井观天、狮吼河东等。西峡也叫女英谷，长约5公里，最宽处有50米，最窄处却只容一人过，即为"一线天"。相传舜帝看到历山这个湖泊断绝了人们南来北往的出行，他决定放水入海。于是用神赐大刀，一刀下去，地动山摇，坚硬的山崖裂开两条山缝，深有数千丈，宽不过丈许，于是就有了"一线天"的奇观，也有了"大舜刀劈一线天，高山湖泊变桑田"的说法。

妃子树 除了上文的叙述外，还有关于舜王与二妃坚贞不渝的爱情故事。据说当年舜巡游天下，二妃日日守望，一直在遥望远方，夫君最终未归，最后二妃化为山头的两棵树，故名为"妃子树"。

在历山周边地区，舜帝是正神，也是最崇高的信仰，几乎每个村都会有一座舜王庙。围绕舜庙，围绕舜帝，围绕信仰，民众按照自己的想象方式，编织了许多动人的神话与传说。

妃子树

（2）舜帝信仰

舜庙神像　　　　　　　　　　　　　历山舜庙外景

在历山舜（圣）王坪上，至今仍存有一座舜庙。

还有两块碑。其中的一块是道光二十三年（1843）立石的《重修历山圣王坪舜帝庙碑》，由清生员、沁水县人刘乡荣撰文，清国学生、沁水县人王近河书丹，碑文载：

历山，古迹也。圣王坪，因历山□□□山即在此焉。其山峰峦耸翠，四面峭壁，坪原广阔，约有四五十里。而沁水居东北，翼城居西，垣曲居□□□。舜帝神庙，世远年沿，风雨飘泊，虽从前重修数次，仍复规模狭隘，不足以栖神灵而大壮观。兹于道光□，念其舜帝圣神为绍尧致治之主，历山肇迹之初，因慕化四方，捐金乐输。庀材督工，竭力尽心，前□之损坏者因而整饬之，庶几神龛得其安宁，士民享其恩泽，而四方祈祷者又复蒙其神佑焉，□尔。

邑生员刘乡荣谨撰

国学生王近河书丹

蒲泓社　冶内社　石雾社各五千文

沙腰社 小河湾 各钱□□文

独台□ 河西社 刘家渠各钱一千五百文

□垛社 前后蚊堂 下白马 青皮掌各钱二千文

东庄社 官房社 庙圪塔李王社 各钱一千文

马马渠 捐钱一千五百文

□家社 羊行 钱一千文

（捐施姓名略）

时大清道光二十三年岁次□……

　　道光二十三年的这次舜帝庙重修，主要由蒲泓社、冶内社、石雾社、沙腰社、小河湾、独台□、河西社、刘家渠、□垛社、前后蚊堂、下白马、青皮掌、东庄社、官房社、庙圪塔李王社、马马渠、□家社等出资，金额由五千文到一千文不等。另外，还有六十多人以个人名义进行了捐资。此次重修共花费九十一千五百文。由于历山位于沁水、翼城、垣曲三县的交界处，自然会产生归属问题。34年后，也就是到了光绪五年（1879），在舜王坪上，三县知县带领各自民众，确定县界，重修舜帝庙，且分摊了重修费用。

　　清代光绪五年（1879）《三县重修舜帝庙碑》载：

　　……庙工竣已六年矣，恐其久而湮也，请志于余。余辞，以沁、翼不乏明公巨笔，何必瞩余？乃据情以告曰："此事虽系三县公举，而实垣邑恩贡文允、廪生王人聚之力居多。且二人坚执和议，即三邑亦所共知，以及沁邑朴茂清，翼邑侯魁立等，罔不同心协力焉。此不得不请志于明府也。"余虽不文，责难再辞，姑即圣基之广大，历山之灵秀，并争山颠末，摭实以叙，镌之贞珉。凡后之登山者，秉耒执耜，遥想象耕鸟耘之盛；谒庙者，整衣肃冠，群钦凤仪，兽舞之休。庶几□古圣之芳踪，历久常新，三邑之风景，永贞不朽。是为记。

钦加同知衔 特授太原县代理垣曲县知县 薛之钊撰文

钦加同知衔 特授垣曲县调署沁水县知县 周永怀公置

垣邑儒学生员 王善继书丹

（捐银略）

大清光绪五年岁次己卯仲冬立

（碑阴）

沁水共施钱贰佰七十九仟文

垣曲共施钱贰佰五十一仟五佰文

翼城共施钱壹佰零一仟三百文

所有历山四至，以及兴讼、甘结条款永久。皆另刊石，各存各县舜帝庙中，以垂永久。

历山位于沁水、翼城、垣曲三县的交界处，对于纷争的解决，知府在征得省府同意后采取调解的办法就是对县令进行对调。将太原县的薛之钊代理垣曲县知县，垣曲县知县周永怀调到沁水县任知县，翼城知县并没有发生变动。此次纷争的解决地在舜王坪舜庙，之所以选取这个地点，就是让舜帝见证整个调解过程，通过神的见证，将调解结果赋予了神性。

舜帝信仰遍及沁水，尤其是在历山周边的土沃、下川、中村一带，更是遍布各个村落。而在沁水县东面，舜帝庙就很少了。

土沃乡土沃村舜帝庙 从现存的碑刻以及文献记载可以看出，历山下最早的舜帝庙位于土沃乡土沃村，在该村东南高岗之上修有虞舜、成汤二圣帝行宫，据元至治二年冬（1322）的《修建圣王行宫之碑》记载：

……今沁水县据鹿台之阳，濩泽之右，泽州之属县，为古之偏邑。去县之西南四十里许，有墅曰土沃，墅之东有析城，西曰历山，丘峦突起，空翠蔚蓝，左右象社，极为形胜，宛若龙蟠虎踞之状。其枝峰曼螯，映带连接，形势岗脊，彼此相距。绝顶之上，有虞舜、成汤二圣帝古行宫在焉，俯瞰平野，四望鳌达，实幽邃之福地也。大朝庚戌年（1250），春旱太甚。其土沃居民刘源、徐玉，相率邻近堡社耆老人等，同心露悬，景慕二圣帝祷雨救旱之德，乃以香巾糸盛瓶器，敬诣祠下，拜请圣水，果获满涌，甘霖沾足，遂使岁之凶歉，忽变为丰穰。此非能捍大灾，能御大患者乎？由是自中统二年辛酉（1261），其刘源、徐玉偕格碑李惟贞，羊茹安德、刘聚，台亭程贵、宿场杨寿、大兴王德等，咸舍己财，鸠工募役，因就墅东古迹，护国显应王之遗址，创构虞舜、成汤二帝行宫。其正殿三楹，设二帝之圣位，东西二室，左为护国显应王之祠，右为义勇武安王之庙。廊庑厨库，布置严整，兼标拨赡庙地土，岁时致祭，香火不缺。每退岁旱，祷则应之，是以怀神之德，食息不忘焉。至大德六年甲寅（1302），复合本村徐思、刘清等，继乃先之功，修建舞庭一座……

时大元至治二年岁次壬戌五月戊辰朔二十五日

率首 刘清 徐恩等立石

石匠 盖信刊

教谕 缑励

典史 张鼎

司史 赵通 薛蔚 郭遵道

晋宁路沁水县尉 郭从信

将仕郎 晋宁路沁水县主簿 衡季平

进义校尉 前晋宁路沁水县主簿 焦世荣

从仕郎 晋宁路沁水县尹 兼管本县诸车奥鲁劝农事 充颜斡郎哈台

承事郎 晋宁路沁水县达台花赤 兼管本县诺军奥鲁劝农事 明里普华

从仕郎 前晋宁路沁水县尹 兼管本县诸军奥鲁劝农事 甄良粥

承事郎 前晋宁路沁水县达鲁花赤 兼管本旦诸车奥曹劝农字记住

从上述碑文可知，沁水县位于鹿台山之南，沁河的右边，属于泽州府所辖。在县城西南四十里有土沃村。村东有析城山，村西是历山。历山山脊之上有虞舜、成汤的行宫。元朝定宗海迷失后二年（1250）春季，此地大旱。土沃居民在乡绅耆老的带领下去虞舜和成汤行宫祈雨，喜降甘霖，灾年变成了丰年。元代中统二年（1261），土沃及周边村落民众积极出资，在土沃村东护国显应王崔府君庙的遗址上创建了虞舜、成汤二帝的行宫。行宫正殿三间，正殿是二帝圣位，东西二室作为崔府君之祠，右为关公庙。又划出庙产，租给当地人，租金用来支付庙内的各项开支。每到旱年，社众就到此地祈雨。元代大德六年，又增修舞厅。从碑文中可以看出如下信息：第一，舜帝、汤帝行宫至少有了近八百年的历史，正是在虞舜信仰的感召下，村民齐心协力对庙宇进行了多次增修和补修。第二，行宫里除了汤帝外，庙里供奉的还有崔府君、关公。第三，土沃村在元代中统二年（1261）就建有戏台，可见当时戏曲的繁荣。第四，舜帝的重要功能是祈雨。第五，捐资建庙涉及周边17个村庄，可见舜帝信仰圈范围之大。明代末期，圣王行宫遭兵燹，现存的建筑为清代乾隆年间重修。第六，碑记中出现了三个非汉人，如"从仕郎晋宁路沁水县尹兼管本县诸车奥鲁劝农事充颜斡郎哈台"、"承事郎晋宁路沁水县达台花赤兼管本县诸军奥鲁劝农事明里普华"、"承事郎前晋宁路沁水县达鲁花赤兼管本旦诸车奥曹劝农字记住"，这说明这些异族在进入沁河流域后对于舜帝信仰的重视，这也在一定程度上有利于舜帝信仰的传播。

民国十六年（1927）《土沃相公庙碑》载，土沃村东南"绝顶之上，有虞舜、成汤二圣帝古行宫在焉，俯瞰平野，四望壑达，实幽邃之福地也"。公元1250年，沁水大旱。土沃乡民"乃以香巾粢盛瓶器，敬诣祠下，拜请圣水，果获满涌，甘霖口足"。1261年在乡民刘源、徐玉组织下，"咸舍己财，鸠工募役，因就墅东古迹护国显应王之遗址，创构虞舜、成汤二帝之行宫"。"每逢岁旱，祷则应之"，这段历史在上文元代至治二年（1322）的《修建圣王行宫之碑》中有详细记载。历山周围，围绕舜帝信仰，还有一个古老的祭祀传统，每年农历的三月和五月要举行祭祀舜帝的活动，此外还要"演戏祀神，祈祷安康"，这样的仪式从来没有中断过。到了民国十五年（1926）三月十五日，相公庙赛事轮至下沃泉社，然而"不意伊忽生异念，破坏赛神，乃以家乐抵补赛戏。"换言之，就是延续了大约600年的赛会演戏活动轮到下沃泉社承办的时候，该社改变了规制，将家乐抵补赛戏。社众"念香火不可缺，赛戏不可无。公同酌议，十社协力，公会一次，以重祀典"。就这样，在无奈之下，其余九社集资合办了一次赛戏。然而到了民国十六年（1927）端阳节，又轮到了下沃泉社端阳节承办，该社依然如故，九社不得不再次按社均摊演戏。两次共花费钱五百余缗，均按社均摊。到底最终下沃泉社是否按照规制，恢复演戏祀神与否不得而知。但是可以看出，到了民国年间，一些民众的信仰有所松动。

土沃乡可封村舜帝庙　在可封村北有舜帝庙，庙内存有明、清重修碑碣7通。据碑文记载：明万历三十五年（1607）由永乐村移建现址；清雍正六年（1728）重修舞楼、山门，到乾隆年已经破败了，乾隆十四年（1750），社老尉洪彩、乔建章，率领社众50余人，开始修理。"社首二公早晚筹建，将门面移后，前沿改作献殿，上盖瓦成。不意尉公仙游，其子生员九思，克承父志，与乔公完全。又金妆满庙神像，意欲将四耳殿改为两耳殿，皆修三间，以为神居正位，并东西廊房，更旧作新。"这次重修从乾隆十四年八月初二开始，到乾隆十五年七月十五日才完成，共花费六十余两白银。不过，乾隆十四年的重修主要是正殿，耳殿与东西廊房并未重修，在乾隆三十八年（1773），才将四耳殿改为两耳殿，东西廊房、舞楼、大门也一并进行了修理。但是财力有限，只能是"每逢夏秋茧成谷登之时，量其所获之多寡，计其所出之重轻，更兼村人乐享善事，由是积少成多，兴工始有赖矣。"从乾隆十四年重修到乾隆三十八年，中间相隔时间不长，在这较短时间内，当地民众不可能积累起较多的资财，正因为财力不济，所以这次重修时间较长，始于乾隆二十九年腊月，完成于三十二年十月，大约三年时间。由进士张惟清撰文，乾隆三十八年（1773）勒石的《舜帝庙重修碑记》记载了上述重修情况，重修主要是由后花园村、大河庄村、三迤崖、牛家庄村、北板桥村、交口村、南阳村出资，这些村落距离可封舜帝庙不远。在重修过程中，许多民众是以施椿树、做义工这样的方式进行的。由此也可以看出，当地民众对于舜帝的信仰程度之深。

继此之后，嘉庆十二年（1807），补修东南角房，起舞楼，补葺东西两殿及两廊。道光二年（1822）与道光二十七年（1847）虽然屡次补修，然而庙宇逐渐黯淡无光。道光二十七年（1847），社众谋求重修舜帝庙，依靠蚕茧的收入，积累了一定的资财。对庙宇进行了补修。咸丰二年（1852），金妆神像，重修庙宇。咸丰九年（1859），又进行了重修。此庙占地面积达666平方米。坐北朝南，一进院落布局，中轴线依次建有戏台、正殿，两侧为东西耳房。现存主体结构均为清代建筑。

土沃乡交口村舜帝庙 在土沃乡交口村的舜帝庙也很出名。今天的交口村只有100户，286人。这个村落显得很是安静。不过，这里因其北依鹿台，南临历山，位居晋豫古道旁。昔日曾经是商贾往来、车马穿行、繁华富裕之地。不论是隋朝所植，距今有着1500年的古槐，还是修筑于元至正六年（1346）的舜帝庙，以及复修于万历三十九年（1611）的交龙桥，都可以让我们感觉到这个地方历史的久远。进入古村，我们首先看到的是高

南阳村交龙桥

20多米，直径约3米，树冠范围直径约30米的古槐。位于村中由北向南流向的是一条季节河樊河，村西北大约二百米处有一座石拱桥，此桥建于交口村与舜王庙之间。根据桥边石碑上斑驳的碑文依稀可以看出：交龙桥始建年代不详，又叫福星桥，原名永固桥，明万历三十九年（1611）复修。我们今天所看到的是清嘉庆十五年（1810）由恩赐九品阴阳术士杨日照重修的。这是目前所发现的晋豫古商道上保存较为完好的一座石拱桥。过了古桥，就是舜帝庙。

根据碑文记载，该庙始建于元至正六年（1346），距今已有600多年的历史，后遭毁弃以至成"蛇鼠之地"；清乾隆三十八年（1773），重修舜帝庙西廊房；光绪九年（1883），乡人募集资金重修庙宇，交口舜帝庙才又恢复了往日香火。庙有东、西两门，东门前有台阶28级，西门前有20级。庙内现存建筑有大殿、耳殿、献殿、看台、舞楼等，并存有碑刻数通，多为明清修复之记载，另外还有一通有关黑龙娘娘传说的碑记。如今，交口舜帝庙昔日的繁华已经随着雨打风吹而去，仅凭借庙宇中留存下来的众多精美壁画、碑文，后人却依然可以想象它当年的风采。

交口村舜庙

舜帝庙内献殿位于中间靠北处，献殿后是大殿，原先供奉着舜帝；大殿两侧有耳殿，依次是龙王殿、关帝殿、山神殿和送子娘娘殿；此外东西两侧分别设有数间厢房、廊房；南侧除东西大门外，还有看台戏楼以及鼓楼、舞楼等建筑。其中东侧厢房、廊房已不复当年风貌。古庙的献殿属于无脊顶建筑风格，正中间两石柱上镌刻有一副楹联：

地近历山怨慕号泣遗迹千载未泯，
势连蒲坂明良喜起休风万古犹存。

楹联中的历山和蒲坂都是与舜帝有关的地名，这与《史记》中所载："舜耕于历山"、"尧都蒲坂"这些舜帝曾经活动过的地方是一致的。

大殿、耳殿均有壁画。据碑文记载，庙内壁画绘制年代为清乾隆三十二年（1767），由

交口村舜帝庙

画匠乔正所作。各殿原先都有神像，新中国成立后，古庙被用作村里的公房，神像被挪除，部分壁画也遭到破坏。"大殿当时被用作仓储，所以壁画保存十分完整，龙王殿则被改成了卫生所，因此殿内壁画被白灰覆盖，其他各殿也因用途各异，遭到不同程度的损坏。"

众多碑文记载了古庙的兴衰。交口舜帝庙共有各类碑文、碑记9块。碑文中反映出舜帝庙在历代不断完善的过程：他们分别是乾隆三十二年（1767）的《重修大殿、四耳殿、献殿碑记》和《重修西厢房碑记》，乾隆三十三年（1768）的《重修东西厢房、舞楼碑记》，乾隆四十六年（1781）《金装神像碑记》，乾隆五十三年（1788）《创修舞楼暨门

交口村舜帝庙壁画

楼碑记》，嘉庆八年（1803）《重修东门楼碑记》，光绪九年（1883）《黑龙娘娘神语传来碑记》，光绪三十一年（1905）《重修碑记》。碑文中详细记载了交口舜帝庙的历史变迁，以及后人重修情况。例如，在历次大殿外西侧的重修大殿碑记中，详细记录了乾隆三十二年重修舜帝庙时的盛况。光绪三十一年（1905）《重修碑记》中也记载：

交口村古有舜帝庙，自乾隆年间重修，年深日久，风雨飘剥，栋摧瓦解，目不堪睹者久矣。同治十三年（1874），合社公举社首王消成、王存兴、张清源、燕存德同心协力，先即紧要者修之。而东南门楼坍塌益甚，若不及时补葺，不惟神威莫庄，亦且人心难安，于是遂去旧换新。一封书改为挑角檐牙高啄，其规模焕然一新。并修庙外路墙、门前石梯、石庞，共化钱一百余千文。光绪二十一年（1905），合社公举王清太、张凤昌、王桂林、张存仁，重修正殿并门楼三间，戏楼三间，共花钱六十有余千文。光绪三十一年（1905），合村公举社首王作金、张凤昌、燕鸿时、张存仁合志经营，鸠工庀材，砖瓦椽木具干（按）神分捐纳。卜吉兴工，重修舞楼并钐台及补葺东西禅房，并大虫沟龙王庙一概整旧如新。鸟革翚飞，瓦缝参差，浩浩乎真千秋之伟观欤。厥工告竣，共花钱一百余有千文。

（捐款名单略）

时大清光绪三十一年岁次乙巳嘉平月交口合社仝立

由上文可知，从清代同治十三年（1874）到光绪三十一年（1905），在这31年间，一共进行过三次重修。同治十三年重修东南门楼，并修庙外路墙、门前石梯、石庞；光绪二十一年（1905），重修正殿并门楼三间；光绪三十一年（1905），重修舞楼并钐台及补葺东西禅房，还将大虫沟龙王庙一并整修。每次重修都是合社公举社首组成理事会负责修理的领导工作，然后周边村庄民众共同出资，将其进行整修。在此过程中，每个人都是尽心竭力在办好此事。也正是因为对于舜帝的崇拜，才会在社会继替过程中不断地重修。

在上述碑刻中，有一块碑较为独特，那就是光绪九年（1883）的《黑龙娘娘神语传来碑记》，碑文记载："黑龙娘娘本是交口村的张姓女子，夏日的一天出门后失踪，家人一直都找不到她。多年后，有村民进山遇见了她，才得知她已经嫁给黑龙神君，张姓女子就成为了黑龙娘娘。她的弟弟被封为开路将军。乡人感念黑龙娘娘恩德，遂为其建殿立碑。"黑龙娘娘殿早已在人民公社时期被毁，如今留下的只是这块碑和民间对于黑龙娘娘的故事及传说。

土沃乡南阳村实和庄舜帝庙 如果说上文在土沃乡可封村和交口村的舜帝庙是初建于元代，那么南阳村实和庄的舜帝庙则没有那么久远的历史了。这座舜帝庙建于清代，嘉庆十七年（1812）勒石的《实和庄舜王庙碑》记载了实和庄是一个四面环山的小村庄，此地民众认为舜帝可以保佑他们安居乐业。为了报神恩，经过多年筹集，实和庄及其附近村民捐资修建了舜帝庙。

中村镇下峪村舜帝庙 下峪村距离中村镇2公里，2015年统计，有600多口人，村内原有舜帝庙。继修舜帝庙碑文较为模糊，只能大致明白舜帝庙重修开始于乾隆三十二年（1767），结束于乾隆四十七年（1782），中间长达15年，是何种原因导致此次重修延续这么长时间，碑文字迹模糊，难以辨明。到了嘉庆六年，又开始修舜庙，持续了多长时间，也不得而知。舜庙号有虞氏，故称虞舜。舜帝庙也被称作是虞帝庙。道光二年（1822）的《创修虞帝庙碑记》记述了村民认为郑家圪塔南接历山，西靠蒲坂（永济市），人们安居乐业，均受到了舜帝的保佑。该区域大都小邑都建立庙宇供奉舜帝。然而下峪村郑家圪塔地僻民少，每年没有多少积累来建庙。人们很是遗憾，到了乾隆四十七年（1782）合议创建神殿，以此作为春秋祈报之场所，无奈正殿工程还没结束，用于建筑的钱财已经花完，只能停工。到了嘉庆七年（1796），人人效力，家家输财，同时在邻村募化，又开始兴建，春季开始，秋季竣工，将正殿原来剩余的工程完工。同时创建了左右耳殿，东西两廊与山门、舞楼，所费超过一千余两。下峪村郑家圪塔修建舜帝庙前后达十二年之久。勒石立碑则到了道光二年（1822）。

中村镇冶内村舜帝庙 冶内村位于沁水县西南部，西南侧与南河村为邻，东南与蒲泓村相连，南与中村镇相连，距中村镇约5公里。据《冶内新修戏楼两廊碑记》载，雍正十三年（1735），沁水西南面中村镇冶内村旧有舜帝庙，历年既久，风雨倾颓，庙宇毁坏，神明难以栖身。于是大社社首王隆昌、萧廷栋、王文通、张文太，看到这样的情形十分不安，决定发动社众进行重修。择吉日开工，新建戏楼、东西两廊以及大门，还在庙宇东面建立了关王殿，西面建立了土地神祠，妆塑金像。其余的神明都进行了彩画。舜帝庙内，正殿供奉的是舜帝，东西角殿分别供奉的是龙王神和土地神，历年既久，金像剥落，风雨摧残，木料腐朽。且以前的舜帝庙规制太小，每到祭祀的时期，不利于献礼。社首靳怀远、王林生决定重修。在社众的积极募捐下，共同出资重修舜帝庙。将殿基移后，狭窄的地方扩大，创修了献殿。庙宇破损的地方进行补修，然后将殿宇彩绘，花费了三年时间，乾隆三十二年（1767），工程结束。

同治六年（1867）的《重修舞楼》载：

　　若兹冶内村，与帝故里历山相距甚近。每岁春赛之际，民人取水，共享一时，敬心矣可施，遂建庙立新。咸以帝生祭于斯，御大灾，捍大患，树一方之保障，庇万户之生灵。经岁之祈报恒于斯，四方之祷祝恒于斯。顾殿门虽云光华，神威尚见赫濯，而台

榭凋敝，院宇狭隘，当乐具入奏、陈牲供馔时，恒不足以答神休而
酬圣德。居斯土者，每遇撤其旧而更新之，奈工程浩大，资用繁广，
素虽有志，终未之逮。今社历年以来颇蓄微资，恐零星耗费，乃与村中
父老子弟约，由是公举经城靳君等宰社事，携诸公募诸客商。将南舞
楼、东西大门，重新改移，庶乎规模恢扩，彩色辉煌，私事于焉孔
明，神保于焉是公。经始于咸丰十一年，落成于同治四年。

……

大清同治六年岁次丁卯嘉平日上浣合社仝立

冶内村与胜地故里历山距离很近，每到春赛之际，社众去历山取水。
村民感恩舜帝之护佑，于是准备重修庙宇。然而工程浩大，没有轻易重
修。在积极募捐下，积累了一定的资财后，将南楼、东西大门规模扩大重
新改移。工程开始于咸丰十一年（1861），落成于同治四年（1865）。

中村镇蒲泓村舜帝庙　　位于历山脚下的蒲泓村只有300多口人，村里
主要的庙宇为舜帝庙和福胜寺。据雍正十三年（1735）勒石的《重修土地
殿两廊碑记》载：村里建有一座神庙，北面为正殿，殿内有神明为舜帝，
南面为舞庭，用来酬神。为方便出入，建有二门，中间为献殿七间，陈设祭
祀用的礼器。在正殿两侧，东面是关帝、西面是高禖，都金妆神像。整座庙
宇气势庞大，神明极具威严之感。到了甲寅年（1734）迎神赛社的时间，整
座庙宇金碧辉煌，庙貌巍峨。但是东西廊庑规模太小，于是郑建业、程金
得、安承福、霍承舟、侯贞、霍思铎、程有纲、杨广昌、杨生金、廉完谟等
人积聚修庙的材料，社众踊跃参与，重修土地神殿，并建两廊。

75年后的嘉庆年间又进行了建修，据嘉庆十五年（1810）勒石的《建
修碑记》载：

尝闻天下事从来人赖神庇，神藉人敬，人之不可不敬神明
矣。蒲泓村旧有关帝圣殿并次财神殿暨蚕姑祠，历年以来风雨飘
摇，未免倾圮。村中霍君讳金成、杨君讳万洞、程君讳永亲欲建

此工，因与合社公益：凡村中人等，量轻酌重，义捐资财。又募化于临近亲朋，始将此神殿修复。又新建五瘟殿一座，塑五瘟神、财神、蚕姑圣像并东厢房二间，焕然更新。兹厥工告竣，将乐输者姓名勒石以刻于左，庶人敬神之心不致淹没，神亦或因人敬而愈以庇辅也。是有然者，因以序。

南阳村王衡新薰沐谨撰

本村郑钟瑛盥手书丹

一应布施银两零一余钱九十五千四百文

社中每祭祀长钱一十九千二百七十八文

一应共费钱一百二十七千五百文，下短钱四千六百二十文，

社中出

（以下施财银两略）

大清嘉庆十五年三月初十日谷旦

蒲泓村舜帝庙内有关帝圣殿，关帝圣殿内有财神殿和蚕姑祠。历年以来风雨飘摇，有的地方坍塌了。村中霍金成、杨万洞、程永亲与社众商量因重修殿宇。村中社众按照自己实际情况，自愿捐助。同时又在亲朋好友中进行募化，开始将此神殿修复。又新建五瘟殿一座，塑五瘟神、财神、蚕姑圣像并东厢房二间，整座殿宇焕然一新。此次一共花费一百二十七千五百文。碑刻中提到的神明有：关帝、财神殿、蚕姑祠、五瘟神。此地有蚕姑祠，说明历史上这里养蚕业发达。嘉庆二十三年（1818）《补修大庙碑记》中，记载了程运筹、霍季宽、杨景春等人对蒲泓村舜帝庙进行了补修。

中村镇松峪村舜帝庙　松峪村坐落于中村镇西北12公里的历山山麓，村小人少。舜帝庙在松峪村的南面，离村很远，岁时节日社众去祭祀很不方便，乾隆十三年（1735）村民在村内建立一座舜帝庙，舞楼一座。祭献的时候，则在此迎神，祭祀完成后回归本庙，对于村民祭祀来说很方便。

沁水县城西五十余里有历山，民间传说舜耕于历山。历山西北二十里

有陶河，也曾有舜帝陶河滨处的传说。虽然传说与《虞书》传注并不符合，历山附近村庄，大多建有舜帝庙，对其进行隆重祭祀。松（熏）峪村距离历山较远，仍然在村东有舜帝庙，不过财力有限，创建的舜帝庙规模很小。乾隆四十七年（1782），社首王金龙、樊兰世、樊宁世、张富力、刘文章倡议重修。于是"相村形、度地宜、选物料、鸠工匠，于村东创建正殿三间，耳殿四间，献殿一所，戏楼一座，东西厢房以及门楼、照壁，无不整齐完具，规模较前宏广体貌更加森严"。工程开始于乾隆四十七年（1782），五年后，也就是五十一年（1786）完工。

道光六年三月（1826），合议重修舜帝庙。先是按照田地质量的好坏来捐资，恐怕筹得资财不够，就发动邻村的信士也捐资，重修开始于七月，竣工于八月。村庄中社众还不太满意，又在堂间水道更替石槽三截，殿前阶下外建乐台两间。民国年间，舜帝庙倾颓严重，有坍塌的危险，聚众合议将庙重修，两次三社捐银，对舜帝宫南舞楼、北献台进行补葺，对两耳殿、东西厢房、山门重建。开始于民国五年（1916），落成于民国八年（1919）。舜帝庙一侧紧邻河岸，河水冲刷严重，为了防止水患，民国二十二年（1933）合社共同营造堤坝，且禁止在各要地取土。2004年，村委会投资20余万元对舜帝庙进行了重修。

中村镇白华村舜帝庙　白华村位于中村镇东南约15华里处的历山腹地，东邻蒲泓村，西邻南河村，南与土沃乡洞沟村交界。因为庙宇破败，石碑所剩无几，更是难以追溯历史。现在能够看到的是始建年代不详的《白华虞庙碑记》，此碑刻由清庠生、本村人王价人撰文，文云：

> 尝闻上古圣人，草昧初开；中古圣人，制作大备。所谓"莫为之先，虽美弗彰"；"莫为之后，虽盛弗传"者此也。生于白华村，少游虞帝之庙，见夫茅茨土阶，一仍松栋云牖之风，未始不叹古圣人侧陋之扬休者远也。迨后诸君子屡为创建，而庙貌维新，焕然大备，已有以肃观瞻矣。

> 及十一年间，又举社王公等纠积钱粮草为修建。而修建已

备，无可复修。因修村中道路，而坦履康衢，行人胥悦。又修左右殿宁，西畔另为开造。重修蚕姑祠一院，成功告竣，庶觉式廓丕基较前愈光矣。

邑庠生　王价人撰

碑文里面蕴涵着丰富的内容：第一，歌颂上古时期禅让之风所体现的美德；第二，村民公举王公等重修了舜帝庙。第三，重修了村中道路和蚕姑祠。

据民国十七年（1928）的《消河湾及南林池碑记》载，白华村村民对舜帝信仰很是虔诚，于是将消河湾庄田及南林池山坡施与大社，作为春秋祈报的费用。庄田每年收获所得，都作为祭奠舜帝的费用。南林池山坡东、西、南、东四至中，北至猪耳腰与蔡、韩两姓交界。二姓越界砍伐树木，民国十一年（1922），村民将此事告于县公署，县知事判决，北为二姓的产业，有契约可以证明，南面为大社的产业，有当时施地合同为证。乾隆三十七年（1772）两造之合同，北至为接壤地带，县公署断清了庙产的四至。

涧河村舜帝庙

中村镇涧河村舜帝庙　涧河村属于中村下属的自然村，因为涧河流经而得名，该庙历史上多次维修，门上木雕匾额"重华□□"北正殿、南戏台、东西厢房。创建年代不详。

据《重修涧河村舜帝庙碑记序》记载：

> 兹□县治□□邑南涧河村者，舜帝庙东近聚仙石堂，内隐龙潭，龙洞通透，庙□遇天旱，特击潭者，朝雾而化雨，南□而坪丹坪寨涧下涌出胜水一瓜，下流其门而过，西镇石窑，北有石门庙者焉，创之于古，盖于□大□□□成化矣。中间补茸有人其人下可得而知矣。于今万历元年中秋，吏部尚书王国光游西坪□□。本社庶民视脊瓦之破坏，栋□宇之朽腐，墙垣之倾颓，不遑寝且食者非一日矣。思欲补茸修饰□□□而者圣功而难成，遂选举本社公而直勤而能干者六人马玄、郭喜之、马尚忠、郭天赐、马仕成、郭孟春，而本社捐舍资财，并工协力，重修正殿、东西两廊、左右耳殿、舞亭、门楼、栋梁通换，圣功而浩大，人民力□于万历十一年秋八月初四日，通立主木人马尚忠，甫数月圣功告成焉。……

万历十一年（1583）农历八月，吏部尚书阳城王国光到游西坪路过涧河村，看到舜帝庙十分破败，在其提议下，推选了社里公正、勤劳、能干的六人，率社里民众捐资。万历十二年工程完工。此庙在同治十二年（1873）也曾重修过："涧河村与历山密迩，古有舜帝庙一所。其创建未详始于何代，而增修者屡有碑志。因年代久远，风雨飘摇，而东禅房将有倾圮之虑。"在此情况下，村民合力对其进行整修。如今遗存的舜庙坐北朝南，一进院落布局，中轴线有南殿、正殿，两侧为东西耳殿、东西配殿、东西厢房、东西妆楼，大门设于东南隅。正殿面宽三间，进深四椽。抗日战争时期，中村高小曾经在此办公。新中国成立后，作为村集体办公场所和小学。

中村镇张马村舜帝庙　张马村规模较大，有两千多村民。相传此庙建于元代至正年，重修于明洪武、嘉靖年的舜帝庙，现在能看到最早的记载是重修于康熙壬戌年（1682）的《重修舜帝庙碑记》。

龙港镇可陶村舜帝庙。据《沁水县志》记载：可陶在城西三十里，也就是古代大舜制陶的地方，南距历山四十里，俗传村南圣坪就是制陶的处所，然而历年既久，能看到的只是山上的舜帝庙，创建年代也难以追溯。崇祯十六年（1643）勒石的《可陶村重修舜帝庙记》详细地记载了明代此庙的重修情况：明初，丁君保从翼城迁徙至此，后来丁家族人继续繁衍，分成四门。万历年的时候，按照风水说，将舜帝庙迁到村北。当时舜帝庙已经粗具规模，有正殿三间，东西耳殿各三间，东西廊房各五间，南房三间，东南廊三间，一间为门，西南廊两间。到了万历三十八年（1610），丁继传看到舜庙简陋，与丁世邦、丁洪奇、丁志刚商议："庙不高敞庄严，不足以妥神明，宜张大而维新之。"于是重修正殿，砌石四层，加柱二祇，修月台，改大门，由于天灾，工程不得不停下来。崇祯四年（1631），爆发了王家印农民起义，六年（1533）八月十一日，起义军攻陷沁水，西南两乡居民纷纷外逃，可陶村的丁氏族人也不得不逃走。兵灾后，丁氏族人很多已经死亡。即便是在此情况下，人们依然决定要重修舜帝庙。他们认为，祖先世居此地，灾乱期间，无法祭祀。乱局结束后，恢复旧的，庙也有了新的变化，重修制定祭拜的礼仪，只有这样才能神妥人安。明末以后，受战乱影响不可能重修庙宇。到了康熙五十五年（1716），对于一座土木建筑来说，经历了80余年的风雨摧残，应该早已是破败不堪了。在此情况下，社众公推社首丁承仁、丁永年，在当年重修正殿三间，东廊房五间，牛王殿两间、子孙殿两间。康熙四十年（1701）在社首丁德春、丁际盛的带领下重修西廊房五间，西南角房两间。康熙四十五年（1706）在社首丁承得、丁际雷带领下重修舞楼三间和东南门楼两间。康熙四十六年（1707）社首丁永轩、丁德召等金妆子孙娘神像一堂。屡次重修时间不同，为了使社众记住重修者所做的贡献，同时也是为祈求神明的保佑，以使村里风调雨顺，五谷丰登，家丁兴盛，六畜兴旺，勒石《重修舜帝庙记》以纪念此次重修。百余年后，到了嘉庆十六年（1812）勒石的《可陶村重修舜帝庙碑记》载，五月，重修舜帝庙门楼三间，七月又金妆满堂神像，绘画正殿门楼和舞楼三间。道光元年（1821），在前后两任社首的主持下，同时在周围各村中募捐。先修殿宇七间，东西两廊十间，舜帝仍居中，牛王在左，圣母在右，一切诸神各安其位。神有了栖身之所，可是酬神演戏还无地方。道光二年（1822），又公举社首丁善身、丁克高、丁克斌为督工，创建舞楼，同时重建的还有门路和西南马房。

2. 楒山大寺

登大云寺塔

明·张五典

天半浮阁出，峥嵘势欲摩。

凭虚依日月，长眺尽山河。

寥廓秋声早，崆峒云气多。

白毫时隐见，夜雨坠檀波。

大云寺读书

明·张五典

深松开一径，野竹借禅居。

云起龙潜钵，风翻蠹出书。

晨钟微雨湿，夜火小窗虚。

半榻分清话，山僧亦起予。

楒山在沁水县城东32公里，端氏镇南5公里，据明代万历年间兵部尚书张五典四子张铨所著的《楒山寺志》记载："自麓至颠7里，西接栏杆岭，东南为望沁岭。远眺太行，近瞰沁水，翠柏苍松，苍云翳日，尤其夜景，风景更佳，故有楒山夜月之称。"

大云寺毁于抗日战争期间，如今只能看到的是建筑的遗迹。

大云寺兴建于何时？据《榼山大云寺》（文辞·第六）中有唐代无名氏的一篇碑文，内容如下：

> 窃闻当院古基，有砖浮图一所。按碑记所述，云是元魏初年，有高僧迁化于阳城县界。其端氏两县人民，各争欲将和尚于本县建塔供养。和尚神通法力，愿归端氏榼山。塔所抵端氏，县人抬舁得起，阳城县众人竟无能动。后至榼山塔，感得山流乳漆，以漆坐亡之身，才漆身遍，顿绝所流之漆。其和尚虽葬塔中，仍七日一遍剃发崇修。寺宇因此而兴佛事，建殿三间。其中绘塑佛像约三五百躯。又至景福元年，伏蒙天恩赐额，号"大云禅院"。及敕度僧七人，各有省牒见在。其诸灵迹，具碑载矣。

碑文记载了榼山大云寺创建的始末：南北朝的北魏初年，有一高僧坐化于阳城端氏两县的交界处。他在坐化前留言，想要归葬榼山。端氏和阳城两地信众想要让高僧在当地建塔供养。然而，阳城人先去抬这个坐尸，却纹丝不动，抬不起来；端氏人去抬，很容易就抬起来了。抬到榼山，感动得山上自然流出乳漆。乡人赶紧用这种乳漆去漆这位高僧的尸身，刚漆完全身，漆就断流了。乡民们赶紧在榼山修建砖塔，安葬了高僧。到了晚唐昭宗景福元年（892），皇帝又亲自为榼山大云寺题额——"大云禅院"。以上传说反映了唐代上至皇帝，下到普通百姓无不信佛的历史。

榼山风光

大云寺石狮

《檀山大云寺志》（文辞·第六）中记载了大云寺从建立至今，历代重修的过程。根据碑刻内容可以看出，有宋以来，历代均对檀山大云寺进行重修：宋代的《重修斋楼记》，元代的《功德记》，明成化年间立石的《檀山大云寺记》，明成化二十年（1484）立石的《重修大云寺记》，明代万历十三年（585）刘东星撰文的《重修观音堂记》，明代的《天真上人圆寂碑记》，明代的《禅僧万松圆寂记》，明代的《天外楼记》，清顺治十四年（1657）立石的《重修佛殿钟楼记》，清康熙四年（1665）立石的《檀山创修准提阁记》，清康熙年间立石的《大云寺创修定慧禅院碑记》，清嘉庆年立石的《修凌霄阁记》、《修大云寺碑记》。另外，清嘉庆六年（1801）《沁水县志》（卷十一·艺文）中也有檀山大云寺的记载，田同旭、马艳主编的《沁水历代文存》收录了明代孙居相撰文的《地藏殿记》。

山上寺庙建筑原有天王殿、大佛殿、弥勒阁、藏经阁、南殿、七佛殿、地藏殿、伽蓝殿、斋堂、禅堂、祖师塔、观音堂、铁塔、山神庙、凌云阁、白衣阁。另外，此寺庙还有支派：嵬山寺（道仁里）、铁佛寺（端氏镇）、圣天寺（郎必镇）、乳窟寺（武安里）、法隆寺（县东关）、碧峰寺（县北关）、十方禅院（王寨镇）。这些寺庙在康熙版《沁水县志》就有记载，如石楼寺、车辋寺、峰岳寺、崿山寺、乳窟寺，五寺皆以山名。崿山寺，在县东百里崿山上；圣天寺在沁水县城东郎村北侧，始建于晋。

（1）碧峰寺

碧峰山上有碧峰寺，也叫北山寺，又叫灵泉寺。在沁水诸多的寺庙里，碧峰寺最为出名，历代均有文人墨客赋诗：

灵泉

唐·李端

碧水映丹霞，溅溅渡浅沙。

暗通山下草，流出洞中花。

素色和云落，喧声绕石斜。

明朝更寻去，应到阮郎家。

宿灵泉寺

元·马世德

至正己亥（元顺帝十九年，1359），余以馈军河南，道出沁水，宿灵泉寺。清夜与千峰上人，及月潭、松庭二长老，话方外事。诸公言论，皆有渊源，迥然林表气象。因请留题，遂作诗，以慰其意云：

老僧杖锡何方住？家在万松东岭头。

山色似身心似水，白云为屋月为舟。

庭前苍桧一千尺，上有老鹤巢其颠。

自去自来无挂碍，长鸣夏夏如问禅。

游北山寺

明·张昇

流水滔滔自北来，穿岩激石几时回。

山僧枕上惊残梦，疑是长空送雨雷。

伏日与李司理徐大令登沁水北山千佛阁二首

明·王所用

触暑探奇访隐沦，千盘登道郁嶙峋。

谁从浩劫空三界，我自皈依净六尘。

下塌风清铉韵古，同舟月映鉴光新。

凭高指点桑麻事，实那频怀张翰莼。

杰阁峻嶒俯碧泉，凭虚徙倚漫挥毫。

千秋棠月垂清照，万壑松风起暮涛。

鸡肋味同悬瀑淡，马蹄尘逐夏云高。

青蝇唤醒穷途梦，客鬓萧萧叹二毛。

崇祯二年六月 备兵使者中州王所用书

汪秀峰明府招游北山寺

清·张道湜

隔岁重期愿始酬，诗筒茶灶称良游。

孤城远挹千岩秀，二水平收万壑流。

扑袂晴岚如媚客，惊筵雄辩足消愁。

酒酣莫学孙登啸，人在高峰天际头。

李端（生卒年不详），字正己，赵州（今河北省赵县）人。唐代大历中进士，官至杭州司马。李端才思敏捷，工于诗作，为"大历十才子"之一。

马世德（生卒年不详），字元臣，西域雍古人，也里可温；家族入居中原，占籍浚仪（今河南开封）。马祖常从弟，登进士第，授翰林应奉，历枢密都事、中书检校，除淮西宪佥，官至刑部尚书。《元诗选·癸集》存诗三首。

张升（1442—1517），字启昭，号柏崖，江西南城株良镇城上村人。成化五年（1469）状元，官至礼部尚书，明代中叶著名学者。

王所用，字宾吾，河内（今河南沁阳）人，明万历年间自福州调任泽州（山西晋城）知州，天启年间迁山西金事，崇祯年间迁山西参政。

张道浞，字子礎，号涣之，沁水县嘉峰镇窦庄村人。清顺治三年（1646）乡试举人，顺治六年（1649）登进士，历官翰林弘文院编修，湖广荆南道，陕西商洛道，直隶天津道副使。

李端、马世德、张升、王所用四人中，只有王所用在泽州为官，他对当地的感触也更深一些，其他人只是短期来到此处。第一首诗描写了作者登背山寺的所见所闻。第二首诗由景到人，让人感到景色的优美与内心的惆怅。相比起以上四位外籍人，张道浞是土生土长的本地人，他致仕后经常给县令提意见，诗文主要说的就是张道浞和县令汪秀峰同游碧峰寺，同时希望县令能接受他的意见。

在清代康熙版的《沁水县志》中记载："在县北三里，高峰险壁，陡峻翠微，翠柏苍松，蓊郁森秀。上有寺，因山名。寺内有千佛阁，寺东有五龙庙。庙内有泉，深可尺许，旱涝常盈，少污浊即涸。祷禳立应，相传饮之却病延年，民曰灵泉，故寺亦名龙泉寺云。"碧峰寺因有灵泉，又名灵泉寺。碧峰寺始建于晚唐，历代皆有重修，民国二十七年（1938）被国民党九十三军第十师拆除。碧峰山满山翠柏，"碧峰耸翠"被誉为沁水古代十景之一。

据晚唐司空图撰文的《司空表圣文集》载：龙泉寺有洪密长老，"俗姓刘氏，本儒家子，早诣石霜，契其大旨，烦而不挠，简而必周。始自清凉历览至是山，乃创林栖之所"。在洪密长老领导下，建造经楼、斋堂共一百余间。洪密长老是晚唐僖宗时代人，因此碧峰寺始建于晚唐。

碧峰山麓有东岳庙（亦称天齐庙），由沁水知县赵凤诏撰文，康熙三十六年（1697）勒石的《重修东岳庙碑记》载：

> 沁邑僻处山隅，旧无淫祠。碧峰之阳，岳庙在焉。士人尊之，号为"天齐庙"。以其功德隆盛天齐等，故谓之天齐。……至日，

倾城士女盛社香火，陈百戏以赛祝，榱题墙牅间有倾颓。时岁又值地震，周垣益多圮坏。入斯庙者，不无风雨剥蚀之慨焉。

碧峰山灵泉寺内有东岳庙，也叫天齐庙，庙内香火兴盛，康熙年间进行了重修。到了乾隆年间再次重修，由乾隆二十七年（1762）乡试举人，乾隆二十八年（1763）乡荐中进士尚五品撰文，清庠生、沁水县人张友夏书丹，乾隆二十九年（1764）四月八日立石的《重修毗卢眼光护法韦驮诸殿并官亭门楼碑记》载："前明隆庆间，卫青州曾记其重修之始末，迄今二百余年"。明代隆庆年间（1567—1572），卫青州曾记述了灵泉寺重修过程，然而到了清代乾隆年间，并不知道庙宇创建于何时。加之，庙宇所处位置山高气寒，遭受风雨侵剥，檐颓壁毁，倾圮特甚。癸未年（1763），张振艺、李际远、王正中等准备重修，但是没有资金，就将山上的枯树砍伐进行售卖，同时还积极进行募捐。然后开始重建，先建殿宇，然后依次官亭、门楼、阶砌，整座寺庙焕然一新。

乾隆三十四年（1769）中进士、沁水县嘉峰镇窦庄村张心至撰文，清乾隆十八年（1753）拔贡，沁水县人樊耀先书丹，乾隆三十九年（1774）四月十九日立石的《重修大佛殿观音殿碑记》记载了重修过程。

张心至，字思安，号慕川，山西沁水县嘉峰镇窦庄村人。清乾隆二十五年（1760）乡试中亚元。乾隆二十八年（1763）特聘为沁水县碧峰书院首任院长。乾隆三十四年（1769）中进士，授四川叙州府庆符县知县，四川叙州知州，后任刑部四川清吏司主事。嘉庆五年（1800）任总纂，重修《沁水县志》。乾隆庚寅年（1770），张心至任碧峰书院首任院长，去灵泉寺游览看到庙宇和以前大不一样，重建了观音殿正殿三间，左右两间，殿宇宏敞明亮。

乾隆辛卯年（1771）冬天，信善王正中请张心至撰写碑文。经过详细询问王正中之后，才知道重修是在王正中、卢崇伦、张振艺、张匡澍四人多方募化下进行的，工程开始于乙酉年（1765），告竣于壬辰年（1766）。在此次重修过程中除了地方社众、乡绅、儒生、官员的捐款外，更重要的是有商号的参与，在碑刻中就列出了本地的"当行施银十两、晋丰号施银四两"，还有山东丰泰号、泰日盛、泰长兴各施银一两。碑刻中的商号一共有60家，由此可以看出清代乾隆年间沁河流域商业的发达。

乾隆乙巳年（1785），泽州府儒学廪膳生员张契睢邀请沁水县儒学教谕张绩去灵泉寺，看到"山门耸起，周围新筑短墙屡入，见半月亭下添设雨花台，大佛殿前重建韦驮龛，危楼移于僧院之侧，角殿整于神宇之旁。循石阶而上，如步云梯，依花墙以观，俨登海岛。"灵泉寺所在的山为沁水县县治的左翼，因此禁止在山上砍伐树木。寺庙的重修需要去外面募化钱财，前廉赵邑侠为培补风脉，举荐张清梅以及门生族叔济诚、堂兄契高，督理重修的事宜。重修开始于戊戌年（1778），经过多方募缘，八年时间，重修完成。

光绪年"丁戊奇荒"后，寺僧或者离世或者逃荒，寺庙"栋宇摧折，门窗倾圮，朱甍碧瓦尽剥蚀于朝风暮雨，粉壁丹墙亦黯淡于春露秋霜。"此后，庙宇的管理权就由当地村落来执行。庙会按照三门社首轮流经办的方式举行。民国庚申年（1920）五月开工对庙宇进行重修，于壬戌年（1921）十月竣工。

碧峰寺创建的确切年代无考，按照现存的碑记可以看出，至少经过六次重修：

第一次修复是前明隆庆年间（1567）；第二次重修是在乾隆二十九年（1764），重修毗卢、眼光、护法、韦驮诸殿，以及宫亭门楼；第三次是清乾隆三十九年（1774），重修大佛殿、观音殿；第四次是乾隆四十六年（1781），创修舞楼及东廊房，此次创建经费，仍由几家炉号募捐，其中有洞河合盛号；第五次重修是在乾隆五十年（1785），在前三次重修的基础上，"半月亭下添设雨花台，大佛殿前重建韦驮龛"；第六次重修是在民国十八年到二十年。从碑文可以看出，道光、咸丰年间，碧云寺由僧人管理。经历光绪年间大灾后（可能是指"丁戊奇荒"），庙宇由社首来管理。民国年间的这次历时两年五个月的重修，也是在社首的组织下进行的。

碧峰寺建筑从乾隆二十九年（1764）开始至乾隆五十年（1785），历时21年，屡加重修，形成殿宇楼阁，观亭门楼，宏伟秀奇，规模壮阔。成为县城重要景点，文人墨客络绎不绝。在晚清到民国年间，碧峰寺从一个佛教庙宇，最终经历了地方化、村落化和世俗化过程。这与客观的自然环境有关，但是更多的可能还是当时的社会环境，如光绪年间的"废庙兴学"等来自国家的介入有关。民国二十七年（1938），碧峰寺被国民党九十三军第十师拆除。满山桧柏被日军砍伐净光。碧峰寺2008年6月19日开始重修。新建三间大雄宝殿，大殿正中新塑三尊贴金铜佛像，两侧彩绘十八罗汉。新建东西配殿六楹，为观世音菩萨、地藏菩萨弘法道场。

（2）崿山寺

康熙版《沁水县志》记载：崿山，在县东一百里。山上有寺，即名崿山寺，山巅有塔，望之如笔，数十里见之。崿山寺遗址位于端氏镇板掌村申家庄自然村崿山北坡山腰，占地面积约二万平方米，其山与榼山隔沁河东西相峙，皆为端氏镇的山。崿山寺始建年代不详，据明代成化十五年（1479）九月九日立石的《重修寺宇功缘记》载：

> 兹者沁邑之东，有寺号曰崿山，顶有浮图，佛圣甚灵。峰高巍峨，岚风摧倾，唯存旧迹，遇旱而四方庶士，祷雨而无不感应，因以奏朝。宋雍熙二年（985），敕谏议大夫恩善端氏，令重修宝塔，敕崿山寺"普安禅院"；复差文林郎，创修正殿九间，造罗汉五百躯，是寺大兴也。依山面水，万木森罗，幽而且静。乃三宝应供之地，寔万民祈福之境；真佛所游之处，是圣贤隐形之方。其寺乃榼山之法，枝同一院也。而后僧衰寺废，每有主持，朦胧交待，前后接踵，目睹遗址，皆且且焉。自于国朝洪武初年（1368），有文旺、文镜等稍以补葺。南北二殿颇完，绝粮顿工。厥后僧徒凤尊谓众曰："殿颓匪建，舍倾未葺，福善何以仰，缁侣何以瞻？"众曰："然。"于是同声协赞，共发虔诚，各分郡邑，弗惮勋驰，遐迩宰官贤士众善之家，普匄聚财。费出浩瀚，鸠工募匠，营构水陆正殿五间，罗汉地藏十王殿六间，南北二宇，东西两廊，禅堂、方丈、护法、伽蓝，共六十余间，塑造佛像，

彩画水陆诸天圣众。重修三门，创建钟楼。经始于天顺丁丑之岁
（1457），落成于圣天子成化丁酉之春（1482），方以周完。

时成化龙集岁在己亥菊月九日

由上面碑记可知，第一，佛教圣地岿山寺在宋雍熙二年（985）重修
宝塔，且被封"普安禅院"，因此岿山寺修建应该早于985年。第二，在
宋代以后岿山寺又多次重修，例如明代洪武年间的小修，天顺年（1457）
到成化年（1482）的大修。第三，佛寺除了佛教的仪式外，很重要的一项
功能就是祈雨，宋雍熙二年（985）太宗赵光义下令重修宝塔的原因也是
祈雨灵验："遇旱而四方庶士，祷雨而无不感应，因以奏朝。"第四，岿
山寺"乃檀山之法，枝同一院也"。

在清代，祈雨的功能继续发挥。到了"乾隆十六年，风雨浸淫，基壁
负重，顿致山门倾圮"。不得不重修，于是在乾隆三十六年春开始重修，
五年后也就是乾隆四十年（1775）冬完工。

（3）圣天寺（郎壁村）

《山西通志·民族宗教志》（第四十六卷）载：圣天寺位于山西沁水
县城东30公里东郎村北侧。始建于晋，宋元明清各代皆有修葺。前后两进
院落，有山门、中殿、后大殿、东西配殿、左右廊庑等。中殿历史较早，
面宽进深各3间，平面近方形，出檐深远，翼角翠飞，殿顶单檐歇山式，
攀折平缓。梁架全部露明，四椽栿与乳栿在金柱上搭交，结构规整，手法
洗练。檐下斗拱伸出华拱雨跳，补间斗拱用真昂，直接承托檐部负荷，显
系宋制。殿内壁画明代所绘，内容为佛、菩萨、协侍等，着色以石青、石
绿、朱砂、银朱为主，面形秀润，姿态端庄，色调纯朴。

圣天寺内保存着三方碑刻，分别是：明嘉靖三十五年（1556）的《沁
水县郎壁镇圣天寺重金佛像记》、嘉靖辛卯九月（1531）的诗碣、乾隆
二十四年（1759）的《沁水县郎壁镇圣天寺重金佛像记》。

明嘉靖三十五年的碑记中较为详细地对圣天寺的发展历程进行了介绍：

……

□治西有县曰沁水，县之东南有镇曰郎壁，镇之内有寺曰圣天，其迹自古沙门，法坚重修于晋天福间，周之显德二年曾命毁之，已而复勒存留之，随有王重建等为之募捐助工，建石于宋之建隆四年，古记所考而知也。世远运微，栋宇崩落，象设倾低矣。有住持僧贾绍倚……是以能具补旧迹建置期以不朽焉，若正殿，若中殿，若三大士殿，若钟楼鼓楼，若地藏王殿，若罗汉堂以至站台中路，以至焕然一新矣。犹以金容湮微，宝座几毁，未能尽凤愿也。愈加奋□□□□□，率彼徒辈顺爱鸠食访工，运谋于心，授规于手，日而不笐，雨而不展……工程始于嘉靖三十四年乙卯八月，越明年丙辰九月告成焉。

……

按碑文所载，圣天寺源远流长，在晋天福年间重修，后周显德二年（955）被毁，在宋代建隆四年修复完成。明代嘉靖三十四年（1555）到嘉靖三十五年（1556）进行彩绘。值得注意的是这几次重修均是由寺僧组织完成的。

圣天寺建于唐宋间，历史久远，是当地一处游览观光的胜地，有很多名贤前来参观。如明嘉靖辛卯年（1531）九月二十六日，奉陪太宰白严先生（李瀚）游郎壁村圣天寺。

> 我爱禅扉好，特攀丈者行。
> 乱山皆识面，鸣鸟小知名。
> 遍读前朝记，重论旧日盟。
> 烟村浑未远，顿觉有余清。
>
> 　　　　　附录旧作，甲申暮也。

古寺藏深巷，经营不计年。

钟希灵鹤下，锡人老僧还。

祇树依方丈，云花对篆烟。

来游欣有幸，春日正喧妍。

石楼居士李瀚书

乾隆二十四年（1759），在主持定忻和其他寺僧的合力下，圣天寺进行了重修。当时还拥有庙产：两处庄田。圣天寺内壁保留有五间墙的明代风格壁画，内容为二十四尊天，人物高约两米。2013年开始维修，2014年，建筑修缮完工。

（4）法隆寺（县东关）

王溱，字公济，号玉溪子，明代开州（今河南濮阳）人。与沁水人常伦为同榜进士，正德年间任沁水知县。作为知县，应该是多次去过法隆寺。

法隆寺值雪

明·王溱

雪窦横禅榻，风尘断客缨。

闲看帘外影，静爱竹边声。

草木从凋谢，山川自肃清。

虚堂空伫立，日暮有余情。

嘉庆版《沁水县志》载："法隆寺，在县东关，宋时建。"然而法隆寺早已被毁，我们今天能够见到的最早记载是收藏于《山右石刻丛编》中，由元至元年间沁水县儒学教谕吕本撰文，《法隆寺重建佛殿记》，据碑文记载：

……沁之县东有寺，名曰法隆院。去县百余举武，依山面水，诚佛境之为最也。□□普通院，经兵火之余，佛殿舍厨，俱各焚毁。据有住持朦胧交待，前后接踵，目睹遗址，皆且且焉。至元十八年（1281），有德温普明大师，自法眷中来，而增之稍大其居，暨将方丈厨室修葺颇完。时有志于佛殿，夫惜其未兴功而化。德温之门徒，曰行潮，曰行能。其行能者，戒行严谨，博学寡欲，僧中为最。一旦谓潮曰："佛殿匪建，精蓝未葺，福善何以仰，缁侣何以依？"潮曰："然！"于是同声协赞，特发虔诚，遂施于乡人之□□者，鸠工聚财，费出浩瀚。经始于延祐五年夏（1319），至是岁九月，营构方成。檐栋高敞，其广六楹，如□斯飞。其貌郁郁，其势峨峨。然费广易乏，谋大难成，理之必然。嗟夫！功未毕而缗钱不继，事乃即寝。岁月绵邈，二十余载。荐营弗克，惟能力虽不足，而心每慊然。后迄至正二年（1342）春正月，以致畜积颇饶，复继前功。卜吉日，命工匠日用之所需，瓴甓之所费，皆破己资。始于孟春，成于仲夏。丹垩分明，绘画鲜好。雕甍彩□，焕然一新。足可以助禅门之□赫，增释氏之光辉。岂不为本僧□勤且能乎？今之来此者，崇游壮观，乐趋清幽，莫不启善惩恶，严恪而瞻礼者也。属予为记，于是乎书。

至正二年八月□日

行潮　行能　□□　翔山　□□

沁水县典史　张智

儒学□□□□□□□□

晋宁路沁水县尉　赵璋

承仕郎　晋宁路沁水县尹　兼管本县诸军奥鲁劝农事　元□善

将仕佐郎　晋宁路沁水县主簿　瞿德

承仕郎　晋宁路沁水县达鲁花赤兼管本县诸军奥鲁劝农事

马兜的段□珍　王□仁刊

上述碑文透露出如下信息：第一，法隆寺是沁水较早的佛教寺庙，在元代至元年间就存在。第二，经历兵火后，重建极为困难，至元十八年（1281）开始重建，没有完工，到了延祐五年夏（1319），又兴工，再次中断。到了至正二年（1342）终于完工，前后60余年。第三，重建屡次停工，重要原因就是资金不足。由此可以看出，金末元初沁河流域社会经济凋敝。第四，碑文落款中有两位蒙古族人，分别为"承仕郎晋宁路沁水县尹兼管本县诸军奥鲁劝农事元□善"，以及"承仕郎晋宁路沁水县达鲁花赤兼管本县诸军奥鲁劝农事马兜的"。忽必烈时期，虽然对各种宗教都兼容并蓄，但已开始偏重于喇嘛。到了勒石立碑的至正二年（1342），蒙古族应该很多已经是信仰喇嘛教了。而当进入沁河流域后，这些蒙古统治者自然会对该区域原有的佛教寺庙进行扶植，这也会进一步促进佛教的传播。

3. 汤王祷雨

战国时期成书的《尚书·禹贡》记载："底柱、析城，至于王屋。"《十三经注疏》曰："《地理志》云：析城在河东濩泽县西。"而山西省晋城市阳城县古称濩泽，为尧舜夏冀州之域，商为畿内地。汉置濩泽县，天宝元年（742），改濩泽为阳城县。析城山在阳城县南，主峰高1888米。

战国末年成书的《吕氏春秋·顺民篇》记载了成汤灭夏之后，天大旱，五年颗粒无收。汤于是亲自在桑林中祈求降雨，成汤将不降雨的罪责承担在自己身上，不久以后，天降甘霖。这样一则传说其实给我们留下了诸多的悬念，如桑林是地名还是指桑树之林？桑林到底在何地？战国时期这些

析城山山神庙

并没有答案的问题在流传过程中被逐步定型化、固定化。清代《山西通志》说："桑林水，导源析城之东麓。"清康熙版《阳城县志》记载："县西南七十里，相传为成汤祷雨处，上有成汤庙，每岁数百里外咸虔祷以祈有年。"不论是《山西通志》还是《阳城县志》均将析城山与桑林联系了起来。不管桑林祷雨在何地，现实的情况是围绕析城山形成了成汤信仰圈。

今天析城山上有山神庙遗址。

圣王坪西北部，邻近娘娘池的山坡地带有道士墓遗址。析城山还有很多传说，位于成汤古庙与成汤东庙之间的娘娘池（也叫汤王池），圣王坪上的娘娘池和胭粉花等涉及汤王娘娘的起居。每年农历五月十二的汤王庙会，吸引了山西、河南等地的民众前来。

在阳城县境内，可以说遍布成汤庙，自宋元以来有记载的就达到380多处，至今尚保存的就有100多处。阳城县毗邻的泽州县、高平市也有成汤庙，如始建于元代的泽州西太阳村汤帝庙，始建于宋代的高平市马村镇

娘娘池

康营村成汤庙，均属于析城山成汤庙信仰圈的范围。

析城山成汤庙是阳城最早的成汤庙，据《敕封碑》记载：

> 政和六年四月一日，敕中书省尚书省三月二十九日奉圣旨，析城山商汤庙可特赐"广渊之庙"为额，析城山山神诚应侯可特奉嘉润公，奉敕："泽州阳城县析城山神诚应侯：朕天覆万物，忧乐与众，一刑有失，退而自咎。惟春闵雨，稼事是惧，凤兴夜寐，疚然于怀，历走群祀，靡神不举。言念析山，汤尝有祷，斋戒发使，矢于尔神。雨随水至，幽阳滂浃，一洗旱疹，岁月无忧。夫爵以报劳，不以人神为间也，进封尔公，俾民贻事。可特封嘉润公。"

宋代成书的《太平寰宇记》对析城山有"山岭有汤池，俗传旱祈雨于此"的描述。北宋政和六年（1116），宋徽宗赐析城山成汤庙"广渊之庙"庙额，把析城山的爵位从"诚应侯"提升到了"嘉润公"的地位，这无疑对于成汤信仰的扩布起了重要作用。析城山上原有一块元代至元七年（1280）三月立石的"汤帝行宫碑"，记载了山西、河南两省22个州县所建成的汤帝行宫84道。

《泽州府志》记载："元皇庆年间（1312—1313），诏天下立成汤庙。而泽州多山，硗确易旱，立神祠独众。"元仁宗到析城山诏天下立成汤庙后，天下建立了许多汤王行宫。

析城山原有嵌于成汤庙西南墙壁内元代至元十七年（1280）三月立石的《汤帝行宫碑记》，此碑为长方形，高64厘米，宽50厘米，正书，今不存，山西师范大学戏曲文物研究所存有拓片。碑文如下：

> 窃以圣帝垂兹志诚，而所感神明显佑必祈祷，以□临当思□泽恩可作丰年之庆，今开随路，州县行宫花名列于后：

区域	地处	数量
泽州城	右厢行宫一道；左厢行宫一道；南关行宫一道	3
阳城县	□右里一道；东社行宫一道；西社行宫一道；南五社众社人等行宫一道；白涧固隆行宫一道；下交村石白冶坊众社等行宫一道；泽城府底行宫一道；芹捕栅村行宫一道；李安众等行宫一道；四侯村等行宫一道；洮壁管行宫一道；晋城县马村管周村镇行宫一道；大阳东社行宫一道；大阳西社行宫一道；李村行宫一道；巴公镇行宫一道	16
沁水县	在城行宫一道；土屋村行宫一道；端氏坊行宫一道；贾封村行宫一道	4
高平县	□桂坊南关里行宫一道；城山村行宫一道	2
翼城县	□曲一道；□吴棣村行宫一道；中卫村行宫一道；上卫村行宫一道；南张村行宫一道；北张村行宫一道	6
文（闻）喜县	郝庄等行宫一道	1
河中府渔（虞）乡镇	故市镇行宫一道	1
沁南府在城	市东行宫一道；北门里行宫一道；水北关行宫一道；水南关行宫一道；南关行宫一道；东关行宫一道	6
武陟县	宋郭镇行宫一道	1
济源县	曲北大社行宫一道；西南大社行宫一道；南荣村行宫一道；画村行宫一道	4
河内县	清平村行宫一道；东阳管东郑村行宫一道；伯乡镇行宫一道；北阳宫梨川西河镇行宫一道；高村□行宫一道；五王村行宫一道；万善镇等行宫一道；长清宫许良店行宫一道；清花镇行宫一道；吴家庄行宫一道；红桥镇行宫一道；□阳店行宫一道；武德镇行宫一道；尚乡镇行宫一道；王河村行宫一道；南水运行宫一道；□马村行宫一道；□□义店行宫一道	18
修武县	西关行宫一道；城内村行宫一道；□□河阳谷逻店行宫一道	3
沁州武乡县	□□州南门里街西行宫一道；五州度行宫一道	2

温县	南门里社行宫一道；南冷村行宫一道；招贤村行宫一道；白沟□行宫一道	4
垣曲县	登阪村行宫一道；□□镇行宫一道	2
河内府巩县	行宫一道；石桥店行宫一道；洪水镇行宫一道；□□村行宫一道	4
偃师县	行宫一道	1
太原府太浴（谷）县	东方村行宫一道	1
祁县	圣王泊下村行宫一道；团白镇行宫一道	2
平遥县	朱□村行宫一道	1
文水县	李端镇行宫一道；□盘行宫一道	2

维大元国至元十七年三月二十日

立石人王掌□ 温志信

本庙李志清篆 石门村石匠马□□

元代至元十七年（1280）三月立石的《汤帝行宫碑记》里对于河南、山西两省22个州县所建成汤行宫84道的记载很是详细，涉及山西的有泽州府（泽州城、阳城县、沁水县、高平县、翼城县、文（闻）喜县），河中府（虞乡镇），沁州府（武乡县、温县、垣曲县），太原府（太谷县、祁县、平遥县、文水县），河南有沁南府（在城、武陟县、济源县、河内县、修武县），河内府（巩县、偃师县）。如果从数量来看，河南省沁南府河内县有18道行宫，山西省的泽州府阳城县有16道行宫，无疑这两个府的汤帝行宫最多。而这两个县分别位于析城山的南北，距离析城山也是最近的。离开析城山越远，汤帝行宫就越少，到了河内府偃师县和太原府的太谷县，就只有汤帝行宫一道，人们对于汤帝信仰也减弱了。

今天，晋东南地区仍然保存着许多汤庙建筑，下表是晋东南现存国家级文物保护单位的成汤庙。

晋东南现存国家级文物保护单位的成汤庙：

序号	名称	地点	始建年代	现存建筑年代	现存状况
1	下交汤帝庙	晋城市阳城县	宋代	金、元、明、清	两进院落
2	大阳汤帝庙	晋城市泽州县	不详	元、明、清	两进院落
3	玉皇庙成汤殿	晋城市城区	不详	元代	两进院落
4	郭峪成汤庙	晋城市阳城县	元代	清代	一进院落

在析城山汤帝庙建立后，阳城修建了众多的汤帝庙。如河北镇下交、北留镇郭峪村、南留村成汤庙、章训村、西神头村、润城镇中庄村、上佛村、王村、大安头村，蟒河镇蟒河村、桑林村、西凡村、孔池村、石臼村、白桑乡刘庄村、张庄村、通义村、东冶镇东冶村、西冶村、独泉村、索龙村、柳泉村；凤城镇南底村、梁沟村、荆底村、卫家窊村、上芹村、下芹村、东城办事处蒿峪村、上孔村，驾岭乡护驾村、吉德村、三泉村、南峪村、暖辿村，固隆乡泽城村，芹池镇刘西村、游仙村、南上村、伯附村、羊泉村，町店镇桃坪村、中峪村，次营镇陶河村，西河乡中寨村，演礼乡上清村，横河镇下寺坪村、黄唐辿，这些村庄均有汤庙，且有碑文记载。

阳城县下交汤帝庙位于河北镇下交村北，建筑年代为宋至清。2005年10月国务院公布为全国重点文物保护单位。占地面积2134平方米，建筑面积1419平米。下交汤帝庙是我国目前现存最早、规模最大的汤帝庙。下交汤帝庙现存建筑19座，坐北朝南，二进院落布局，中轴线上由南向北依次建有山门、马王殿、舞楼、拜殿、正殿（广渊殿）；一进院落东西两侧为东西华门、东西禅室、马房、盖庙、文昌阁、魁星楼、西南楼；二进院落正殿东为黄龙祠、佛祠、（东配殿），西为关王殿（西配殿）、神库（西垛殿）、蚕姑祠；拜殿之东为白龙祠、太尉祠、神厨（东厢房），拜殿之西为西厢房。正殿，即广渊殿，创建于宋元祐元年（1086）。拜殿也是创建于宋元祐元年。舞楼、马王殿、山门、黄龙祠、佛祠、关王祠、神库、蚕姑祠创建于金大安二年。白龙祠、太尉祠、神厨、禅房创建于明成化十八年（1482）东西华门，东西乐棚，文昌阁为明代建筑。马房、东西禅室、西南角楼创建于清光绪年间。

下交汤帝庙是析城山下最早的汤庙，从《下交汤帝庙拜殿石柱题刻》可以看出，拜殿修筑于金大安二年（1210）和大安三年（1211）。明成化十八年（1482）勒石的《重修下交神祠记》载，"今兹析城，即《禹贡》所载之析城也。大阜之上，中创神祠，为一乡祈报之所。春祈百谷之生，秋报百谷之成。人民富庶，享祀丰洁。……"碑文还记载了明代正统到成化年间先后多次修建汤庙的情况，然后列举了下交及其周边村庄涌现的官宦缙绅的名字，而且将其与汤庙的神佑联系了起来。明嘉靖十五年（1536）的《重修正殿廊庑之记》碑刻记载："汤庙乃辽大安二年（1085）所建，实宋哲宗元祐元年（1086）也。"由上可知，汤庙最初仅仅是祭祀成汤的庙宇，后来其功能逐渐增多，成为了里社之间春秋祈报的场所。地方的重大事件，重要历史也被记录在了庙内，汤庙成为了地方民众信仰的重要载体。康熙三十五年（1696），创修乐棚，康熙四十六年（1707），创修关帝祠。康熙五十二年（1713），重修大殿、拜殿。康熙五十五年（1716），重修太尉祠。康熙五十九年（1718），对成汤庙进行补修粉饰并重修东厢阁，新塑土谷神像。雍正四年（1726），重修卤庑。雍正七年（1729），重修外殿垣墙。雍正七年（1729），重修大庙。乾隆三年（1738），重修关帝祠，并将东南库

下交汤庙

楼改建为三间东亭。乾隆四十九年（1784），乾隆十三年（1748），将汤庙内原先狭小的殿前舞楼、西亭、角房加以重修扩建。乾隆五十三年（1788）又分别对大庙进行了补修。嘉庆十二年（1807），重修东西门。嘉庆十四年（1809），重修五福神祠。嘉庆二十二年（1817），重修拜殿西庑。嘉庆二十五年（1820），补修水道、门道。道光十年（1830），重修外院东南群房。道光十四年（1834），增修文昌阁。同治十年（1871）社首率领社众补修各祠檐头并重修了庙外的大路。光绪丁戊奇荒后百事艰难，光绪十二年（1886）开始重修，光绪二十二年（1896）才结束，期间长达十余年。具体来说，光绪十二年（1886）补修西庑各神祠；光绪十五、六年补修外院西南楼；十七年（1891）油画拜殿各神祠；二十一年（1895）油画舞楼；二十二年（1896）补修、油画文昌阁。

赐进士出身吏部候选知县王敬修撰文，雍正四年（1726）勒石的《重修卤庑之记》云：

下交汤庙献殿

自古建国立社，首重其典者，所以报土功而酬帝德也。故自王国而下，以交乡曲，皆得择地为坛，以立里社而为社报之所，本邑之南二十里许，曰下交。群峰缭绕，众水萦回，居民稠密，人烟凑集。其村之北，土阜隆起。立庙其颠，历年久远，莫祥其自据。殿柱铭"大安二年岁次庚午，河北里李全施"，有以为辽大安二年者。余读史，汉武纪元以来，以大安建元者三。则西魏之太武，改兴光为大安。然其二年，乃宋孝武之孝建三年，岁在丁酉；与柱铭之为庚午者不符矣。谓辽大安二年者，是时宋方都汴，河北三镇犹存。河东上党皆为宋地，岂有居宋用辽年号者？此辽大安二年，即宋哲宗元祐元年。其岁则在丙寅，与谓庚午者亦不相涉。至有元，则历世十君，建元十五。初无以大安建元者。惟金之卫绍王，亦以大安纪元。其二年，乃宋宁宗嘉定之三年，其岁适当庚午。其为金之大安也，似有不易。然自金之。然自金之庚午（1210）迄于今，盖五百有余岁矣。虽凋敝屡修，旋颓旋葺。然祠宇众多，冗费浩繁，难以遽举。其西庑高禖、广禅、土地三祠，倾颓甚尤。里中屡议重修，惜无仔肩而克胜其任者。适里人原士诘、许伯聪、崔明才，其三人素行乐施，慷慨好义，起而任其事。又于社二甲中，每甲举急公勤敏者一人，以分任其职。于雍正甲辰（1723）秋获之后，每谷豆五十而取一，于是施不觉其难，取者得赡其用。遂于次年之春开工兴造，虽基仍旧址而砖梁悉易小易大，去旧以新，且增卑为崇，饰碧涂以丹膔，而门格窗棂，皆雕绘工巧。巍乎焕乎，灿若□飞。视前之卑暗朴陋者，相去诚如天壤也。噫！惟自庚子而历甲辰，年不顺成，凶荒迭至。以难之时而兴巨之功，以烦之力而成不世之绩。且二月开工六月报就，世有事钜而成速如是者乎！是非其公正足以服人，勤劳足以动众者不能也。……

大清雍正四年岁次丙午六月吉旦

从上碑刻可知，王敬修对"大安二年岁次庚午"进行考证后，认为是金代的卫绍王年号，也是宋宁宗嘉定三年建造，后屡经修葺。除了汤帝外，还供奉着高禖、广禅、土地，由此可见汤庙功能的增多。自从金代以后，汤庙多次重修，到了清代雍正年间，民众屡议重修，但是没有人愿意担此重任。恰好里人原士诘、许伯聪、崔明才，其三人素行乐施，慷慨好义，起而任其事。又在社二甲中，每甲公举一名事勤快者，分任其职。在雍正甲辰年（1723）秋天收获之后，采取每谷豆五十而取一的方式，筹得费用，第二年，也就是雍正乙巳年（1724）二月开工兴造，六月完工。

北留镇郭峪村汤帝庙　《郭峪村志》载：郭峪村居于阳城和晋城之间，具体来说就是阳城县之东，北留镇之北。松山耸于前，庄岭倚于后，可乐雄峰踞其左，海会双塔矗其右。北与皇城村毗邻，西与润城镇上庄村接壤，南与大桥村搭界，东与史山村相连。村落位于镇域中部，樊溪穿村而过。顺樊溪而下5公里是润城村，沿镇建公路南去5公里，是北留村，再由此东去30公里为晋城市，西去15公里为阳城县城。

在古代"峪"与"谷"可以通用，因此郭峪村也被叫做郭谷村。郭峪东侧苍龙岭岩石峭壁上有"金裹谷"三个大字，当地人又将樊溪河谷称为

郭峪村景

"金裹谷"，有时候"金裹谷"也代指郭峪村。

郭峪村何时建村，不可考。不过，根据现有的文献考证，唐代以前郭峪村就存在了。郭峪村村南有海会寺（距郭峪村三公里），始建于唐，初名郭峪院，唐昭宗乾宁元年（894）十月二十五日赐名为"龙泉禅院"。据唐代泽州司法参军徐纶撰的《大周泽州阳城县龙泉禅院记》载：

> 耆旧相传，其来寝远，刊刻无寄。……是院之东十数里，孤峰之上有黄砂古祠，时有一僧，莫详所自，于彼祠内讽读《金刚般若经》。一日有白兔驯扰而来，衔所转经文蹶然而前去。因从而追之。至少是院之东数十步，先有泉，时谓之龙泉。于彼而僧异之而感悟焉，因茆晏坐，誓于其地始建刹焉。同灵鹫而通幽、类给孤而建号，东邻郭让之末，前据金谷之堰。既名额以未标，称郭谷而斯久。……

因此，在唐昭宗的时候，这里已经有了郭峪村，只是当时叫郭谷村。又鉴于村东山之巅晴雨塔院系唐贞观年间所建，郭峪村在唐初可能已具规模。明，郭峪为里，清嘉庆（1796）阳城设十一都，郭峪仍为里，上属章训都。清，郭峪又称镇。山西省于民国六年（1917）实行编村制，郭峪里改为郭峪村，包括郭峪、大桥、东峪、皇城、大端、沟底、予山等7个自然村，分为17个间（城内5个间、城外2个间、土沟1个间、东峪1个间、大桥2个间、黄城2个间，大端1个间、沟底2个间、于山1个间）。1953年，实行区乡制，郭峪村改为郭峪乡，上属阳城二区。1956年5月，扩大乡的编制，郭峪乡改为中庄乡，乡政府仍设在郭峪，下辖除国华、晋华、新华社外，又辖三庄、东山、大岸头、小张沟等6个高级社。1957年并乡，中庄乡又辖上伏、下伏、屯城、望川、李甲等村，乡政府迁往中庄村。1958年成立人民公社，实行政社合一，郭峪为管理区，属北留人民公社。1984年，改郭峪生产大队为郭峪村，下辖8个村民小组，属北留镇，延续至今。

北留镇郭峪村的汤庙也被称作是大庙，创于元代至正年间，在明清历代均有重修。

郭峪汤庙

现在能够见到的最早的碑刻是明万历九年（1581）《重修汤帝庙舞楼记》，因原碑损坏，于顺治九年（1562）重修汤帝庙时，又依照原文勒石，此碑现也破损。碑文如下：

郭谷镇之西南隅，地势峻而风脉甚劲，□□□□□□□□□□□□□
□□□□□，火于嘉靖岁之壬寅，庙宇廊庑，一时燎
延殆尽，及燔及居民。已而□□□□□□□□□□诣而
祝曰：民所崇神将依之矣。庙成，岁时樽俎宴豆，神亦
惟大庇庥我民以福。□□□□□□□□□□□□□□□
无及舞楼，屈力于力之未赡而遂已也。然庙之基趾高于
路，往来过者扬□□□□□□□□□□□□迈月征几
三十年，未有理者。余往时家居，与一二同志游于斯，
喟然曰：□□□□□□□□□□□□乡人约有弗率于

法，可惩者令罚金若干，输之庙，不可乎？不则呈官真
□□□□□□□□□□□□□□□之余，又喜此举也，为惩劝
人心之一助云。古者诸侯设屏以敝内外，顾神之尊可亵侮如
此乎？识之。用和子诺，谋诸社，社即□□□□□乡令咸
出所有以供用。然人情思奋既久，闻斯举，若渊溃而趋至
焉。凡所谓□□□□□□□□□□□森然，心怵然，恍
若神临其上，而不觉起敬且畏志。夫以一楼成而神益尊，而
□□□□□□□□□□□□儿用和作，众复同余儿用昌继完之。
工始于万历六年正月初一日，落成于次年四月二十八日。社嘱
余志之，余睹若废起，慨然以思。夫世之纷庞，孰可继也，夫
方庙之始焚也，□□不有余十年鼓舞之，则此楼几为废址矣。
夫神之尊也，其诞百嘉于民，以应天之休也，因不以人之崇替
□□□□□□□□□□□之福也哉。然则斯庙也，成而毁于火。
毁而复成，益壮观于未火，非数欤！非数欤！
大明万历九年十月吉日　刘养正　张盛基　仝立
大清顺治九年八月初一日重修　本庙旧碑损坏　因□□□

这是今天见到的有关汤庙最早的碑刻。嘉靖二十一年（1542），汤庙
碑烧，火大延及周边居民。为了庇护社众，万历六年（1578）正月初一日
开始重修，万历七年（1579）四月二十八日落成，顺治九年对原碑进行了
重新勒石。

嘉靖年间的碑刻并没有说清汤帝庙的创建时间，顺治十年（1653）勒
石的《郭谷镇汤帝庙公约墙碑》将汤庙历史追述到了元代：

　　考本镇大庙，创修于元季，从未曾设立住持以为焚修，又无
地亩以为养赡。因是教读者假为学馆，一时失检，庙被火焚。嗣
后，至明季隆庆间重修之。除本庙殿宇行廊外，又正殿后创修廊房
十间，碑记至今虽存，而廊房遂湮没难稽矣。

　　从碑文可知，郭峪村历史悠久，汤庙重修于明代隆庆年间。由于科举制度的发达，郭峪城明清两代，文风鼎盛，人才辈出，一共走出了18位举人和15位进士；加之商贸兴隆，民居修建也颇为讲究。现仍有保存完好的明代民居40院、1100余间。村内曾建有大小寺庙20余座，保存最为完好的是汤帝庙，为九开间大殿，庙内飞檐挑角的元代戏台高达20多米，气势恢宏。2007年被命名为"中国历史文化名村"。

　　郭峪村山神、土地合祀于汤帝庙的西北角殿，创建多年，没有加以修葺过，嘉庆十六年（1811），祠中脊檩倾折。社首召集社众募捐，重修了西北角殿，重绘了神像。道光二十八年（1848），谭虎文捐资一百千文，重修钟楼。民国二十三年，郭峪村修复石闸二门，大王庙一所，护城石坝二十丈，补修东城门楼一处。

　　北留镇高凹村汤帝庙　高凹村位于北留镇东南方向4公里处，北侧与壁河为邻，东、南与崇上、安岭村相连。全村1036口人。村庄中原有汤帝庙，康熙四十三年（1704）勒石的《重修大庙记》云："邑东三十里高家窊，故有大庙，创自明初。"大庙建于明代，到了康熙四十三年（1704），耗资三十一两九钱九分一厘，重修南殿三间，又创修东西角房五间，在重修过程中"社"发挥了重要作用。

　　北留镇北村大庙　北村位于北留镇南1.5公里处，沁河东侧。北邻南留村，西南处接西神头，南面接石苑村。全村共有村民653口人。北村旧有大庙（汤庙），庙内的碑刻主要记录的是大社置地的事情。乾隆六十年（1795）勒石的《大社买地两块地契碑记》记载了北村大社两次买地的情况，乾隆五十一年（1786）大社买到栗奇相庙边场西地基一块，地中有槐树一株，花银四两四钱。乾隆五十三年（1789）大社又买到杨建贤、杨建积东门外地基一块，花银十两。嘉庆二十年（1815）的《地契碑记》记载了大社买地三块：嘉庆八年（1803），大社买到璩铠沙泉沟荒山一处，花银十五量；嘉庆十九年（1812），买到裴锦小圪坨荒山一处，花银九两；嘉庆二十年（1813），又买到杨聚宝同佺勋山神坡荒地一处，花银三两。

北留镇西神头村汤庙　西神头村地处北留镇区以南3公里处，530余口人。西神头村汤庙始建年代不详，据道光十年（1830）的《改建大殿创东西偏殿及殿前拜墀门外厦壁碑记》载：道光六年（1826）到道光八年（1828），改建大殿，创修了东西偏殿以及殿前月台，门外厦壁。道光十四年（1834）《建修拜殿碑记》，记载了建修拜殿之事。

润城镇中庄村汤帝庙　中庄北依尖山，南览古寨，东仰可乐，西临洎水，雄姿恢弘，文韵深邃，汤帝庙位于村中，是阳城县重点文物古迹，始建于明朝正德年间，距今已有400余年历史。汤帝大庙历经数百年风雨沧桑，从清朝顺治、康熙、乾隆、嘉庆至民国初期，白巷里之仁人志士出钱捐物，曾进行过数次不同程度的修建，为大庙保存至今做出了贡献。康熙三十年（1691）补葺汤帝庙重修舞亭记；乾隆癸未年（1763）汤庙重修，乾隆丁酉年（1777），金妆正殿，油画拜殿。中庄汤庙自建立以来，各殿以及拜殿、舞楼屡经重新修葺，极为壮观。但是东西客房、看楼、钟鼓楼、山门旧制，与殿亭、舞楼不相称，况且历年既久，风雨摧残，几至倾颓。嘉庆十二年春天（1807）开始商议重修，然而工程耗资巨大并没有立即开工。到了十九年（1815）秋天，又开始商议重修，在张学易、张学礼兄弟的倡议下，社众积极募捐。还砍伐庙内一株松树得金若干。同时推举三位老成经事者为总领。财力与人力均具备，开工重修，将两客房、看楼从以前的五间改为六间，上面是客房看楼，下面是禅室。将以前靠近照壁的钟鼓楼移到东南和西南角，将山门筑台数尺，使其具有气势。又将庙门外旧址平房两间彻底维修，上建楼三间。其他各亭以及拜殿、舞楼与马房，破损的都进行了补修。嘉庆二十年冬天，工程结束。2004年，决定筹资复修中庄汤帝大庙，2005年农历十月一日竣工。

凤城镇南底村汤庙　南底村以前叫石泉村，位于阳城县城南7公里处，南与河北镇相邻，东与白桑乡通义村相接，全村共有829人。村庄中建有成汤庙以及关帝庙、佛庙，历史悠久，这三座庙宇修建年代不同，每次创修、重修、增修、补修都有碑刻记载。大庙的主要功能是乡里的春秋祈报之所，乾隆四十三年（1778）勒石的《舍地大庙碑记》记录了社众毕日宴自愿把庙前的一亩五分地施与村里大庙。嘉庆十五年，社首石进江组织村民，又请总领社首元武栗君等十人，补修神殿，修葺山神庙，在西院建客厅一所，上下六间，在院子的西南边建马棚六间。

上文是乾隆年间有社众将土地施与大庙，到底作为庙产的土地是怎样经营与管理的？咸丰三年（1853）《承揽大社科地碑记》给了我们一个很好的解释：

> 立承揽文字人孔拴成，今揽到大社科地，每年三月初八，死日祭神。五月初九活日，见贴即到。每逢享祭，一日为止，夏季卖四市斗，秋季谷八市斗。社中或有事之家送帖顶人，红工每一工，价钱一百五十文，白工每一日工，价钱一百文。每逢有丧事之家。米饭无布，面饭科头布半尺，每一名头布一尺。逢有大事之家，科头布一尺。所有迎祭、乾丧、上坟，具在工内，或有打降、吊死、培情、祭祖，照依红工开销，吊起下培情白工开销。恐后无凭，勒石为计。

碑文记录了村民孔拴成承揽大社科地，同时还涉及当地三月初八祭神，以及婚丧嫁娶中承租人做工报酬的情况。

光绪年间的"丁戊奇荒"，死亡人数十有八九，在这种情况下，不可能再重修庙宇。以致墙崩瓦裂，栋折榱危。凡是进庙的人，无不目击心伤。三十年后，也就是光绪三十四年（1908）南底村开始重修大庙，据《重修三庙增修马房佛庙西房碑记》云：这次重修由石廷献等担任社首，与栗鹏飞等商量修筑的费用。最后决定，除了让村中殷实之家捐资外，按社摊收。大家一致赞同。随即让石廷谟担任督工，将三座庙中墙垣将要倾倒者拆除，重新修筑，坡脊有漏雨的也进行重修。增修马房院西房上下六间，佛庙西房小房五间。又将成汤庙的神像、墙壁、舞楼等出金妆、补塑、油画。至于佛庙、关帝庙，仅将院内的檩梁、椽柱、门窗已改涂饰色彩。整个庙宇焕然一新。

到了民国年间，汤庙的功用发生了一些变化，当时村里成立了息讼会作为民间的调理机构，村民要求调解需缴纳鸣金钱，费用的积蓄可以补修神堂墁地。

凤城镇梁沟村汤庙 凤城镇梁沟村地处阳城县城南部5公里处的濩泽河畔，全村452口人。乾隆二十三年（1758）创修龙王庙，道光七年（1827）大庙临泉阁补修油画。村里还建有齐圣广渊庙，咸丰癸丑年（1853），殿宇渗漏，社长梁进上目睹殿宇破损的状况产生了补修的想法。然而梁进上年高力衰，就将此事托付给了他的儿子梁聚金来代理。梁聚金同村里的社众商量此事，大家都觉得应该重修。于是每年的秋天和夏天照社均收米麦，蚕季并收茧用。然而天不遂人愿，咸丰丙辰（1856）、己未（1859），连年歉收，这一做法中止了。四年内共收集粟米七十四斗，麦子四十二斗，十年内积茧用银六十两，共作价实银一百二十九两。择吉日开工，将庙内外有破损的地方就行了补修，并且重新妆饰，将蚕姑神祠创修暖阁，舞楼内创修围屏、天棚、对板，都绘画妆金，又在庙西置一块马棚地，为的是春秋报赛演戏艺人拴骡马之用。咸丰己未（1859）夏天，蚕茧丰收，社众情愿施地，创修暖阁以报神恩。

凤城镇坡底村汤庙 阳城县驻凤城镇，坡底村位于凤城镇政府东南3公里处，全村共有715口人。光绪十一年（1885）的《创修庙宇碑》载，坡底村人少，此次到春祈秋报的时候，都要祭祀神明，然而村里没有庙宇，无处祭祀，这事情一直困扰着村民。咸丰二年（1852），社众推举孔盲环、路琢为社长，按社收集米麦来为创修庙宇积累资财。不凑巧，正赶上灾年，村民连肚子都吃不饱，没有能力筹集资财。咸丰六年（1856），推举路旺、李福、吴守业等人，整理钱粮，筹集资财，继承了前面社首的意志。在积累了一定资财的情况下，先是创修正殿三间，然后创修东西角殿二间，舞楼三间，戏房一处，前两次还买到东平房五间，增加了看楼，创修西北角房上下四间，厦口一间，西平房三间，其余大门为凿渠通水铺路，然后彩绘殿宇，还邀请阴阳先生诵经。工程开工于咸丰十一年（1861）春天，完工于同治十三年（1888）冬天。

润城镇王村汤帝庙 润城镇王村古有汤帝庙，是春秋祈报的地方，创建年代不可考。在乾隆五十五年（1790）首事诸公邀请乡里耆老督理，砍伐过剩的楸柏，重修成汤、关帝、白龙、财神、张仙各殿，创修风神并东西廊房诸殿，创建客房。

驾岭乡南峪村汤帝庙 析城山脚下有驾岭乡南峪村，全村300多人。村庄中有汤帝行宫，具体何时建立，并没有确切时间。雍正乙酉年（1729）李富魁等人创建重修过。多年后风雨飘摇。村中合议对其进行重修，举荐了八人为社首，所费钱粮按社均摊，每一分社捐钱一千五百文，嘉庆五年（1800）工程竣工。道光年间再次重修，据《成汤殿碑记》载，道光七年（1827）七月，将正殿拆除，移后丈余，扩大到原来的三倍。同时复建正殿两旁翼室六间，东祀马王神、西祀高禖神，所需费用按社募捐，道光九年（1829）十月工程完工。

白桑乡刘庄村汤庙。阳城县白桑乡刘庄村保存着19通碑，较为详细地记载了嘉庆九年（1804）到民国十四年（1925）年间乡村祭祀情况，以及社首接替的情况。

阳城县白桑乡刘庄社首接替情况

序号	日期	社首	基本情况	任期	碑刻	大小（宽×高）
1	嘉庆九年（1804）	蔡斌、粟金斗、李□□、粟□	汤庙祈雨置物及收支账目	3年	嘉庆九年《社首接替碑》	44×83
2	嘉庆十二年（1807）	上得库、张应宝、赵全、王锦	添置社事用品	3年	嘉庆十二年《接替碑记》	97×38
3	嘉庆十六年（1811）	张印仓、王自宽、原有粟升	前后两任社首组织村民重修汤庙	4年	嘉庆二十一年《刘家庄汤帝大社重修碑记》	42×114
4	嘉庆十七年（1812）	粟秉祥、王自轩、粟佐、蔡润	同上	3年	嘉庆二十一年《刘家庄汤帝大社重修碑记》	42×114

5	嘉庆二十一年（1816）	王善、王官永、蔡润、赵忠贤、原有	村民田雷施地于汤庙	4年	嘉庆二十一年《施舍产业碑记》	64×45
6	道光二年（1822）	栗平、田雷、蔡永成、王自广	增补饰物器具	3年	道光二年《增补饰物器具碑志》	77×45
7	道光五年（1827）	栗柱、栗秉随、张印财、王锡林	停演春秋社戏以节省费用，重修正殿增修高禖殿三圣神殿、金妆神像	3年	道光五年《刘家庄重修成汤殿碑记》	73×206
8	道光八年（1830）	白成、栗佐、蔡永和、王荣	财力不足，仅增补一些祭祀用具	3年	道光八年《增补器俱碑记》	72×43
9	道光十五年（1837）	王□、赵忠贤、王自礼、王自落	社事收支	3年	道光十五年《社宰瓜代答贺神麻碑记》	91×43
10	道光十八年（1840）	栗日盛、王日兴、延法库、张潘	社事收支	3年	道光十八年《社首替代碑记》	74×40
11	咸丰六年（1856）	栗志、蔡如铭、王瑞、王日学	社事收支	3年	咸丰六年《接替碑记》	87×45
12	咸丰八年（1858）	栗恭泰、栗日河、王财、张文镛	社事收支	4年	咸丰八年《接替碑记》	73×40
13	同治元年（1862）	原贵昌、王恭、栗德、蔡□□	穿井砌路和收支账目			80×42
14	同治四年（1865）	栗荣泰、栗忠、张文禄、王动	社事收支	3年	同治四年《刘家庄社庙社宰瓜代碑》	59×125
15	同治七年（1868）	李三元、田敦茂、栗日进、王科	社事收支与社庙补修	3年	同治七年《出庙补修碑记》	75×39
16	光绪十二年（1887）	栗□□、王日□、李嘉猷、栗长□	整修佛堂	3年	光绪十二年《整修佛堂碑记》	68×38

17	光绪三十年（1904）	张埙、原祯、王维祯	四坊社首发生纠纷，通过耆老商量，重新合办祀神	3年	光绪三十年《出庙始末缘由碑记》	85×40
18	民国十一年（1921）	李逢春、王盛义、粟永顺	旱灾、未能演戏祀神，账目收支	3年	民国十一年《接替碑记》	40×100
19	民国十四年（1925）	王永兴、蔡王明、张广祥	摊牌太多，村中花费过重，社事收支	3年	民国十四年《接替碑记》	54×44

白桑乡刘庄社的汤庙原来是迎神赛社之地。汤庙充当着祈雨的功能。嘉庆六年（1801）夏天，久旱无雨，村民在汤庙内祈祷。社首一般是四人，三年一次接替。社首主要职责是领增补社事用具，组织一些祭祀活动。同时历代社众也补修庙宇。例如，对于刘家社这样一个地方偏僻、人烟稀少的地方来说，汤帝的角色更加重要了。然而汤庙规制太小，到了春秋祈报的时候，更显得汤庙的狭小。嘉庆十六年秋天（1811），按社捐资，共积钱一百二十余千。嘉庆十七年春天（1812），本利共计二百三十余千。十八年夏天（1813），接替值年社首的四位又捐款一百三十余千。但是资财还是不够，不得不按社捐资一百余千。前后共募集到资金四百九十千。重修舞楼上下六间，东西南房上下二十八间，共修房屋三十四间。嘉庆二十一年（1816），社众田雷夫妇年老，情愿将自己的田地施于社庙。当地蚕茧业发达。道光二年（1822），社首粟秉随等人与村中社众协商重修成汤庙。采取了停演春秋社戏以节省费用，同时抽取蚕户茧钱，数年得二百余千。道光四年（1824），推举督工社长四人，当年又收钱一百余千，重修正殿三间，增修高禖殿三间，三圣神殿一间，并金妆神像，进行彩绘，修桥梁，平道路，道光五年（1825）十月二十五日竣工。到了晚清，社中矛盾纠纷发生。刘家庄社三年一替，光绪二十八年（1902），社中因为交接社仓利谷，发生了口角，最后争讼到了县衙。县令宣判旧社首交利谷一石，以此结案。事情结束后，社里公议推举原祯等四人经理社事，不到一年，山神庙需要补修。四坊社首中西坊社首粟小因

不理社事，三坊祀神，而西坊不做，祭神结束后所有花费由三坊承担，并未摊派到西坊。三坊承办祭祀两年有余，到了甲辰年秋天（1904），村庄中耆老商量，劝解西坊和三坊重归于好，按照旧规，重新合办祀神。民国八年九月，王盛义、李逢春、栗未顺三人总理社事，三年中遭受了两次旱灾，没有演戏祀神。民国年间，苛捐杂税太多，社民负担很重。民国十二年（1922），王铭蔡、王永兴、张广祥承接社事，出现了"因村联合淇汭科派钱文，村中花费过重"的情况，不得不节俭开支。

白桑乡洪上汤帝庙　洪上村位于县城东南8公里，是山西省历史文化名村，村内有市级文物保护单位范家十三院，全村2148口人。康熙三十七年（1698）《绘塑汤帝神像碑记》载：村民范鸣寰年轻的时候很勤俭，到年老的时候积累了资财，在康熙三十七年（1698）汤帝殿落成的时候，慨输匠资颜料，绘塑汤帝神像。

固隆乡泽城村汤帝庙　据《山西通志》（绢卷四·沿革谱）载："濩泽，故城在县西三十里，今为泽城村。"固隆乡泽城村，位于阳城县西15公里处，古代为濩泽县县治所在地，汤帝庙坐落于村的东北面，庙院由正殿、东西偏殿、献殿、东西二层砖房、戏台、戏台耳房等建筑组成。庙院内现存七块碑。除了明代万历四十五年（1617）勒石的《重修成汤圣帝碑记》外，均为清碑。

　　古濩泽州县，天宝间迁东，□□改为泽州。由衙道土地祠前，居民建立汤帝祠焉，盖有年矣。其开基始于皇统，至永□石立，记岁六十，重修焉。分殿东厢房，至东行廊、舞庭属豆村，分殿西厢房至西行廊、端门属泽城。一时改造焕然□目，独舞庭称最。然先民立祀之意，未能尽窥，而大约莫过祈福禳灾，有祷即应，为岁田雨泽，十有其半也。……而三年来，一修佛殿、子孙祠，立圣像；维修四行廊、端门，再修五虎殿……时明万历四十五年岁次丁巳仲冬吉旦。

从碑文可知，汤帝庙开工兴建是在金熙宗皇统九年（1149），卫绍王完颜永济于金代泰和八年（1208）即位，就在这时候重修大庙。在明代万历年间，重修了佛殿、子孙祠，立圣像；还维修四行廊、端门、五虎殿。在清代，也进行了重修。或者金妆佛殿，或者重修庙宇。阳城，原来的县治就在固隆乡的泽城村。它是濩泽河的源头，所以称"泽"，定位县治，所以为"城"。看碑刻上，明清时期称"府泽大社"，早期碑刻没有发现。至于什么时间改成"泽城"，不清楚。但是这座汤帝庙，应该是金代创建，历代维修。

到了咸丰七年（1857），社首接替。社首杨金丰在担任社首三年中遵照旧规，兢兢业业，在社首接替之际将剩余的财物勒石为记的情况。也指出了社庙一直以来是春秋祈报之处，按照旧规办事，延续不断。

芹池镇芹池村汤帝庙　芹池镇是阳城县西北重镇，镇政府所在地，芦苇河穿村而过，芹张、八芹、陵沁、阳翼高速四条公路交汇东西南北，交通便利，水、土资源丰富，是芹池镇政治、经济、文化活动的交流中心。2012年有1480余口人。汤庙除了春秋祈报之外，还有其保护民众平安的功能，尤其是遇到灾荒的时候，民众愈加虔诚地祭拜、重修庙宇。同治元年（1862）勒石的《补修大庙碑记》载：

> 自我朝二百余年来，蝗之一种止闻其名，未见其形，今秋七月六日，自午以后，蝗飞满天，自东而来，数日未止。人恐伤害田苗，皆焚香祈祷以求其去，幸也过而不留，十分已去其九。芹池一里禾稼未至大伤。至后八月间，蝗之遗种复生，食坏麦苗甚多。因此官谕捕蝗，三日之内每社扑有两千余觔，此悉吾辈见所未见也。合社人等欲令后人知之，因祥记其事于石。今又庙内添修东南小楼一座，西南小楼一座，锅台二个，东西庑楼石梯二架，东西庑楼内板凳八行，拜殿旁左右砖台二个。共为记之。以及石匠石灰匠工、小工、钉、砖、杂费使用，做板凳二十三条，共使钱四十三千二百九十一文。

碑文记述了清代同治年间芹池两次遭受蝗灾的事情。同治元年（1862）七月六日，中午过后，蝗虫从村东飞来，持续了数日。面对这种情况，民众焚香祈祷蝗虫离开。幸运的是蝗虫并没有长时间停留，大多飞走了，芹池并未遭受大的蝗灾。可是到了八月，蝗灾重生，庄稼遭宰。官府下令捕蝗，三日之内每社捕蝗达到了两千余斤，蝗灾过后合社集资补修大庙内的建筑。

町店镇桃坪村汤帝庙　町店镇桃坪村位于阳城县城东北20公里芦苇河畔的山沟里，地处阳沁交界，东邻润城镇西冯街村，南是东城办事处蒿峪村，西邻本镇柴凹村、张沟村，北邻润城镇大夫街村，由一个自然村庄形成行政村，全村203口人。光绪二十二年（1896），汤庙历年既久，风雨飘摇，檐头破坏，村民想要维修，然而年景不好，没有余钱。光绪二十二年（1896），村民郑君成在朱仙镇募化钱二千文，又按社均摊钱流失余文，鸠工庀材，时间不久就完工了。民国二十年（1930）发生了土地纠纷，为了逃避浩繁的摊派，有桃坪村人将土地六亩卖给了张沟村卢焕，而以前这六亩地的社钱在桃坪村缴纳，社里也有土地不能卖于外社的规定，卢焕拒不缴纳摊派，桃坪村间长刘承尧以破坏公约，妨碍公务为由请求惩办卢焕，卢焕以自己已经在义城乡缴纳为托词，拒绝交付，县长张书榜判令卢焕交付桃坪村社费。

在沁河流域，围绕析城山形成了汤帝信仰圈。如果按县域划分，主要是在阳城县，相比起阳城，汤帝信仰也趋于衰弱。表现在汤庙的减少。

嘉峰镇鹿路村汤庙　李瀚，山西沁水河北庄人，明成化十六年（1480）乡试中解元，成化十七年（1481）中进士，初任河北乐亭县知县。曾任吏部右侍郎、吏部左侍郎、南京户部尚书。赐赠太子太保。据明代《世宗实录》载，李瀚（1455—1535），字叔渊，号石楼，沁水石楼（今国华村）人。史书给其评价是："以风裁自持，不畏强御，所至以严正见惮，然持法平恕，人亦无怨言。"嘉靖年间，李瀚从晋城回沁水，路过嘉峰镇鹿路（今鹿底）村，受到村民的热烈欢迎，顺便谒拜了成汤庙，还作诗留念。据明正德六年（1511）勒石的《李瀚谒拜鹿路成汤庙撰书碑》载：

潘庄、鹿路，吾沁水东南二巨村也，南北相去仅一里有奇。村之界有山，山之巅庙，金石无文，创始莫考。父老相沿，祇奉商先王成汤祀事，春秋祈报，瑞应荐臻。盖山川明秀，殿宇靓深，故神栖孔安，而默佑之不爽尔。

乃嘉靖甲申七月既望，予自晋城西归，道经其下，特跻攀拜焉。鹿路耆民张彦质暨弟邑掾赐，率众人曰桓、曰公随、曰仲印、曰彦宽迎候，因具尊罍，凭高款曲，献酬之余，徘徊周览，禾黍在原，牛羊在坂，目之所接，蔼然丰年气象。

呜呼！神得地而着灵，人事神而受福。阴阳相符，理固有不能违者。喜而有言，用识岁月。时从行则二尹通渭郭君廷纲，义民晋城宋君蕎，任君良泽也。

> 登拜山头庙，襟期顿豁如。
> 湍声来巨壑，树影下高墟。
> 禾黍秋风里，牛羊返照余。
> 神功天地大，乐岁拟频书。
> 过鹿路村
> 一犬吠溪涯，飞云度水斜。
> 林梢秋果实，篱畔晚葵华。
> 鸟道盘青嶂，深村隐碧霞。
> 桃源真胜慨，否亦欲移东。
> 　　　　　七十二翁邑人　石楼居士　李瀚书

李瀚于明正德六年（1511）十二月二十一日告老返乡，荣归故里。时已年过古稀，仍尽心竭力编修《沁水县志》。明代嘉靖六年（1527），李瀚顺路拜谒鹿底村成汤庙的时候，已经72岁了。嘉靖十四年（1535）七月十二日卒，享年81岁。

沁水县城东行约5公里到达河北庄，该村北坡即是李瀚墓地。李瀚墓地坐北朝南，占地数亩，这里有石柱、石人、石马等数种石雕。令人惊奇的是其中有一具石人的一只脚少了一截。

　　相传河北庄村有一男子，夜里在家中做煎饼，他往火炉边放了一个和面盆，把做成的煎饼放入盆中，做成一个放入一个，就这样一连做了七八个，和面盆总是填不满，他自己一个没吃上，反而煎饼却"不翼而飞"了。因此他很纳闷。这时，这位男子又将做好的煎饼放入盆中，便又不见了，这男子说道："还没吃饱"，说时迟那时快，他随手舀了一勺生煎饼汤料顺门口洒去。第二天，这位男子跑到李瀚墓地看究竟，果然见一具石人的腿上有洒着他昨晚做煎饼的汤料的痕迹，方知煎饼不翼而飞的缘故。随后他回到家中拿了锤子和铁錾，将这具石人的一只脚敲去半截。从此，河北庄村里再没有发生过以上的故事。

　　这只是传说，不过李瀚历官四十载，迁转十四职，明清时期在沁水也是较大的朝廷官宦。

　　龙港镇李壁村汤王庙　在龙港镇李壁村，每到春秋祈报的时候都要演戏祭祀汤王。到了康熙二十六年（1687），社首召集众人，创建了戏楼三间。到了乾隆年，历时既久，虽然并未到风雨飘摇的程度，但是两庑和大殿已经破旧。社首陈奇秀准备补修殿庑，举荐翟连成组织民众募捐，督工重修，乾隆三十三年（1768）勒石的《李壁村补修汤帝庙记》记载了这次重修过程。

　　龙港镇国华村汤庙　国华村原名富店村，1947年八路军地下党员刘国华牺牲在此，因此而命名国华村。全村现有1289人。雍正十年（1732）国华村汤庙重修，乾隆二十三年（1758），距离上次重修快要三十年了，应该是补修的时候了。据乾隆二十四年（1759）勒石的《修缮祠堂汤庙碑记》载：

　　……及今岁己卯，汤庙久圮，更非此堂之残损比。余敬奉乡

长之命，勉成先叔之治，照理整修。于季春动工，至孟秋告竣，
遂凑所余瓦木之属，并移工匠于此，以补茸焉。有得李君如材、
住持善福为赞助之。……若前不铺石坡，今不事补茸，只十年
间，倾塌毁废，非百有余金不能了事矣。……

此次重修汤庙共花费十六两银子：社中旧存三两；挪移孝友捐银九
两；金台寺僧圆泽捐银一两；善福备银三两，将祠堂后土崖铺砌为石坡，
又修缮祠堂。

龙港镇苏庄村汤帝庙　苏庄村位于沁水县城西3公里处，村里有1260
口人。苏庄村汤帝庙，是村里社众春祈秋报的处所。明末遭受兵灾后，庙
宇舞楼只剩下基础。雍正初年，村里就想要重修，只因为工程浩大，花
费甚多，就迟迟没有动工。到了雍正十年（1732），修舞楼戏房五间。乾
隆二十七年（1762），通过捐工、管饭，外出募捐等方式，新建正殿，修
筑两耳殿、大小四个配殿、东西看楼上下十二间，大门三间，乾隆三十三
年（1768）工程告竣。五十余年间，村里也曾对殿宇进行补茸，神庙并未
坍塌。然而神像布满尘土，各殿宇也有倾覆之状。道光元年（1821），在
社首崔万钟等人的带领下，村民积极募捐。已是73岁的老人崔含珠首先捐
资，同时还出去募化，募捐得纹银一百六十两，京钱二十千文，最终募捐
到银钱曰二百余，金妆汤帝庙内神像，对殿宇屋顶的瓦进行了补修。金妆
四十尊神像，对三十间房屋的顶部揭瓦修理。

端氏镇中韩王村汤帝庙　中韩王村位于端氏镇西7公里处。东迎下韩
王、槐庄，西接上韩王、中乡，北和马寨、杨圪坨山水相依，南与下沟隔
河相望。紧靠侯月铁路、沁辉公路。中韩王村由原中韩王和韩家腰两个村
合并而成。全村有五个自然村，500余口人。中韩王村有汤帝大庙，春秋
祈报的时候民众来此祭祀神明，光绪九年（1883）勒石的《中韩王村社事
碑》记载了这一情况。

端氏镇马寨村汤帝庙　马寨村位于沁河北岸的山上，东邻林村河，
西至柏树岭，距端氏镇政府10公里，离沁水县城35公里。据民国三十年

（1941）勒石的《马寨村历年修筑大庙记事碑序》载：马寨村，"为南通豫省、北达浮之要道"。商贾行人络绎不绝，村路虽小，村东北旧有汤帝小庙一座，里人感到庙太小，是对神明的不敬。于是在光绪八年（1882），公举张九海、秦安吉为社首，拆除旧庙重新大修，修筑东西禅房两座，南舞楼、大房一座。光绪十二年（1886），张九海、秦安吉逝世。里人不想半途而废，就选举张常拴、张五拴任社首，北殿竖立了成汤帝君的神像，西院的巨大工程也完工。从光绪十二年（1886）到光绪十七年，这次重修经历了七年时间。民国时，废庙兴学，村庄没有学校，同时演戏的时候也没有马厩，于是在民国二十六年（1927），新筑东院一所，此次重修由常永义、常有家负责督理。2000年，村民张国富、牛学强发起倡议，修缮学校。承蒙本村在外职工、干部、离退休人员的赞助，和本村村民、党员、干部的捐助重修了西角殿代厦三间，揭瓦了南舞楼三间，西厢房三间，东院校室五间。

郑村镇湾则村汤帝庙　道光十年（1830）湾则村重修汤帝庙。在重修中推举陈宗齐为社首，他克勤克俭，兢兢业业，创修龙神木像一尊，将军二尊，神轿二乘。又与同家族的长门陈国庆、二门陈宗道商议，将庙院东方后三门地基一块捐给大社，创修堂房三间，厦棚四间，一带院墙。重修舞楼三间，添换一应木石瓦兽。补修东上隔窗一十六扇，新做椅椅八把，方盘二张，取水牌一对。

阳城县八甲口镇（现为东城办）下孔村汤帝庙　《下孔村志》是这样描述的：下孔寨村（简称下孔村），位于县城之东、芦苇河下游，东与润城镇刘善村交界，南与城关镇岭后村毗邻，西与八甲口镇的孔西、小庄两村接壤，北与润城镇的薛家岭村、八甲口镇的上孔村相连。沿陵沁公路西行7公里即到阳城县城，东去45公里即为晋城市。上、下孔寨原本一体，名称为孔寨。其得名与"寨"有关。据明正德十六年《重修土地庙记》碑载："县治正东约十里余有大聚落……有天然寨堡之形势也。在古时，缘孔姓者居多，故名之曰孔寨镇。"通过考证，发现该村大庙内历代所刻施财碑及其他碑记中，所载村人姓名约计千人以上，无一人姓孔。所以下孔村村名仍然存在疑问。

村内的大庙是汤庙，正殿内塑有汤帝金身泥像。正殿东西两端，北侧各建小殿3间，东院为关爷殿，西院为牛工殿。步入西过道，东行数拾步，进入月洞门即到后殿大院。院东西两端各建有东西厢房3间及抱厦房两间，东厢房供奉高禖爷，东抱厦房供奉蔡侯爷（即造纸术发明人蔡伦）；西厢房闲置，西抱厦房供奉土地爷。后殿大院正北建玉皇阁一座。玉皇阁系清代所建，共两节，是庙内至高点。内有彩雕的玉皇大帝塑像。玉皇阁两边各建配房3间，东边供奉五瘟爷，西边不详。

下孔村汤庙的修建与北宋政和六年（1116）宋徽宗赐析城山成汤庙"广渊之庙"庙额，把析城山的爵位从"诚应侯"提升到了"嘉润公"有关。在元代，各地大修汤庙，下孔村也是如此。据元武宗至大四年（1311）五月勒石的《重修广渊庙殿输财碑记》载：

> 天地无私、神明有正。兹者，广渊圣殿灭劫以来檐楹皆废，雨风潜败栋梁材，日月睹摧雕虎像。年遇元贞，岁逢乙未，重修于后，迄及于今。基址非完，门窗未备，神或不安于庙，民无所仰之方□不免。于是岁辛亥季春，众社议成此事，欲兴之，无问大者小者，悉以金之银之，度财计贵，量力鸠功。用阿赌之尤深，相功缘而浩大。但有施主谨写芳名，今并于后。
>
> 至大四年五月□日铭

大约200年后，到了明代万历年又进行了重修。万历十七年己丑岁（1589）《龙溪公捐资振祭记》载：

> 县正东十里有大聚落名曰孔寨，以先世之孔姓名居多也。是邑也，山环水绕，泉甘土肥。正德戊寅岁（1518）大旱，众祷西山汤圣而时雨即获。成汤庙明始立焉。迨万历丙戌暨戊子岁（1586），经三载而亢旱益甚，本邑民之不聊生者不可胜数。惟

庙宇难新而祀典弗举矣。独龙溪郝姓者讳廷务，字天泽，祥之子，子之孙也。掾役荣竣，孝事亲归。于汤殿宇而修葺之，铜锣鼓器而增置之。其外输三千余钱而付社首，转理每岁营息，予以补祈报之不足焉。德其捐资济贫于间井者又安能枚举哉！

大明万历己丑岁初夏吉旦

社眷族末：郝连国 成恩学 成郁 原朝等十四人同立

玉工：史孟秋

到了正德年间，元代的汤帝庙已经被毁，当时的汤庙是明代所修。万历十五年到十七年（1587—1589），当地大旱，民不聊生，庙宇难以修理，祭祀难以进行。在这时，龙溪公郝廷务回乡省亲，他有感于汤帝的神恩，就出资对汤帝殿宇进行重修，增置了祭祀用具。同时还将三千余钱交于社首，让其将每年的利息取出，以补祭祀费用的不足部分。

万历年还进行过一次重修，据万历三十七年（1609）的《重修成汤庙记》载：

……本镇下孔里后倚竹山，前临芦水，驿道通长安。递送卿相多逢路中；尧都往来经商广有筹建。此庙因年久风雨摧剥，□□倾倒，□□□□。众皆议日："庙坏而神位□，若不修庙，村无其主"。社中举请年高德重积善乡评程正、刘思宪、程来旺以为社首，管理成功。于丁未岁起，至己酉岁止，三门重修补益通完。角殿肖像，彩画俱光。添置伞镜，增加桌凳。其为首者累岁殷勤，善言乞化，废寝忘食，着力劳心，斟酌用度。工匠饮食概社输流，银货工值随人布施。后有施主花名，舍财数目挨次勒石永为不朽纪。

大明万历三十七年三月朔旦

碑文可知，下孔是交通要道，有去长安的驿道，商业发达。到了明代万历年，从名称上，元代的广渊庙殿已经被成汤庙所取代。

清代初年再次对汤庙进行重修，顺治四年重新将成汤庙和关圣庙金妆圣像。

成汤庙位于村内旧街道西段，坐北向南，初建于金泰和八年（1208），初名广渊殿。历经元贞元年（1295）、元至大四年（1311）、明万历十七年（1589）、明万历三十七年（1609）、清顺治四年（1647）等多次重修改建，距今已有将近800年的历史。1992年，村里因修建教学楼，拆毁了大庙，仅留下玉皇阁一座，其他建筑被毁。

4. 崦山白龙

清代乾隆版《阳城县志》（卷二·山川）记载了崦山："崦山，在县北三十里，方山之右，耸拔奇峭，松柏参天。上有龙湫龙祠，邑人祷旱于此。"

同治版《阳城县志》对于阳城的山川形胜进行了描述："崦山耸后，析城拱前，沁水绕左，鳌山雄右，冈陇之势，四面浑成。"崦山位于町店镇境内，海拔1024米，距离县城22公里，是阳城的北大门。崦山风景总面积35平方公里，其中约20平方公里属原始森林。崦山除了绿树掩映、翠柏环抱的自然风光外，最为吸引民众前来膜拜的就是白龙信仰。

白龙庙坐北朝南，现在保存的只有三进院。历史上，白龙庙的庙会及其祭祀活动主要由大宁、义城、丁店、增村四个社负责。新中国成立后，改由最近的刘家腰、林家沟两个村来管理。白龙庙内现存碑刻20余通，基本上较为完整地记录了庙宇的变迁、信仰的范围，同时也在一定程度上反映了当地民众的生活状况。

龙是神话传说中水里统领水族的水王，司雨职，掌管兴云降雨。因此龙王治水成了民间的普遍传说，每逢风雨失调，久旱不雨，民间都要到白龙庙烧香许愿，以求龙王治水，风调雨顺。白龙庙主要的功能在于祈雨，在地方民众的心目中被认为是"灵雨正神"。我们现在所能见到的最早关于白龙庙的记载是在金泰和二年（1202）韩士倩的《复建显圣王灵应

白龙庙献殿

碑》，碑刻记载了阳城北崦山白龙庙有大蛇现身，施展本领救灾，以及屡受敕封的事情。《山西戏曲碑刻稽考》中收录并且对其内容进行了分析。从碑刻中可以看出"白龙"曾经五次现身，第一次是在唐代武则天"壬戌长寿中，灵迹托化，祠宇肇兴，旱祷则应"；第二次是在唐中宗乙巳年间，"天下亢阳，此时再现，故改元神龙。上遣重臣降香，仍赐服舄，祷于庙庭，甘澍滂沱，封为'应圣侯'。降及昭宗戊午光化中（898）"进封"普济王"；第三次是在五代末年，"周世宗即位，改元显德，于此白崖上，真相变现，云势瞑合，风声怒气，暴雨倾注。厥后庙像愈兴"；第四次是在宋太宗"丙子太平兴国三年（978），斯池上现本形数十丈，飞腾而去，朝廷闻注，增封'显圣王'载在祀典"；第五次是在金代，"明昌壬子岁（1192），自冬经春无雨，民废稼事"。有个名叫许福的人去祈雨，遇到大蛇。在蛇的指引下，找到了泉水。后人将泉水处砌成一井，将其命名为"修德龙池"。韩士倩撰文的这通碑中出现了许多明显与历史不符的内容，例如唐代武则天"壬戌长寿中，灵迹托化，祠宇肇兴，旱祷则

白龙庙外景

应"就与历史不符。因为"长寿"仅有二年，分别为壬辰年（692）和癸巳年（693），并没有壬戌，所以韩士倩的说法有误。即便如此，这通碑的影响还是很大，明代官场的重要人物杨继宗和王国光在追溯白龙庙历史的时候也没有进行严格考证，而是直接引用韩士倩的说法。后来的碑刻、志书，乃至于民间传说皆受其影响。在元大德元年（1297）勒石的《创修显圣王碑记》就提到："爰自唐室天后世壬辰，改元长寿，神迹始托，祠宇肇兴。……封赐之节，皆载诸史册；灵应之迹，观其前代所立之碑，昭然可见矣。"元代白龙爷的主要功能在于祈雨。从元贞二年（1296）春天开始，四社集资重修白龙庙，大德元年（1297）夏天工程结束，修筑过程中不断出现灵异现象。明代洪武三年（1370），感其灵验，遂封为崦山白龙潭之神，敕有司每岁三月备牲礼致祭焉。正统八年（1443），耆老白晁旺、刘铎发起募捐，对白龙庙进行了补修，还创建了白龙神门。正统十年（1443），县令刘以文捐献俸禄，倡导修补崦山白龙庙门廊，创塑"白龙太子神像"。明成化十四年（1478）冬勒石的《重建白龙祠记》由杨继宗撰文，他仍然是追溯唐以来白龙神因其灵异，而被朝廷加封的历史，"天顺庚寅（1547）春，重建了前后二殿，俱五间七架，易以石柱"。明代万历三十二年（1604），阳城县大宁里七甲的刘应登，花费铜钱一千九百文，购买本里十甲张廷福土地四亩五厘，舍予白龙庙。万历三十五年（1607），重修僧房，金妆佛像。

乾隆二十四年（1755）勒石的《邑侯青天杨老爷断明四社各遵照合同旧规德政碑》载：

> 阳邑北崦山敕封显圣王，系白龙灵应雨神，上有御祭，下有官祀。凡通县大小村庄，每岁四月初三杀生献戏，始自唐时，传至今日。其神霖雨苍生，福庇黎庶，莫不尊亲。其实创建立功，仅民名四社。每年□赛轮流周转，祈换圣水，各遵成规，彼此交代，从不紊乱。情因四社供馔拜水，风雨不便，故共议创修拜殿。及殿改观，彼此争先恐后，反为不睦。于乾隆□公议，共立

正中间的白龙神像

先后次序合同一纸，各有手字。不意十九年又有不遵照合同旧制，复起争端，本年即未得交收，彼此含忍。候至二十年，适逢上宪颁发祭器，想交收不明，器无所归，于是不得已互相呈控。蒙青天老爷当堂审断旧时合同，朱批验讫，俾四社即刻交收取水官花，仍旧各遵照合同定制，不许紊乱。庶乎交转无碍，躁气悉化，以乡以祀，以介景福。四社合同，勒碑镌铭，永垂不朽，开列于后。

　　立议约合同人增村、丁店、大宁各社首郭从兴、王者佐、郭成禄等与义城社公在白龙崦山轮流立花换水供馔。义城取水不得过巳时以前。供馔若有违犯，四社公□四两，入社办公，恐后无凭，立此议约合同存照。乾隆十七年四月十一日立。

创修拜殿后，对于社祀的先后次序产生了争执，姓杨的县令判定仍按照旧规的次序进行祭祀，并将原有的四社合同立碑为证。

乾隆二十四年（1755）《邑侯青天杨老爷断明阖社祭祀各遵旧规德政碑》记载了每年四月初三，县老爷尊奉祀典谦恭奠祭。在正殿备双猪作为祭品。在祭祀当天，执事社首在拜殿内供祀神众，社不得紊乱，所有众社，各行奠礼，拜祈圣水，按照旧规先后次序执行。

康熙五十六年（1717）白龙庙进行过大修。乾隆二十五年（1760）正月十八日，地震，致使后宫大殿的后墙损坏。社众补修庙内西面殿宇，西墙后水渠以及大池小道。到了乾隆二十九年（1764）四月再次重修，修筑的时候出现了灵异现象，据《补修中殿檐后宫前檐以及西房后墙碑记》载：

　　殿前左有青蛇，右有鸟虫，檐下旋绕，社老惕然恐惧，焚香致烛，即以潜行。因而督众鸠工，倍加振励。中殿檐牙、后宫檐桷，更新完固，圣王牌面、舞楼遮羞，西方根基，整理备全。

乾隆五十五年（1790），义城、大宁、町店、增村四社合议重修显圣王庙。崦山长满柏树，于是择其成才者伐砍百余株，卖得一千零二十三千三百文，又募化二百八十六千九百九十四文。乾隆五十四年（1789）秋天开工，乾隆五十五年（1790）冬天竣工。庙中大殿、太子殿、高禖殿、大门、舞楼、官厅七间、厨房口派社一院，殿后修石堰一条，这八处都焕然一新。嘉庆九年（1804），创修后宫暖阁，并补修中殿与东西廊房。

崦山的顶峰有两个池子，南面的是小池子，东面的是大池子，池子上建有亭子，每年清明到四月初三，来此拜取圣水的人络绎不绝。大池殿亭年远日久，墙崩瓦解，众人议论纷纷，最终按照以前的修筑办法，伐木募资。嘉庆十四年（1809）开工，十五年（1810）完工。大池殿亭以及外门墙院路焕然一新。

白龙庙为阳城主要祈雨的地方，每到时日，县大夫会率领僚属去斋戒祭祀。给神献以鱼、羊、美酒等祭品。而每逢庙宇重修或者创修之际，皆将山上的柏树进行砍伐。在历年砍伐过程中，柏树逐渐匮乏。因此，民众认为建庙砍伐柏树的事情应该慎重。

庙内还有一块两面不同勒石时间的碑刻。《县令刘某谕知白龙庙祀期演戏事略碑》于光绪十一年（1885）四月二十三日勒石，光绪十五年五月又有补记。碑文前半部分是阳城县令刘某谕知白龙庙社首主持祀期演戏的有关事略。县令刘勋安告知崦山庙社首主持人：

> 前据该四社以祀期绝戏，礼曲阙如，□□定章以重神社等情到县。当经批示，查白龙尊神利泽及民迭昭灵应，凡在民人自应聿修祀事，上达神休，所请礼期演戏事属可以。以后每年四月初三日恭奉白龙尊神圣诞，即着该社值年首事，先期具禀到县，由县传唤上戏至庙演唱三日，其戏价仍由该住持自备，上等戏班定以价钱十六千文，次等戏班减半发价，不管吃饭。其喂养材料该四社备办，每骡一头花料一升，驴半升，水草足用，交该住持经营。所有阳邑土戏，定准一递一年轮流支差，以昭公允而全祀事……

崦山四社与花园条村之间就神庙的归属问题争执了百年，虽然早有县府进行了宣判，认为庙属公庙，柏为公柏，永远禁止肆意采伐，这是一种合理的宣判。不过事情没有那么简单，在此后修双龙洞和修祠宇过程中，花园条村砍伐了很多柏树。然而，十多年来，修理并没有完成。……四社与花园条村之间相争神庙柏树，多次兴讼，后双方协商，圆满解决争端，缔结合同。

光绪十六年（1890），叶廷桢来到阳城就任知县。崦山距离阳城并不遥远，且崦山白龙庙的名气很大，历史上知县均有去崦山祭拜白龙爷的传统。在去之前他就下令准备三牲，要虔诚地拜祭。四月三日，他带领着衙役一班人来到了崦山。远处就可以看到庄严的殿宇，步入庙宇后发现祭祀神明的祭品也很讲究，他知道白龙爷信仰在当地一定很兴盛。前几年这里遇到大灾，导致戏价高昂，社里没有钱来唱戏，且屡误祭期。人心恐慌，意味着神不降祥，县令心里很是担忧，亲自到庙里祷雨。神明感应，过了一天就普降甘霖，秋天庄稼丰收。县令再次到庙里以酬神。恰好东社社首郭毅奏请县令准许官戏归入东社演唱以酬神，县令恩准官戏归入东社演唱，照官价发给钱文，定章存案，永以为例。

到了宣统元年（1909），崦山庙宇年久失修，宫室倾圮。在当年庙会的时候，社众推举能信得过的町店武生璩佩瑗为修工经理。他劳费心神十余年，出售柏板获得三千余文，鸠工庀材，经理兼任督办。重修正殿、香亭，将外院关帝殿前后坍塌的部分进行了补葺，整座殿宇焕然一新。大家都说这是璩佩瑗的功劳，然而进士杨时焕却说，这是显圣王庇护的结果，与人没有关系。四月初三，县令李骏菜奉皇帝旨意去祭拜白龙爷的时候，下令显圣王殿前不唱戏，不准滥索戏捐钱文。然而，此令发布不久，清朝就退出了历史舞台。

到了民国八年（1919），创修白龙庙东门外房六间，重修马房院墙、厂棚十间，水渠一道、廊内西楼九间、东南角楼五间、西南角楼五间。重修中殿等处碑面。续修后大殿、太子殿、五福殿、南北六间、外院西南角社房楼四间、二门门楼。

白龙信仰的范围有多大，除了阳城外，其他地方有无白龙信仰，崦山白龙庙有一块碑刻，记载了白龙爷的信仰圈扩大到河内县。据嘉庆元年（1796）《怀庆府河内县东王召东申召西王召每年三月二十二日老庙祈拜圣水碑记》载：

> 显圣王司龙神也，雨旸时若，年谷顺成，遐尔胥被其泽焉。如我怀庆河内县东乡东竹策、西竹策、南王召、东申召、东王召、西王召六村遗有古迹，每年三月二十二日恭赴本山，虔拜圣水，六村同立社事，先年已有成规，永为定制。及成化年，河水暴发，冲坏村庄甚多，东竹策、西竹策、南王召亦被水患，漂溺者过半，执事祀神，苦于烦费，遂辞不行社事，是时东申召、东王召、西王召三村共相语约：惟神福神也，尤阳祈祷，无不立应，寔有利于民生，况庙奉享朝廷之祀，非淫神者所可比。我等即竭诚奉祀，尤恐弗克感格，敢云废祀以慢神乎？于是克承旧规，立石于老庙：每年三月间临期，执事躬率众同事，荷瓶捧驾，负笈引羊，十九日起身，二十一日到山，诣庙焚香是夕宿坛于大殿。翌日杀牲祀神，礼拜圣水，仍守瓶于正殿。念三日，辞庙荷瓶□程，注瓶于本地泰山庙中。四月塑奉圣会以迎瓶，旗帜什物无不毕具，神辇仪制无不肃然，村中父老子弟皆欢欣任事，整肃迎神，毕集于执事村之庙。斯时安瓶祀神，粢盛丰洁，牲牷肥腯，鼓吹演戏，悉尽其诚。上以报龙神膏雨之恩，下以庆吾邑盈宁之岁。至于前后费物，执事之里办理，一年一转，终而复始。但年深日久，以前所立之碑已破坏无存，恐年远无稽，三村重为立石老庙，祥记其旧规，使后人督立其事者，幸成规之有在也。

怀庆府河内县（今沁阳市）东竹策、西竹策、南王召、东申召、东王召、西王召六村长久以来形成了三月二十二日去崦山白龙庙祭拜取水的旧规。每年三月十九日，执事率领同事，手捧荷花瓶，背着经书带着羊，出发去崦山，两天后也就是二十一日到山，诣庙焚香，晚上留宿于大殿。二月二十二日杀牲祀神，礼拜圣水，仍守瓶于正殿。连诵三日，然后辞庙荷瓶开始返归，将瓶放置于本地泰山庙中。等到四月塑奉圣会，再迎瓶。整个仪式期间，旗帜什物无不备具，神辇仪制无不肃然，村中父老子弟皆欢欣任事，整肃迎神，毕集于执事村之庙。斯时安瓶祀神，粢盛丰洁，牲牷肥腯，鼓吹演戏，悉尽其诚。一切按照成规，布置得井井有条。以上仪式需要费用，由执事办理，每年一个村循环往复。明宪宗成化年（1447—1487），河水暴涨，冲毁了河内县东竹策、西竹策、南王召在内的许多村庄，人口死亡大半。以上三村没有了人力和物力去崦山祭拜白龙爷。在此情况下，嘉庆元年（1796），东申召、东王召、西王召三村相约去崦山祭拜取水。于是按照旧规，将这次取水的过程立于白龙庙：但年岁日久，以前所立之碑已破坏无存，恐年远无从查考，三村重新在白龙庙立石。由上文可知，白龙爷的信仰范围早已超过了阳城县，传播到了河南。

白龙爷有司雨的职能，因此很多地方社众要去白龙庙"取水"。同治版《阳城县志·风俗》载：

> 赛社迎神，断无不洁之粢盛，祷雨祈年尤深严肃。每岁仲春，各里人民向析城、崦山换取神水，仪从靡费，不能枚举，亟当酌而裁之。

祈雨的仪式是怎样进行的，阳城县北留镇章训村乾隆四十七年（1782）勒石的《起水捐什物碑记》记载：该社历史以来形成了五年一次，大约百人拜水于崦山栖龙及河村好蜉庙。乾隆四十年（1775）春天到夏天，一直久旱无雨。社众到栖龙宫祈雨，很快就降雨了。在此情况下，社众集资筹办了祭祀的器用什物。

> 遂于乾隆四十一年（1776）四月初八演水，初九日往河村拜

水，初十日崦山拜水，十一日全水接至海会寺，十二日本村拜水，十三日往栖龙拜水，全水送至横岭上，十四日全水接至栖龙宫。于戏修哉！以六十年久旷之典，一旦举而行之，所谓事必待人而举者，此其验欤！

《上伏村志》也记载：二月间，要举行取水仪式。值年社首在大庙成汤殿内焚香之后，把供桌上放的几个约50厘米高的长颈瓶子取上，去到现属町店镇的崦山。在白龙祠内焚香后，在神庙门外池子里舀水把长颈瓶子灌满，恭恭敬敬地捧回，仍旧供奉在大殿的供桌上。人们认为取回神水，就可以使村内全年风调雨顺五谷丰登。因为瓶口只是用龙须草松松塞着，所以一年就把水耗干了。第二年再去"取水"。

取水仪式结束后，如果能降雨就要唱戏以酬神，所以白龙庙里还有剧场。元代大德元年（1297）《重修显圣王庙记》里面就有白龙庙"正、献二殿，榱桷翚飞；池、舞两庭，檐楹轮奂"的描述。

三、佛道庙观

寺、庙、观、庵是对制度性宗教的分类。梵语中，"寺"叫僧伽蓝摩，意思是"僧众所住的园林"，寺也就成了佛教建筑的专用名词。《礼记》中说："天子七庙，卿五庙，大夫三庙，士一庙。"庙古代本是供祀祖宗的地方，汉代以后，庙逐渐与原始的神社（土地庙）混在一起，蜕变为阴曹地府控辖江山河渎、地望城池之神社。"人死曰鬼"，庙作为祭鬼神的场所，还常用来敕封、追谥文人武士，如文庙——孔子庙，武庙——关羽庙。祠是为纪念伟人名士而修建的供舍。《释名》云："观者，于上观望也"。观就是古代天文学家观察星象的"天文观察台"。后来演化为把道教建筑称之为"观"。"庵"是古时一种小草屋，即所谓"结草为庵"。汉以后演化为供佛徒尼姑居住的庵堂，于是"庵"也就成了佛教女子出家行佛事的专用建筑名称。而在县域内部，神明的分布也不同。以沁水为例，沁西多神庙，如舜庙、关帝庙、黑虎庙、玉皇庙、真武庙等，著名的神庙，几乎都在沁西。沁西也有寺院，但是不多，较为出名者仅有蒲弘福胜寺、杏峪龙泉寺、北山碧峰寺等。沁东则多寺院，大云寺、崿山寺、青莲寺、车辋寺、白云寺、圣天寺都在沁东。道观在沁东也不多，主要有郎壁玉清庙、郭壁府君庙等。从庙宇的分布可以看出，沁西和沁东宗教信仰也不同。

清末，阳城有十大寺院：开福寺、福缘寺、弥坨寺、白岩寺、云峰寺、上义寺、千峰寺、灵泉寺，其中海会寺最大。阳城道教不是特别兴盛，太清、岱岳、灵泉观被称为"三大观"。

1. 佛教寺院

沁河流域佛寺众多，《泽州府志》（营建志六·寺观）中就记载有许多寺庙，如沁水县的石楼寺、碧峰寺、香岩寺、车辋寺、德胜寺、大云寺、白云寺、法隆寺、福胜寺、龙泉寺等。阳城县的寺庙有开福寺、保宁寺、鹫峰寺、华严寺、开明寺、寿圣寺、龙泉寺、福胜寺、千峰寺等。

（1）龙泉寺

龙泉寺四首

金·元好问

悬麻白雨映层崖，过尽行云晚照开。

可是登临动高兴，马头新自太行来。

泉石烟霞自一家，残僧随分了生涯。

鸡鸣山下题诗客，曾到灵岩不用夸。

河边羖□尚能飞，无角无鳞自一齐。

甲子纷纷更儿戏，壁间休笑阜昌题。

绕渠寒溜夜潺潺，说有蛟龙在石间。

可怜九天霖雨手，一泓泉水伴僧闲。

游龙泉寺

明·李瀚

曲径缘流水，名山特地寻。

几家烟火杂，千嶂戟矛森。

古柏惊龙奋，修篁骇凤吟。

举头王屋近，拟上觅丹参。

龙泉寺位于沁水县龙港镇杏峪村，该寺庙是沁水境内佛教圣地，许多文人墨客千里迢迢到此一游。上述金元时期最为著名诗人，秀容人（今忻州）元好问和明代沁水著名诗人李瀚的诗文就是其观瞻灵泉寺的见证。

龙泉寺始建年代不详，不过根据元好问的《龙泉寺四首》中"壁间休笑阜昌题"这一句诗我们还是大致可以推算出龙泉寺的建庙时间。这句诗中"阜昌题"元氏自注云："寺北齐时建。又多刘豫阜昌中石刻并题名。"而刘豫在北宋末任殿中侍御史、河北提刑等职，南宋高宗建炎四年（1130）金朝册封刘豫为齐帝，建号阜昌。史称伪齐、刘齐，以区别于南北朝时代的北齐和南齐。根据以上信息，灵泉寺可能建于北齐。元好问是在金元被灭之后来到沁水，诗中寺院的萧条所反映出来的是他悲苦的心情。

龙泉寺最早的碑刻记载是由乡贡进士，凤台县（今晋城市泽州）高都镇人丁伯通撰文，明庠生、沁水县人景云书丹并题额，明成化十五年（1479）勒石的《大明暨南路沁水县龙泉院重修碑记》，碑文如下：

> 环沁水山皆奇兀，风气磅礴，雄于中州，云徒缁客，往往栖于其中。县西二十五里，有院曰"龙泉"。是院也，在杏谷水之源，朝霞山之东，龙山之西。夕阳半松林中磐石间。山谓之朝霞者，故老相传，以为峰峦耸出，黎明得阳，故曰"朝霞"。谓之龙山者，亦以其山势崒嵂，蜿蜒萦曲如龙之状，故名。山之上有涌泉泻出，其味甘，其色皦而如练，水萦纡下山，流入杏谷水。山西陂有古松数百株，环植山扉间。每夕阳远射，蓊郁婆娑，千汇万状。入者须从山麓间迤逦而转，寻径而入，至磐石始得禅院，真幽人访隐之处。金大定四年，奉敕赐题名谓之"龙泉"者，亦以龙山之涌泉而得名也。今百余十年，庑隅离倾，圆像剥陨。本寺住持本万、一峰和尚，里人景氏之子守兴，大章和尚之徒也，与其徒明昌、祖庭和尚，里人郭氏之子也，师徒共谋，同心协力，乃循故基，斫削山石，增大其规，建正殿三间，妆塑佛像，左右墙壁绘以诸天；南殿三间，妆塑释迦、普陀诸像；前殿三间，妆以四卫士像；左右廊庑建僧楼三十间，禅堂三间；正殿后建危楼五间，上藏经书，壁绘八十四龛，妆十冥府；三门外建危楼数寻，悬巨镛以司晨昏；又引泉流于殿前，钟水为池，以便绠汲；且发清趋上，环植松竹诸木，其色苍然，其声璆然；又于涌泉上建龙王殿三间，妆以龙神，于是百所弗规者皆具焉。经始时实成化乙酉春，而于己亥夏始集其事，既而明昌，因邑人景思翔等，以事实抵余，请勒石志之。

龙泉寺因"山之涌泉而得名",金大定四年（1164），金世宗亲赐题额——"龙泉"，使其声名大振，成为远近闻名的佛教圣地。明代成化年的时候，本寺住持万本、一峰和尚同里人景守兴等人总理，募捐重修龙泉院。从捐施情况看（碑文略），重修共费银二百两，皆出自于乡民的募捐，大家量力而行，最多的施银五两，最少的一钱，共132人施银。乡民的慷慨解囊，反映的是当地佛教的兴盛。

到了明嘉靖年，又进行了重修，据嘉靖三十七年（1558）五月立石的《重修敕赐龙泉寺记》载：

> 沁邑之西二十五里许，寺名曰龙泉者，水秀山名，天下称胜，禅林之所聚，士夫之奇观也。有僧号碧峰散人，气象雄伟，德量深厚，身入浮屠，心通儒道，而于阴阳风水之理，尤精通焉。嘉靖辛卯岁，邑侯征其贤，荐扬于藩司，转闻于朝宁，遂拜天官之命，掌沁邑僧会司。入官之初，事上接下，动止有法，而野禅山僧畏惮，取则悉归其掌幄。人皆曰："僧会称职，邑侯之知人也。"
>
> 莅官几二十载矣，一旦幡然悟曰："知止不辱，见几不迷，与其有荣于其身，孰若无忧于其心；与其联属于士夫之途，孰若优游于禅林之境。"遂挂冠纳印，致政请休。荣归之日，慨龙泉寺之圮坏也，于是谋诸同侪，谋诸乡老，相与面方正位，聚材饬工，除修补残缺、润色木朴外，创建三门一座，并诸天殿、罗汉殿、地藏阁、天王殿、龙王殿、伽蓝殿，碑楼一座、钟楼一座、牌坊一座、水房三间，及僧房二十五间，不三载而厥功告成。自外观之，第见大势严正，廉隅整饬，以栋宇则峻起，以檐阿则华采，远之则有望矣；自内观之，尤见像貌森俨，侍卫环拱，以金碧则辉煌，以物则彰施，近之则不厌矣。凡若此者，孰非碧峰散人综理营建之伟绩也！予嘉其见几之明，治事之敏，因述此，以为记，使后之士大夫游观于斯者，倘垂青于石刻，是故颂碧峰散

人之功为不衰。

……

大明嘉靖三十七年岁在戊午夏五月吉日

碑文记载了明代嘉靖年间龙泉寺又一次重修的过程。碧峰散人净文在嘉靖十年（1531）开始执掌沁水县的僧会司，从官二十余载后退休回到家乡杏峪村，看到龙泉寺破败，倡议合力重修庙宇。这次重修中除了重修或者创修殿宇外，还创建诸天殿、罗汉殿、地藏阁、天王殿、龙王殿、伽蓝殿，碑楼一座、钟楼一座、牌坊一座、水房三间及僧房二十五间。此次重修大约花了三年时间。

在清代，龙泉寺又多次重修，至今保存完好。

（2）惠济寺

武安村位于沁水县嘉峰镇南，与赵树理老家尉迟村隔河相望，有惠济寺。武安的得名据说来自长平之战中的白起屯兵，据《泽州府志》载：武安镇，县东一百三十五里，秦白起屯兵处，故垒尚存。历代写武安诗篇较多，如金代后期的萧贡有诗曰：

武安牌坊

悲长平

金·萧贡

秦兵伏甲武安西，赵将非材战士携。

千里阵云沉晓日，万家屋瓦震秋鞶。

衰缠朽骨天应泣，怨入空山鸟不栖。

百战区区竟何补？阿房宫草亦凄迷。

武安村因白起被封为武安侯而得名。村中立有高大石牌坊一座，上书"秋闱高捷"、"庚子科赵大伦"，两侧小字是嘉靖三十一年的山西、沁水官员名号。

惠济寺创建年代不详，金代赐牒，明嘉靖年间重修，现存为明、清建筑。殿内空间很开阔，东西山墙保留建殿时壁画，内容包含儒释道各界人物，可能是共赴水陆法会场景画。

武安惠济寺

由退隐住持清碧撰文并书丹，明嘉靖二十六年（1547）九月立石的《泽州沁水县武安惠济寺修造安禅圆满碣记》载：

> 兹有本寺主持洪法，雅号性空者，乃本堡席氏善门之子也。……于嘉靖丙申年间，同侄福俱前诣南京，印造华严大经八十一卷。次岁还至本山，安禅会众，诸方命具眼衲僧憎振锡来降。昼则披阅上乘，夜则参禅慕道。……

　　这是现在能见到的所有寺院中保存最早的一通碑。惠济寺主持洪法，原是本村席氏积德行善之家的儿子，幼年出家，嘉靖丙申年（1536）间，同侄子福同去南京，印造《华严经》八十一卷。第二年回到惠济寺，打坐诵经。惠济寺当时规模已经很大，仅僧人就有十多位。

　　惠济寺到底修建于何时？乾隆三十三年《武安惠济寺公议寺规碑》有记载：

　　……如吾村惠济古寺，创修失传，考之残碑断碣，奉敕赐名于金大定年间，基址宏阔、佛像庄严，号一时之盛，乃沁邑五峰之一名区也。历元、明，至圣朝，人物迭兴，寺僧亦繁，里传仁厚之俗，独是历年久，而修废不知几经矣。尔来数十年间，僧众各异域，在寺之僧不能成立，寺地典当已尽。物以类聚，私相授受，遂致死者死，逃者逃，废坠已极，可甚叹哉！社众乡老每怀靡忘。有僧惟春者，自瓦窑沟召来议安住持。虽然，寺固赖僧焚修，僧乃赖地养生，因请置地之家，集寺面议。众口同声，地乃归社中，地价愿作布施。虽出于慷慨义举，抑可见圣天子大化宣明，人心弃恶扬善，乃尔勃勃，诚可嘉而不没。……

　　大清乾隆三十三年□□谷旦记

蒲弘福胜寺

　　金代，金世宗赐名于惠济寺。作为沁水的名寺，古代惠济寺有庙产，到了清代惠济寺破落。在乾隆年间惠济寺经济陷入困顿。这时候惠济寺僧人惟春，请阳城窑沟人议安来当住持，在和村民沟通后，将典当出去的土地收归庙产，解决了寺院和僧人的困难。

在过了122年后，嘉庆十五年（1810）惠济寺重修，《重修惠济寺记》记录了将大雄宝殿、毗卢殿、天王殿、伽蓝殿及十王诸殿并钟鼓楼以东全部重修或改建。重修后的惠济寺面貌一新，共花费了一千六百多两银子，其中募化来的银子占了七八成。

（3）福胜寺

福胜寺位于沁水中村镇蒲弘村。始建于北宋英宗治平年间（1064—1067），历代多有重修，是沁水境内始建较早的寺院之一。

对于福胜寺，历代县志多有记载。寺内还有十余通碑。今天能见到的最早的碑刻为明隆庆元年（1567）乡试举人、万历二年（1574）进士、山西沁水嘉峰镇郭壁村人张之屏撰，嘉靖二十五年（1546）进士柳遇春书，万历二年（1574）三月立石的《重修福胜寺记》，碑文如下：

> 沁水西四十里许，为蒲弘里，村后有寺，号曰：福胜寺。……相传在宋治平之初；建自何僧？则东京相国寺曹智密，由来所以为远也。北枕傲北山，南面舜王坪，阜山雄其左，丹坪峙其右，景之所以为奇也。院中古塌圪立，其土如米，其馨如兰，松柏之林，菁密如盖，地之所以为灵也。圮于至正之二年，火于嘉靖之六祀，渐次修理，功缘落成……
>
> ……众诚矣功立而无述，余之□□详考正殿五间，重修在嘉靖十一年壬辰，后二十六年丁未，复命工葺治，则祖福、独契、玄真为之综理，门徒普登、院主祖宾为之协赞，义民谭义为之广捐家赀。四十年辛酉，命匠塑圣像三台，加以金饰，菩萨、观音润以绚彩，则普雨洞达梵旨，为之功课，院主普登、洪训为之辅翼，义民帅承恩、郑文道为之同心施财。工若成焉，寺若完焉，惟天王殿尚仍其故，众望攸系，不可不为之一新也。乃祖福并门徒普雨，复募缘帅、郑二氏暨诸乡丈，各厚施金粟，重起天王殿三间。始自隆庆辛未春，历夏秋而告完。……

相传福胜寺在宋治平初年（1064—1067）由东京相国寺曹智密所建。寺庙"北枕傲北山，南面舜王坪，阜山雄其左，丹坪峙其右，景之所以为奇也"。院中翠柏苍松，极富灵气。在元代至正二年（1342）坍塌，嘉靖十一年（1532）重修，二十六年（1547）再次重修，祖福、独契、玄真为之总理，门徒普登、院主祖宾为之协赞，义民谭义为之广捐家赀。四十年（1561），对三个房间的圣像进行了金饰，只剩下天王殿没有进行修理，于是祖福和门徒普雨复转缘帅、郑二氏暨诸乡丈，进行募捐，重新建起天王殿三间。始自隆庆辛未年（1574）春，秋天竣工。在重修过程中当地百姓"广捐家资"、"同心施财"、"厚施金粟"，虽然捐款出力各不相同，反映出来的是当地民众对于佛教的崇信。

张之屏撰文，窦学孔书丹，刘东星篆额，明万历二十五年（1597）冬立石的《创建观音暨塑妆诸位圣像碑记》记载了万历六年（1578）十月，重修山之巅□□荟蔚寺的殿阁廊庑。后寺僧复建观音中殿三间。万历二十六年（1592）八月，塑毗卢佛三大士、菩萨、罗汉、诸天、阎君等像，且金妆彩绘。

福胜寺的僧人主要来源于当地，在寺中矗立着一通康熙十二年（1673）冬立石的《福胜寺住持比丘慈泉记》，碑文是寺僧比丘性仁的自传：

比丘性仁是沁水蒲泓里人，父亲叫张守福，母亲姓高，比丘性仁于万历二十九年（1572）辛丑二月二十四日戌时诞生。在其出生的时候"室中光晃皎如白练，移时乃没，父母异之，知非尘俗人也。性不茹荤，且多病，病垂危者，数遇化缘苾刍抵家门，辄随与俱去，父母辄提抱而归以为常。年五岁疫病且笃，父母不获已，祝发于福胜寺修德本师之

福胜寺住持比丘慈泉记

门，遂初愿也。"

比丘性仁"精研书写，解会音乐，每出应佛事，齐偶咸逊谢不及"。在香林大师的鼓励下，他在明代天启丁卯（1627）年，到高平仙井里，听叶巅大师讲法。崇祯壬申年（1632），农民起义军占领福胜寺，比丘性仁避祸于阳城润城镇的无梁殿六年。崇祯戊寅年（1638）回到寺里。后来苦心研习佛经，终成一代大师，且十分长寿，康熙辛亥年（1671）的时候还活着，当时已经是100岁了。

嘉庆二十五年（1820）的《福胜寺补修记》记载了嘉庆十七年（1812），住持僧明铣、明典看到殿宇破败，山门塌毁，成了鼠雀之地，就"行脚历兖、豫，涉荆、湘"去募化，然而并未募集到足够的钱财，就到庙宇周围的村庄沿门去募化，得金粟若干。于是召集工匠，准备材料。在东南角创建四间的文昌阁；西南角创建阁楼，祀药王。

> 施钱商号
> 天福瑶 万青号 永信号 复兴号 盛兴号 生生号 太和兴号 广聚号
> 石井沟 和兴号 三益号 公顺号 和盛号
> 阳邑 恒茂号
> 济源县 恒盛典 中盛典 恒兴典
> 时大清嘉庆二十五年岁次庚辰夏六月吉旦

嘉庆年间除了补修殿宇外，还新塑文昌和药王神像，且这次补修很大程度上是依靠地方民众的捐资和商家的资助，商家中不仅有沁水的（中村石井沟）还有阳城乃至河南济源县的商号。说明了各行各业信奉佛教，也说明了福胜寺佛教影响范围之广。

清同治二年（1863）一月勒石的《福胜寺照文师祖证道碑记》记录了沁水上阁村姓郭一家于乾隆四十九年（1784）甲辰十一月初八日子时降生一子，出生时颇多奇异景象。后拜师于福胜寺琏公大师门下，法号照文。他"素性聪慧，梵典音乐，咸贯通行"。中年的时候，看到殿宇禅室倾圮，就远赴两湖地区化缘，得金粟若干。回来后鸠工庀材，重新修山门、头阁，妆塑文昌、毗卢、药王，楼上楼下共计二十间。到了道光二十三年（1818），又主动出资重修后院三间观音殿，内外妆饰，并补葺东西角房、护法殿，以及东西各禅室上盖下墙。剩下后院西禅室未修，大殿阶石未砌，就离世。徒弟圆伦谨遵师命，重修西禅室上下六间，大殿阶石数十丈。

光绪三十四年（1908）《重修福胜寺碑记》云："宝刹后宫中供大雄殿佛，左伽蓝，右护法，南有菩萨间君像，前有四大天王殿，山门上有阁，中毗卢佛，东文昌，西药王。"光绪三十年（1906），寺僧湛沛和徒弟澄颉、澄颜、澄顾，与村里杨贵春、靳维□、郑占魁商议重修福胜寺。三月二十三日开工，八月上旬完工。

（4）香岩寺

据《山海经》记载："鹿台其山，以台拱叠为山，雄立群山之中。山中有鹿，常年嘶鸣，故名曰：鹿台山。"然而，这里的鹿台山并没有确切的地理位置记载。不过，沁水县西南张村乡境内有鹿台山，海拔1463米，山上有香岩寺。

元世祖至正年间（1341—1367），王恽接受安西王采访石料的命令而来到沁水，寻志鹿台山，见山势险峻，遂赋诗《过鹿台山》："远寻文石岗，来历南山缠。鹿台台为山，幽静蟠古篆。……"据《中国古代地名大辞典》载："鹿台寺，又曰香岩寺，汉置，地处太行泽州端氏地，天竺僧人东京授经，择地鹿台藏（佛）经，造香岩寺，又曰鹿台寺。"鹿台寺是

鹿台山香岩寺遗址（一）

鹿台山香岩寺遗址（二）

沁水佛教圣地，与棤山寺齐名。因为所出区域海拔较高，盛夏积雪不会完全消融，故"鹿台积雪"被誉为沁水古代十景之一，历代政治达人、文人墨客多游历于此。

登鹿台二首
明·李瀚

谁谓云霄远，跻攀有路通。

山川皆禹迹，勤俭属唐凤。

佛屋洪崖半，人家邃谷中。

重华耕稼处，翘首见遣官。

戴星驱晓骑，扫雪上晴台。

古庙原无额，空坛半没苔。

山从云里出，人自画中来。

散尽登临兴，应嫌返照催。

游鹿台山
明·王国光

曲径攀崖登鹿台，天下胜景小蓬莱。

星云日夜林中静，仙乐自空天宫来。

天池如镜镶山嵩，石泉叮咚半山中。

嫦娥闻声乐伴舞，迷恋人间忘返宫。

李瀚《登鹿台二首》中的"古庙"就是指"香岩寺"，诗中描述了他游览鹿台山的所见所闻。诗末"应嫌返照催"寄托了本欲尽兴却未能尽兴，颇多遗憾之情。王国光的《游鹿台山》书写的是嘉靖四年（1525）清明节，王国光与同乡柳遇春同登沁水县冯村鹿台山的经过。

据清庠生、沁水县人张同文撰文，清康熙十四年（1675）七月立石的《重修山门外院碑记》载：

县治西南二十里外有鹿台山，邑志艳其景曰：盛夏积雪，且其地林木深重，人迹罕到，每日夜静，然有声自空而来。久之，渐被林端，铿铿锵锵，宛然宫自宫，而商自商，列在十景洵沁城之大观也。山之阳有寺曰香岩，创自有宋，历元、明以迄于今，代有高僧主之。缺则补之，香灯之供无间焉。延及国朝，有禅师法讳炳，号清如，奋然兴起。以为因陋就简，非所以妥神圣也。因率其徒惠阔、惠□、惠和一等募诸四方，宵行露宿，不避爪牙，四方人感师之苦行，各捐赀财，以成其美。由是大兴土木，增其旧制，院分上下，房列东西，辉金耀碧，视前已恢恢乎改观矣。所惜者外院未修山门，未起诸大师相继涅槃。呜呼！是岂数到难移与抑或成终者之别待其人乎，当斯时统领大众责□银师矣，何期山高风急，摧折甚易无之，鸟鼠为灾，岁不尽丰，补修之外毫无余积。所以终银是由之世未敢轻言兴修，兹轮至浩公和尚，管院几二十余年，庚戌亲谒敝馆，征疏□余曰山门外院，先祖师有志未逮，每念遗嘱，坐不安席，今欲借众檀越之力，以了先祖师之愿。敢求一言以示其倍，余嘉其志，因激之日能如是，是诚无愧香岩之领袖，故不辞衰老，搁管而为之疏。……

碑文记叙了鹿台寺的历史，如果所记无误，此寺创自宋代，历代均有高僧对其进行修缮。到了清代，有个叫讳炳禅师号清如，认为庙宇太简陋，不足以安神明。就率领弟子四处化缘，人们都被僧人的诚心所感动，积极捐资。于是大兴土木，将寺庙改为上下两院，然而外院山门还没有来得及修，发起修建的各位大师相继涅槃。继此之后多年未修，庚戌年（1670），管院二十余年的浩公和尚，不顾自己年老体弱，毅然率领寺僧，修建山门，完成了先祖遗愿。

清乾隆九年（1744）贡生、候选教谕沁水县人李天培在乾隆二十七年（1763）游历于鹿台山香岩寺，清如大师邀请李天培为重修寺院撰文，这也就有了《重修千佛殿碑记》。从山门进入，有天王殿，有观音，水陆院傍列两廊楼阁。大清乾隆二十七年（1762）落成的是千佛殿，该佛殿创建于明代万历十二年（1584）。到了乾隆年间已经是殿宇倾圮，主持僧清如大师，立志重修，庚午年（1750）开始，召集工匠、准备材料。甲戌年（1754），对塑像进行了彩画。庚辰年（1760），朗鉴和尚率领寺僧去四方募化。辛巳年（1761），金妆神像，工程终于结束。乾隆庚寅年（1770），香岩寺兴修中院大殿、南殿，钟、鼓二楼，继修东西庭房六间，左右禅居一十二间。到了乙未年（1775），重修完成。清如大师在重建的时候将寺院分为上下两院，佛祖位于北面，观音大士位于南面，规模宏大，颇费经营，缺憾的是"南殿伏崇阶之下视之过卑，且外多隙，地势近逼仄似非所宜圆寂之时，不胜惓惓"，嘉庆二十四年（1809）重修中鉴一大师将南殿台阶加高，钟鼓楼及山门重修。

"鹿台积雪"列在"沁水十景"之首。鹿台山的香岩寺创修于宋代，历经元、明、清，延续至民国，一直是重要的佛教圣地。然而历年久远，殿宇倾危，有坍塌的隐患。清代光绪年间，僧会司宪老禅师活着的时候带领徒惠畹，徒孙惠日、惠旭，想要重修，不料师徒相继离世，重修的想法也就搁浅。到了寺僧惠腥、惠□二人掌院管事期间，谨遵宪老禅师的遗嘱，准备重修，于是募化于秦北、秦西四社，借四方之力完成了重修。多次重修，并没有刻碑勒石，到了民国二十年（1930），清泽郡儒学庠生王之瀚撰文，比丘上人清静高僧书的《重修鹿台山古佛香岩寺即神师庙龙王殿碑记》才完成勒石刻铭。也正是在历代高僧的经营之下，民国年间，才建成上中下三院，几十间房屋，廊房宽阔，可以承载几十人留宿的规模。

（5）寿圣寺

寿圣寺位于阳城县芹池镇阳陵村。

据乾隆《阳城县志》（卷三·坛庙）载：

> 寿圣寺，在县北四十里。后唐僧宗建，天成二年舍利放光。宋初改为泗洲院，毁于真宗时。天禧间僧法澄等重建。治平四年赐额寿圣，下泽州录敕。本院有中书门下，平章事王会牒文，碑明万历间僧会海建琉璃塔。

寿圣寺琉璃塔

寿圣寺琉璃碑

寿圣寺建于五代后唐年间（923—936），原名福庆院。宋改为泗州院，在咸平、景德年间被毁。宋天禧年间（1017—1021）僧人法澄等重建，治平四年（1067）赐额为"寿圣禅院"。

寺内布局为二进院落，现存主要有大雄宝殿和琉璃塔，大雄宝殿为清康熙三十六年（1697）建。琉璃塔为寺内主体建筑，八角十级，高约27米。

塔基为两层，皆为砂石岩。上有浮雕花饰，角上雕侏儒力士。塔身各层皆为琉璃构件镶嵌，外壁嵌满佛教故事琉璃浮雕像。塔身一层后门洞左侧，嵌琉璃题记一方，上刻"大明万历三十七年五月二十二日阳城琉璃匠人乔永丰男乔常飞乔常远"。寺内还有石幢一座。

庙内碑刻漫漶不清，其中一块为崇祯十七年（1644），李从海施地谷于寿圣寺。

（6）海会寺

游海会寺

明·王朝雍

三晋知名寺，清游跻上方。

山河连赵魏，宫殿肇隋唐。

凤竹怜恨尽，龙泉引派长。

飞空人已去，谁复渡慈航？

以上诗文《游海会寺》是明正德年间，曾任泽州知州的诗人王朝雍在游历海会寺后所作。

海会寺历史悠久，"海会龙湫"为阳城古代八景之一。乾隆版《阳城县志》（卷三·坛庙）载：

> 龙泉寺，在县北三十里龙泉之侧，一名海会。唐乾宁元年建，初名郭峪院，蜀僧顺愍增修后赐额龙泉禅院。旧有舍利塔，明嘉靖中邑人李思孝增建为十三级塔，北更并佛殿。其方丈则太宰张慎言所成。

海会寺双塔

关于海会寺建庙还有一段动人的神话传说。

海会寺西数十里黄砂岭上的黄砂祠，一位得道高僧正在精心研读《金刚般若经》，突然听到身边传来一阵声音，他抬头看到一只白兔嘴里衔着一本经书，跳出房门远去。高僧放下手中的经书起身追出门来，谁知道这只兔子跑得很快，一路向西遁去。高僧紧追不舍，追出院西数十里，突然兔子不见了踪影。

高僧气喘吁吁拾起经书，突然惊奇地发现，旁边草丛中有一股清泉。再四下张望，发现这里曾经建有庙宇。这眼泉名叫"龙泉"。寺庙因距前面的郭谷（今郭峪村）不远，人们称之为"郭社"，也叫郭谷院。虽然早已坍塌，但"基址常存"。

海会寺白兔衔经

这里背靠樊山，面临樊川，山明水秀，应该是风水宝地。高僧当下顿悟：这是佛祖派遣白兔衔经指路，就发誓要在此建寺。

上述神话传说并不是随意想象编造出来的，而是来自后周太祖郭威广顺二年（952），由文林郎泽州司法参军徐纶撰文的《大周泽州阳城县龙泉禅院记》中记载的一段文字。碑云：

> 龙泉院者，人天集福之所也。耆旧相传，其来浸远，刊勒无寄，罔究权与。一说云：是院之东十数里，孤峰之上有黄砂古祠。时有一僧，莫详所自，于彼祠内讽读《金刚般若》之经。一日，有白兔驯扰而来，衔所传经文，蹶然而前去，因从而追之。至于是院之东数十步，先有泉，时谓之龙泉，于彼泉后而止。僧异之，而感

悟焉。因结茆宴坐，誓于其地，始建刹焉。亦莫究其年代矣。

人烟岂复，基址常存。同灵鹫以通幽，类给孤而建号。东邻郭社之陌，前据金谷之垠，既名额以未标，称郭谷而斯矣。至有唐乾宁初，东蜀惠义精舍，禀律沙门讳顺慜，振锡东游，浮杯远逝，偶及是院，遂欲栖心。

碑中还记载该庙始建于唐，初名郭峪院。海会寺受过两次皇封，乾宁元年（894）十月二十五日，唐昭宗"遂降敕文，额为'龙泉禅院'"。太平兴国七年（982）三月初三，宋太宗又敕赐"海会寺名额"。所以海会寺又名龙泉寺，两个寺名都是帝王所赐，就从唐昭宗赐名算起，至今也已有1100多年的历史。

四围山色映周遭，海会禅林景独超。
九曲龙泉环翠竹，双排雁塔上青霄。

海会寺九曲流觞

这是清时阳城润城籍诗人杨伯朋赞美海会寺绝美风光的一首诗，其中所提到的"九曲龙泉"和"双排雁塔"正是海会寺的精华所在。"海会龙湫"为阳城古代八景之一。在寺院北边的大雄殿后有一股泉水，水位很高，水量很大。泉水从地面流过来，在这里从一个巨大的龙口中喷涌而出，泻入十角深潭，形成一道飞瀑，十分壮观。清朝顺治年间，阳城县令陈国珍曾经写过《海会龙湫赋》。清朝雍正年间泽州知府朱樟到此游览，也曾经发出过："雁荡曾劳山水梦，忧如身到大龙湫"的感叹。

海会寺的标志性建筑当推双塔，时间较早的为砖砌低塔，高20余米，塔身密布佛龛。始建于唐，至明时出现了倾斜现象。润城白巷里下庄人李思孝，继承父业经营铁货，富甲一方，从嘉靖四十四年（1565）至隆庆二年（1568），历经三载，捐银6000两，修缮旧殿，新修佛殿，加固舍利低塔，并在距低塔不远的功德院内建起八角十三级、高约50米的如来琉璃塔，使其与低塔成比配对，巍然壮观。

海会寺最值得一提的还有"海会别院"。这是一处虽不起眼但却很别

海会寺伽蓝殿

海会寺老君殿

致的小院，然而在明清两代，这里却是阳城一所久负盛名的书院。这里曾经为明代吏部尚书王国光、张慎言以及清代刑部尚书白胤谦、文渊阁大学士陈廷敬、张慎言等人读书讲学之所。走出去一位大学士、三位尚书，进士数十人，几百名举人，是当时阳城一所辉煌的书院。

海会寺内有建于后梁龙德二年（922）的舍利塔；金大定十年（1170）主持僧宗佑重修经堂五间，创修经堂五间；明代正统十年（1445）修建水陆殿、方丈院；天顺二年（1458）建天王殿、地藏殿、伽蓝殿；成化八年（1472）重修毗卢阁；嘉靖、隆庆年间（1565—1568）建如来塔和中、后院佛殿；万历十年（1582）重修毗卢阁、阎王殿；清乾隆年间重修塔院，修葺大雄殿、卧佛殿、观音殿；同治二年（1863），重修方丈院，现在是全国重点文物保护单位。

2. 道教宫观

道教由张道陵于东汉时期创立，已有1800余年的历史，是中国本土成长起来的宗教。道教主要分为全真派和正一派，奉老子为祖师，尊称为"太上老君"。三清是道教的最高神：玉清元始天尊，上清灵宝天尊，太清道德天尊。沁河流域道教信仰也十分发达，历史文献中就有许多道教寺观的记载。

康熙三十七年（1698）版的《沁水县志》和乾隆二十年（1755）的《阳城县志》里就记载了许多的道观：

县域	名称	地点	创建时间
沁水县	保和观	潘庄村	金代
	灵虚观	上阁村	金代
	玉虚观	县西关	元代
	元真观	孔壁村	元代
		端氏镇	
	玉清宫	郎壁村	不晚于唐代
	葆光观	南王村	
	白云观	长沟村	
	朝阳观	固县村	
	玉皇殿	城西玉岭上	
		楥山东	明嘉靖三十一年（1552）

	太清观	城内元辰殿	金大定五年（1165）
阳城县	太极观	县西南四十里	元代
	岱岳观	台底村	
	万灵观	白涧村	
	长生观	淇汭村	
	灵泉观	王村	

由上表可知，沁水和阳城两县的道观历史悠久，可以追溯到金元时期。而郎壁村的玉清宫更是历史久远，位于沁水东郎必与西郎必村之间沁河岸边的玉清宫为古代沁水境内重要的道教场所。始建于唐代，抗战时期毁于战火。唐代的卢照邻就曾赋诗于玉清宫。

登玉清宫

唐·卢照邻

绝顶横临日，孤峰半倚天。

裴回拜真老，万里见风烟。

唐代以后，玉清宫更是文人骚客、达官贵人游览的好去处。每年三月初三，由南郎、西郎、东郎三村联合举办的玉清宫庙会，延续了一千余年，旧时曾吸引山东、河北、河南等地商贩和艺术团体来赶庙会。

杨基曾经为明初山西按察使，写有《过玉清宫》，诗应该写作于遭受朱元璋冷落的时期。

过玉清宫

明·杨基

五色琳宫缀玉题，万年瑶册秘金泥。

屏风尽是青山绕，旖盖都将绿树迷。

云气常阴时啸虎，日华先晓夜闻鸡。

闲身愿得同真侣，卧看呦呦鹿引麝。

卢照邻是河北人，杨基是江苏人，这些人或者是外来的游客，或者是来山西做官，在玉清宫也仅仅是短暂的停留。而在沁河流域的玉清宫，本地人应该是最多的访客。

游玉清宫二首

明·李瀚

（一）

自昔崇真地，凭君试一游。

穿云比屐滑，出谷万峰留。

茶灶青烟温，芝田紫气浮。

夜来残雾敛，山色满层楼。

（二）

夜来山馆不胜清，独倚藤床睡未成。

帘模半钩看月上，炉烟欲尽见参横。

松摇叠嶂风千树，犬卧闲云漏三更。

偏爱羽禅心事静，小窗灯火诵黄庭。

诗中所描述的是李瀚陪同朋友（乔宇、孟春）游览玉清宫的情况。最后两句诗"偏爱羽禅心事静，小窗灯火诵黄庭"，描述的是天不亮就看到道士传授道法，想到宫廷的斗争，不免有向往道家之思。

此外，历史悠久，文献记载丰富的道教场所还有葆光观、丹阳山朝阳洞、白云观等道教庙观。

（1）葆光观

《庄子·齐物论》："注焉而不满，酌焉而不竭，而不知其所由来，此之谓葆光。"成玄英疏："葆，蔽也。至忘而照，即照而忘，故能韬蔽其光，其光弥朗。"葆光者，隐蔽其光辉，比喻才智不外露。《泽州府志》记载："葆光观，在南王村。"沁水县龙港镇梁庄村葆光观遗址有明嘉靖二十八年（1549）立石的《葆光观重修三清像记》，碑阴刻有清雍正六年（1712）铭文。碑文如下：

丙午科乡进士 邑人柳泉柳遇春时芳撰

己酉科乡进士　邑人沁泉陈策效愚篆

癸卯科乡进士　邑人凤岗李春芳子实书

　　沁之西十五里曰"葆光观"，近南王乡之东，称沁胜概……抚群岫而东眺焉，峭乎义天立也。少焉，越叠嶂穷……闻之道实辈。始创自元至元元年，后圮不治。至……国朝正德间，乡有怀柔县幕刘君宽暨李君圮廷灵……果见中列三清者三，旁侍真人者四，金碧煜煌烂焉……于嘉靖丁未五月十六日，终于嘉靖己酉二月初十日……家所谓玉清元始居之上清玉宸道君之太清混……流于飞升表变化与夫鬼神符之说欣欣焉。希祸福……乎于匪惟褒之，祇取诬焉。子惧其既褒且诬而清……

　　葆光观始创自元至元元年（1264），重修工程开始于嘉靖丁未（1548）五月十六日，结束于嘉靖己酉年（1549）二月初十日。尤为值得注意的是这次重修过程中三位进士的参与：丙午科乡进士柳遇春撰、己酉科乡进士陈策篆、癸卯科乡进士李春芳书，从这一点就可以看出葆光观在当地的重要地位。

　　在一百多年后，葆光观进行了重修。据雍正六年（1728）的《葆光观重修救苦殿碑记》载：

　　沁邑之西，距邑十有五里，古有葆光观。寺观坐落于北王中里，创建于……先师灵台，王氏朝夕焚心，心甚恻然，竟欲募化修理，未及兴工而忽……何学梁工、对峰牛公、唐溪李公，慨任捐输，劝众乐施，于……改移门楣，金妆两殿神像。三载之内，次第补葺，虽规模不甚弘……获福无疆，有不捷若影响也哉！是为志。

　　（捐资芳名略）

龙飞雍正六年岁在七月上浣吉旦

　　在葆光观重修过程中，王氏积极募化，积劳成疾，没有开工就逝世了。在此情况下，梁何学、牛对封、李唐溪、李临峰首先出资，同时号召大家积极捐助。在此次重修过程中，改移了门楣，金妆两殿神像。三年间，对庙宇进行了补修。

（2）朝阳洞

沁水县中村镇丹阳山朝阳洞，亦称黄道士洞，又名洞阳山玄真洞，丹阳山朝阳洞，是道教信仰的重要场所。沁水历山西面有黄道士洞。王国光和柳遇春有诗：

游黄士洞（地名丹阳）

石磴高悬逼太虚，云藏栈路过仙庐。

前年黄土飞天去，王烈还能得素书。

万仞烟霞上玉虚，山为屏障石为庐。

桃花洞口蟠千岁，中有仙人不老书。

曾闻黄石卧丹阳，金灶犹遗松下火。

谁凿灵丘开玉堂；独伴闲云仙路旁。

户部侍郎阳城王国光书

声音灵涵万谷虚，白云深锁赤松庐。

可能跨鹤超三界，愿学千言老氏书。

乡进士沁水柳遇春

以上诗文是隆庆四年（1570）夏天，王国光与柳遇春同游黄道士洞所作，相比起王国光官运亨通，欲以天下苍生为己任的宏大抱负，柳遇春则官运不顺，中举后连续九次考进士都名落孙山，有退隐之思。

《沁水县志》（卷二）《方舆·古迹》载："黄道士洞，历山西，洞极幽峻。攀缘而上，中有丹灶石床。世传有真人修炼其中。"朝阳观：金元全真道观。因筑于面南向阳之悬崖间，故名朝阳观。朝阳观为金元以来在北方兴起的全真道丹阳派或玄真派的重要宗教场所。

据郑村镇上峪村人郑文德撰文，清乾隆七年（1742）十月立石《朝阳洞碑记》载：

> 尝闻庙貌隆盛，乃足以彰神威；神像辉煌，斯可以见神德。丹阳山朝阳洞，古有老君神像一堂，创建久远，而风雨飘摇，神像黯淡，不惟无以妥神明，岂何以壮威严而肃观瞻乎？幸有首事郑广宗、郑玉秀、郑文兰等诸君子者，立志修葺，念功维新，席不暇暖之劳，而募化四方。同志者善念相感，量力施财。庶几乎积少成多，众毛攒毡，则钱粮有出，而神功可臻其休美矣。忝愧不文，聊以为序。

碑文记录了上峪村郑广宗、郑秀、郑文兰等诸君重修朝阳洞老君神像。从施财姓名中可以看出涉及的村庄为沁水县的中村、上峪村、下峪村、沃寨村，另外还有阳城县的施财者。

沁水县中村镇南河村也有道观，据道光十年（1830）《创修三仙台碑记》载：沁水县西南脉连中条山，峰高水深，石多林茂，相传常有神仙来此，故名曰神仙径。道光十年（1830），刘君阁等人出资捐建供奉吕祖、华仙、张仙的三仙台。民国二十一年（1932）《重修三仙台碑记》记录了重修过程。

（3）白云观

在阳城县北留镇郭峪村除了汤帝庙、文庙之外，还有白云观。白云观位于村东苍龙岭脊的峭壁悬崖上，当地俗称石山庙。旧时有人说："三晋两大奇，北有悬空寺，南有石山庙。"由此可见，郭峪村的白云观在山西都是很出名的。

据清康熙五十四年（1715）《补修白云观记》载：

> 御题"午亭山村"之东为苍龙岭，邑之巨观也。石笋峙其上，清泉涌其下，在堪舆家，有龙角龙涎之论。或又云："神龙之首不宜见，必筑观于巅，庶合堪舆之象。"观成，以"白云"额之，此白云观之所由肇也。

其创建年代不可考。

《郭峪村志》载：白云观也叫桂山庙，因庙宇建在陡峭的悬崖上，故有"石山桂庙"之称。古人曾云："三晋两大奇，北有悬空寺，南有桂山庙。"庙分上、中、下三院，有佛殿、戏台、禅房、楼阁等建筑。初建于明代，重修于清乾隆年间。旧时，每逢农历六月初六，这里有庙会三天，方圆百里之人，都来这里赶会进香。但此庙在20世纪70年代被拆毁。

3. 樊山古庵

"庵"本义指不对外开放的房屋，特指"女性修行者居住的寺庙"。《泽州府志》里记载的"庵"有很多。地处沁水县城东南约60公里的郑村镇，高居于沁水、阳城、泽州三县交界的樊山顶上老母庵最为出名。光绪《沁水县志》也载："湘峪村又东南数里，有老母掌，在凤台，阳城之界。""樊山，县东一百二十五里，山前有老姥庵掌，山后即可乐山。"老姥庵也叫老母庵，又叫老母掌。

老姥掌游记

清·陈廷敬

上党南三百里，有山曰"方山"，又南十五里，曰"洞阳山"；又南十五里，曰"樊山"……

余家樊溪东涘，在山之南，开门见山。测以圭景，南北相峙不失秒忽，则仰观夫樊山之为状也，如仙卿冠带而立。其上又如鲸张鳞，如凤舒翼。委蛇而下，而其东则如巨灵奋臂，隐然伸其指爪，上扪太清，下挥空曲。有曰"老姥掌"者，向所谓峰焉而嶕峣……数十里之内，联岚互晖，俯可持撷，如置诸掌。昔以掌名，肖其形矣，信异境矣哉。其上则古松流水，渺然非复人间。余时游而乐之，盖尝数宿而不能去也夫。去山数十里而近，而峰壑岩峦之美已如此；况所云数百里者！吾虽未能尽游焉，而已坐挹河山之胜；他日虽得尽游其处，亦何以加于此乐也欤！

录自《小方壶斋舆地丛钞》

阳城庠生王之楫也有诗曰：

> 乔岳林中栖圣鸾，清风明月景鲜妍。
>
> 石松盘迹拟蓬岛，离井腾辉赛海南。
>
> 龙穴吐锐多增秀，虎崐呈祥可壮观。
>
> 幽闲静雅真仙境，获郡从来第一庵。

樊山上有陈廷敬母亲曾经居住过的避暑山庄——老母掌。老母掌坐落在樊山的南侧，背靠主峰，两旁为凸起的山丘，林密泉涌，环境幽静。据现存碑记，老母掌原为一处寺院，名曰“老姥庵”。创建年代不详，明万历四十年（1612）四月立石的《重修老母庵山门过庭碑记》中记载了重修的经过。

老母庵在樊山左边，陈家认为这里是其龙脉发祥的地方。由陈廷敬父亲陈昌期撰文，康熙十七年（1678）七月勒石的《重修老母庵记》载：

老母庵在樊山左腋，余家中道庄发祥龙脉也。崇祯庚午（1630），余兄侍御公读书发迹，实始于此。虽曰人焉，亦山之效灵，神之默佑也。维时庙貌

老母庵

即斑驳，神像尚庄严，道人牛美庵与其徒培松、缮地引水浇园，茂林环列，清流激湍，仿佛兰亭之胜。阳沁里居先达，时游泳其中。迨壬申（1632）、庚辰兵荒之后，道人遂点金无术，游食他方矣。迄今四十余年，栋摧烟灭倾圮，不堪寓目。幸予庄东犹立会祭□，积资修整后殿，不至漫湮齿蚀，同归无有。又沟地范明经志欲募修，而力不逮，仅输资办砖数千，而厥为之成。若有□□余每念及，辄于邑者久之。甚不□荡然荒废，鞠为茂草也。但物各有主，徒劳旁视欷歔耳。该地隶沁水武安里，田荒□存每年里催削庵物办粮。康熙庚戌（1370）岁之里催，愿以山木庙树求售完赋，余既念赔累，复虑神栖在山者□价在□者□□□三四□住□官粮，营利私伐。余闻骇叹曰："此拆庙点粮渐也。"遣人切责之，渠趋谢过。已而更□以熟地十分之一□□□荒地十分之九推粮，一应山场树木、田粮、庙舍、逐一登券，任为修理。缘是乃招佃开垦，选道住持为修整先□但石山□□□出，无几而废址重新，为费甚火。凡土木、工食之需，无不殚力独营。因将玉皇殿、三官阁、祖师阁开工□□□□重修，而丹艧之。□于后殿一面筑墙丈余，堤防水盗。仍照旧址，创建老君殿三间，东廊楼□上下二十八间，西□□上下四间平房，其间补修土房十余间，庵右创修楼房上下八间，土房七间，山门一座，厂厦三间，墙垣□□□□□□□□□□□□□观□。数十年□夫收子不屑，嬉戏为□者，一旦而复为贤士大夫相望乐赴留恋□□□□□□□□□□□□山水神州亦有然者可□□以维挽修救于其间乎！经始于甲寅，落成于丁巳，计费名世之□□□□以□余宿志□□神之□之也。然三载以求子若孙，长男升擢，久蒙眷注之恩。余亦观光除授冠军，以及添□□□□□非□神佑□□□□□祥地，焕然重新，地灵人杰。□□□□我欺也，爰叙其兴而废，废而复兴，并鸠工告竣，□□□为记。□顺治甲午……

恩进士诰封通义大夫詹事府詹事兼翰林院侍读学士陈昌期鱼
山谨撰

　　住持道人　孔□位

　　大清康熙十七年岁次戊午七月吉旦

　　碑文有如下信息：第一，陈昌期将读书发迹归因为神明的护佑。第
二，老母庵屡经坎坷，经历了崇祯年的兵乱后重修。第三，康熙甲寅年
（1674）重修的是老母庵内的玉皇殿、三官殿、祖师阁，且进行了彩绘。
创建了老君殿三间，东廊楼上下二十八间，西□□上下四间平房，其间补
修土房十余间，庵右创修楼房上下八间，土房七间，山门一座，厂厦三
间。工程结束于康熙甲寅年（1677）。

　　康熙三十年（1691）的《老母庵记》记录了"老姥掌旧有庙宇，祀奉
的是玉皇和老君诸神，甲寅年（1674）贡士陈昌期捐资对老母庵进行了补
修，丁巳年（1677）工程告竣"。

　　乾隆二十六年（1761）七月中旬，大雨数日，大雨过后山门塌毁。住持僧
举行黄箓圣会，号召民众积极捐资。到了乾隆三十四年（1769），补修老君诸
殿，创修西房上下八间和外院垣墙，砌门前石堰。然而，工程没有完工，重建
的资财就花完了，这里面还包括道人自己捐助的数百金。大约十年后，道人樊
礼德持缘簿，去各处募化，得到了善士的捐纳。于是在乾隆四十五年（1780）
春天，又开工建设，补茸通明正殿，修筑殿后重墙，左右二阁、东殿、西庭。
并修筑两南角房上下六间，外院之东西平屋，碾磨厂棚，砌东殿后走水重墙，
墁前后四院压栏阶级。重修东楼上下二十八间，过厅三楹，两角房上下四间，
金妆五殿神像，内外绘栋丹楹，老姥庵得到彻底改观。

　　嘉庆六年（1801），郑村镇樊山村老姥掌创立重门楼，瓦窑二孔。第
二年，创建窑楼九间、厂棚三间，到了嘉庆十一年（1806），修筑完毕。
嘉庆十九年（1814），重修东西二阁，而补成石崚，油漆粉刷后院。

　　道光二十二年《重修老姥庵碑记》记录了老姥庵僧人礼御、礼循、礼
秀募化经营扩建老姥掌的过程。

从以上碑刻可知，老母庵创建于明代万历年间，在清代康熙年间主要是阳城中道庄陈家出资修理，到了乾隆年间，陈家已经不复昨日的辉煌。老母庵的重修就再次由地方民众出资。以致道光年间老母庵是由僧人"礼御、礼循、礼秀募化经营扩建"而成。

集庆庵

阳城县凤城镇水磨头村有集庆庵，里面供奉着三教圣人观音。万历年到天启辛酉（1621）年，曾任刑部尚书的白胤谦率村人对神像进行过补修。大约五十年后，也就是康熙戊申年（1669）夏，社首田玉召集众人对其进行了第二次重修。

四、举头三尺有神明

上一章梳理了沁河流域佛道庙观，在一定程度上偏重于制度化宗教，这一章将按功能分类对沁河流域的普化宗教进行梳理。

1. 行业神

沁河流域山多地少，历史上较为封闭，且十年九旱。但是该区域蚕桑业发达，蕴涵着丰富的煤铁资源，这些都是其较为独特的神明信仰产生的基础。

（1）老君信仰

《中国矿业志》载："本省（山西）铁矿以平定州盂县至安州至泽州阳城者最著"。明成化《山西通志》载："（铁）唯阳城尤广"。而煤铁行业是以老君为保护神，煤铁行业发达的地方多老君庙。在泽州地区，几乎每个大庙里都供奉有老君殿（祠）。

阳城小尖山老君殿

在沁水县中村镇一代，多老君庙。如石井沟、柳沟村，都有老君庙。

由例授文林郎吏部拣选知县丙午科举人邑人郑时雍撰文，咸丰八年（1858）勒石的《石井沟桥碑记》将修桥与当地矿产业的发达联系了起来。

> 吾乡石井沟者，石上生穴，不假修凿，自然成井，地以是得名。附近多冶炉，东通潞安泽州，西达平阳诸州郡。山径之间有绝壑，商贾往来者恒抱涉险虞。今□□上御极，里人王永太、李景昌等首事倡修，募金鸠工，伐石炼灰，相其地宜，跨涧为桥，高四仞，长约四寻，广计数武，周以回栏，下开孔道。经始于咸丰六年，告成于咸丰七年，计费三百八十金，深山崎岖之中，坦然成夷途矣。

上文清楚地指出了石井沟桥的修建是因为"附近多冶炉，东通潞安泽州，西达平阳诸州郡，山径之间有绝壑，商贾往来者恒抱涉险虞"。因此，当地民众募集资金，修桥铺路，使"深山崎岖之中，坦然成夷途矣"。极大地便利了商贾的往来，也促进了本地经济的发展。

中村镇石井沟村老君庙　中村镇石井沟村有老君庙，据乾隆八年（1743）勒石的《创建石井沟庙碑记》载：

> 从来地以神灵，斯庙以人建，即如石井沟，居硗岩荆棘之中，豺狼虎豹藉集其间，人夫莫敢巢居者。
>
> 自余公顺号、永盛、三合、协盛四家铸冶于斯，匠工广众，以光照天，鸟兽之容以消，而业财之事以起。金曰："人力系神之惠爱，私币之金，更勒木铎之化营。"乃于山中建庙三间，以太上老君尊神居于其上，关帝、玄坛神居于正中，山神、土地二神，则一左一右。厥土漳间，厥位面阳夕，展力越三月，以而宫殿巍峨。虽然于中林蓬蒿之间傍。
>
> ……

张马村庠业尚凌九薰沐谨撰

中村镇庠遵李杏谷沐手僮书。

大清乾隆八年岁在癸亥仲春之吉

上文是由沁水县张马村清代秀才尚凌九撰文。石井沟村位于沁水县中村镇南面河村附近，因其"居碗岩荆棘之中，豺狼虎豹藉集期间，人夫莫敢巢居者"，这里地势险峻，人烟稀少。自从有了公顺号、永盛、三合、协盛四家在此冶铸，就变得"匠工广众，以光照天，鸟兽之客以消，而业财之事以起"。冶炼业使得当地人口增多，鸟兽逃遁，经济也变得繁荣起来。古人认为财富的获得是因为神的帮助，正所谓："人力系神之惠爱，私币之，更勒木铎之化营。"在此情况下，人们应该感谢神，因此就在石井沟创建老君庙，老君处于正中位置，左右分别为关帝和赵公元帅，兼及山神、土地，既保发财又保平安。

中村镇柳沟老君庙　沁水县中村镇柳沟村有老君庙，也与此地多冶炼业有关。据乾隆三十七年（1772）的《重修官帝老君黑虎庙碑记》载：

……以南界有石井沟者，山谷间熔冶厂也，沟西庙祠一所，奉神非一，大约皆能赐福于民者。上悬殿宇于前列舞楼，岁时享祀，由来久矣。顾基址逼仄，屋瓦倾颓。居民每当祈报，辄不胜湫隘嚣尘之悲，而恨有志未能一逮。岁丁亥，信士翟贵、吕兴、王文进等，慨然倡议修葺，而工程浩繁，恐不如愿，又得同志者张树满、李浩生、仁和号等，起而赞成之，鸠工庀材，撤旧图新。从正殿增其式廓，示专也。而配隆祀，则益以左右之偏殿；慎奔走，则称以东西之两廊。余工所及，下至午榭、山门，无不丹腰而黝垩之。肇工于乾隆三十二年三月二十一日，越乾隆三十七年五月初五日而告竣。雕楹刻桷，奕奕煌煌。视前此之湫隘嚣尘者，殆巍乎一巨观也，而诸君之功，讵不伟欤？呜呼！人托神以安者也，神待人以格者也。庙制维新，则神明如在人心；

效顺，则冥惠无疆。行见春秋匪懈，享祀不二，年丰岁稔，物阜
民安。……

　　守御所千总张遇亨谨撰

　　贡生张遇奇敬书

　　公顺号　东义顺　全三盛　三盛号　仁和号　合盛号

　　大清乾隆三十七年端阳之吉

　　在中村一带老君庙内，除了主祀的是老君外，左右分别是关公和赵公
明。如在上文石井沟村尚凌九撰文的《创建石井沟庙碑记》中就云："乃
于山中建庙三间，以太上老君尊神居于其上，关帝、玄坛神居于正中。"
柳沟老君庙也不例外，在乾隆三十七年（1772）重修了关帝、老君、黑虎
庙。同时也指出了此地"南界有石井沟者，山谷间熔冶厂也，沟西祠庙一
所"，可知老君庙的建立与冶铸有关，换言之，冶铸行业将老君信仰作为
行业保护神。而参与重建老君庙的商号，如公顺号、东义顺、全三盛、仁
和号、合盛号也许全部是冶铁业。

　　到了乾隆四十六年（1781），东西福顺号、公顺号、长顺号、合成
号、公兴号、涧河合盛号、和顺号、万兴号8个商号创修老君庙舞楼。

　　嘉庆十四年（1809）的《建修碑记》载：

　　佛老之教，自古辟为左道，而寺院庵观仍沿而未革者，教之
所在，各道其道耳。如柳沟庄，其地产铁金，设炉熔铸。旧有建
立老君神庙，世远年湮，未详经始年月，正殿湫隘，罢尘颓废已
甚。嘉庆己未年重为修建，勒石志厥成矣。第舞楼卑狭，门楼渺
无所存，东庑倾圮，西廊仅有其址，过而观者，每以不美不备为
憾。庄众奋然崛起，复为鸠工庀材，新建西廊房三间，东庑倾圮
者补茸之，舞楼之卑狭者阔大之，丹楹刻桷，焕然改观，而无不
美不备之憾焉。工肇于嘉庆十四年，越周岁而工已告竣，庄众之
输材运力无已，四方仁人君子捐资成美，厥善不容或没。欲伐石

勒名志美，因乞文于余。余于课读暇闲，阅《道德经》，觅其立言之旨，□曰圣道相左，而道其所道者，每钦为帝天，此固不必深论。第建祠以隆厥祀，有其举之，莫或废云，礼之然也。爰即建修年月，施财姓名，志其颠末，勿俾后之视今，犹夫今之视昔也云尔。

阶修职左郎吏部候选儒学司训岁进士董泰安沐手撰文

荣盛号 同兴号 双合和 余庆号 义合号 天福号 金盛窑 护顺号 长春号

（以下捐资商号略）

时大清嘉庆十四年季冬吉立

柳沟庄，因为地产铁金，设炉熔铸，因此建立了老君神庙。嘉庆己未年（1799）重修。十年后，也就是嘉庆十四年（1809），再次重新修建。新建西廊房三间，将东庑倾坍塌部分进行补葺，舞楼卑狭的地方扩发，彩绘窗梁。

柳沟庙重修于道光二十五年（1845），这次也主要靠东炉行、同合盛、遇顺谅、天福号、六合窑、信盛功、旺兴窑、天成合、荣兴义、益合公、万兴玉、成之西、同太号、上孔赛、同顺元、新兴成、顺兴永这17个商号捐资，而商号主要与冶铁业有关，归根结底是与老君崇拜有关。

到了同治年间，柳沟老君庙进行了重修。据光绪元年（1875）《柳沟老君庙碑记》载：

盖谓太上之名，法师符咒所必称。老君之冶陶、冶铸，销皆堂奉，立行分卦，有功于生民，为世人之所钦遵。炼海烧山，为利于械器，尤冶行之所敬事者也。

沁邑柳沟村，旧建老君庙一区，东炉行设立章程，每年二月，择日至此，宰猪敬神，清算公项。合行于庙，相会终日，则知一年公费多寡之不同，足诚吾所百世不经也。然炼宇虽具，而暖阁未修；圣像虽备，而金碧失色。敝社与客商相商议，发其善念，动其诚心，共襄厥事，彼此同心，慨兴斯役。

工兴于同治十三年春二月，告成光绪元年冬十月。新建正殿暖阁三间，左右两楹，满张天花，绘洗神像，油画门窗，檐前四柱、大门、牌匾，至于东西耳殿，亦无不焕然从新，无不改观。

……

荣膺国典 李英昌沐手谨撰并书

遇顺炒号 六顺合 信成兴 六合窑 世信成 永兴东

绛州梁旺 诚兴永 万顺合 同兴永 顺兴合 怡顺永

时大清光绪元年仲冬吉立

沁邑柳沟村东炉行有每年二月择日到老君庙宰猪敬神，清算公项的传统，在庙里商量行会的会规，商定一年会费的多寡。同治十三年春二月，遇顺炒号和绛州梁旺下属迤各五个商号出资对老君庙进行了补修和增修，工程于光绪元年冬十月完工。

根据以上柳沟老君庙重修情况可以绘制以下表格：

序号	碑记	捐资商号	立石日期
1	《重修关帝老君黑虎庙碑记》	公顺号、东义顺、全三盛、仁和号、合盛号 （4个）	乾隆三十七年（1772）
2	《修舞楼碑》	东西福顺号、公顺号、长顺号、合成号、公兴号 涧河合盛号、和顺号、万兴号 （8个）	乾隆四十六年（1781）
3	《建修碑记》	荣盛号、同兴号、双合和、余庆号、义合号、天福号、金盛窑、护顺号、长春号 （9个）	嘉庆十四年（1809）

4	《柳沟庙重修碑》	东炉行、同合盛、遇顺谅、天福号、六合窑、信盛功、旺兴窑、天成合、荣兴义、益合公、万兴玉、成之西、同太号、上孔赛、同顺元、新兴成、顺兴永（17个）	道光二十六年（1846）
5	《柳沟老君庙碑记》	遇顺炒号、六顺合、信成兴、六合窑、世信成、永兴东、绛州梁旺、诚兴永、万顺合、同兴永、顺兴合、怡顺永（12个）	光绪元年（1875）

石井沟老君庙创建于乾隆八年（1743），可能是中村一带较早的老君庙。不过，柳沟的冶铁业可能发展较快。从上述柳沟老君庙重修情况可以看出，乾隆到光绪年间，柳沟老君庙多次重修，商号也逐渐增多，从乾隆三十七年（1772）的四个商号到道光二十六年（1846）的17个商号。在光绪元年的《柳沟老君庙碑记》捐资中十二个商号中出现了"绛州梁旺、诚兴永、万顺合、同兴永、顺兴合、怡顺永"6个晋南地区的商号，这应该是与冶铁业进一步发展，产品外销有关。上述一共是50个商号，中间有一些重复的商号。如"公顺号"在乾隆八年（1743）石井沟的《创建石井沟庙碑记》中就出现过，柳沟村乾隆三十七年（1772）《重修关帝老君黑虎庙碑记》和乾隆四十六年（1781）的《修舞楼碑》里仍然存在。随着时代的变迁，有很多新增的商号，也有许多商号不见了。总体来说，中村冶铁业和商业在有清一代较为繁荣。

阳城也有诸多的老君庙，如阳城县凤城镇北安阳村北旧有老君庙，庙宇基础损坏，殿宇狭小，历年既久，风雨飘摇。康熙三十年的《重修妙道真君碑记》就记载了润城镇下伏村茹存兆、傅叙霖等人目睹殿宇破败的现状，决定重修殿宇，重妆神像，增修暖阁，彩绘门窗的事情。

（2）蚕姑信仰

沁河流域种植桑树历史很长，《穆天子传》就有周穆王"休于漤泽""以观桑者，乃饮于桑林"的记载。蚕姑信仰在沁河流域很是普遍，这与其蚕桑业发达有关。历代文人、政治家留下了众多对于沁河流域植桑养蚕的诗文。

沁水道中

明·常伦

处处人家蚕事忙，盈盈秦女把新桑。

黄金未遂秋卿意，骏马骄嘶官道傍。

采桑曲

清·张文灼

朝寻岭畔暮村盘，雨雨风风几断肠。

却似采花蜂做蜜，不知辛苦为谁忙。

蚕神，当地民众将其称为"蚕王菩萨"、"蚕姑娘娘"、"马头娘"等。相传，栽桑养蚕是中华民族的祖先——黄帝之妻嫘祖发明的，在距阳城县城50公里的云蒙山麓一个叫花石沟的小村，至今流传着嫘祖娘娘教民植桑养蚕的动人故事。在距云蒙山不远的小尖山千佛寺里有一尊嫘祖娘娘的塑像，她神态端庄，面容慈祥，手里托着一条洁白的蚕儿。每年的农历二月初二，周围数县以及河南等地的民众都前来朝拜。

据同治《阳城县志》记载："缫户虽多，邑中不织绸缎，皆鬻外。"宣统年的《阳城乡土志》载："挽手、黄丝皆系外商驻买，黄丝约二万余斤，挽手

阳城县水草庙蚕姑殿

六七千有奇。"当时县里的商号东晋福曾为外地的蚕丝商人办理汇兑业务，可见蚕丝贸易也相当可观。民国初年，阳城外销商品中蚕丝仍为首位。

阳城县河北镇九甲村，有一棵已有数百年树龄的古桑树，被当地人尊称为"地桑神"，每年一到养蚕期，来这里祭祀的人排成了队。古桑树周围的24个村庄全部叫做"桑葚区"。

在长期的蚕事活动中，衍生了许多与蚕谣、蚕忌和蚕戏有关的民间活动，特别是蚕戏十分普及。在阳城县西12公里处濩泽河东北侧河畔的泽城和府底二村有一个蚕神庙。庙内三尊蚕神像：分别塑有嫘祖（最早发明养蚕缫丝）、桑神（本地传说的地桑女神）和马头娘（历史传说马皮裹女成蚕）。蚕姑祠庙内修有戏楼，楼前有一个大广场，每年的三月初三蚕神生日，都要给蚕神唱3天大戏，沿袭至今从未间断过。据统计，阳城县有2个乡和5个镇都是以桑命名的。

蚕姑信仰在沁河流域很是普遍，这与其蚕桑业发达有关。在大庙里一般都要有蚕姑神祠。每年农历的三月初三是蚕姑娘娘诞辰日，在当天要唱戏。除了泽城、府底蚕神庙有庙会活动外，润城天坛山等地也都有赶庙会、唱蚕戏的习俗。清明前后，蚕茧孵化的当天，除了在家里祭拜蚕神，蚕农还都要备香烛、做供品前往蚕神庙顶礼膜拜，祈求蚕业丰收。除此之外，养蚕还有许多语言和行为上的禁忌。可以说围绕植桑养蚕，民间形成了一套信仰体系。

农桑是沁水县土沃乡西羊村一带生产、生活的主要依靠。但是道光年间因为冶铁业的发展，以桑作柴、横肆采卖的现象十分严重，对家桑也造成了严重威胁。从长远考虑，为绝后患，六里合议，订立了禁止砍伐桑树的条规。据西羊村道光十七年（1837）《六里禁伐桑碑记》载：

......

公议：炉场收买桑柴，一经搜出，每株定价赔钱五千文，不拘□一；他人拿获者分价一半，余充里中公项使用。其杂色树株可供橡檩栋梁之需者，不得变卖作柴，明□俭□之木为□贱价私买者，椽檩□□□钱二千文，栋梁每件赔钱四千文，只许本□找寻，不与他人相干，分价充公同前。倘有无□棍徒以及来历不明之人，协同各里乡□□□逐出境界。

蒲泓西里　白化社　涧河　沙腰社　柳沟　冶内村　杏则

蒲泓□里　蒲泓村　石雾　南阳村　□□　洞沟社　张沟

蒲泓东里　上□村　中□　席家村　南沟　□□村　河□

土沃北里　土沃村　土沃中里村　上格碑　下格碑　雨沟庄　汉封　台亭

土沃南里　□□□　□□□

时大清道光十七年岁次丁酉七月□□全建

到底执行力怎样，不得而知，但是通过这通碑所展示出的禁止砍伐桑树的条规还是能够反映出当地对于植桑养蚕的重视。

阳城县三窑乡蛤蟆岭古名盘龙山，山岭有古庙井王，山西和河南两省的信士经常来此祈祷。据民国二十六年（1937）的《补修碑记》载："……各户时兆兴等布施等集腋成裘，正殿及东角殿不数日而工程告竣，焕然一新，美奂美轮，实足以观瞻。而蚕神祠也工竣。……"

碑文说明古庙里面供奉的是井王，还有蚕神祠。民国二十六年（1937），各善士解囊捐助，发动社众捐款，积少成多，正殿及东角殿数日后就修好了。蚕神祠也进行了重修。

在阳城县董封乡临涧村一石碑上还留有明万历年间吏部尚书王国光的诗文，诗云："山近无村水近楼，小桥烟火数家秋。客来笑迎烹鸡黍，一话桑麻夜未休。"这首诗生动地描述了当时阳城蚕桑业的发达盛况。

沁河流域，山多地少，农业条件艰苦，植桑养蚕成了地方民众重要的经济来源。因此，祭拜蚕神包含民众期盼丰收和向往追求幸福生活的美好愿望。流传于民间的清代阳城籍诗人张晋所写《养蚕行》展示给我们的却是另外一种景象。

养蚕行

清·张晋

天不雨，桑叶稀；蚕满箔，常苦饥。

闺中愁煞养蚕女，蚕不得饱丝难吐。

我闻虫儿食乳蚕食桑，舍此二物无以偿。

昂头辗转待侬哺，掩面怕视心悲伤。

典衣市叶及早凉，百钱一斤何足详。

低声诉与马头娘："且使侬蚕得一饱，纵不作茧侬不恼。"

诗中描绘了一位养蚕女因天旱不雨，没有桑叶，蚕不能吃饱，无法吐丝的状况，养蚕女怕饿坏蚕，决定典当了自己的衣服，以一斤桑叶一百钱的价格要买回桑叶养蚕。可是，即便价格很高，由于天旱，当地并没有多少桑叶可供出售。最终养蚕女怀着无可奈何的心情只能向蚕神马头娘诉说，祈求蚕神保佑让蚕吃饱，能够延续其生命，即使没有能够做茧也不会有什么懊恼。在传统时代农业社会中，蚕桑占有重要地位。蚕神崇拜习俗，反映了希望蚕桑丰收的美好愿望。

沁河流域植桑养蚕历史悠久，尤其是"阳城蚕茧"就以其产量高、质量优而闻名于世。1979年、1983年、1989年连续获得国家金质奖，阳城缫丝厂因此成为全国缫丝行业中唯一获此殊荣的企业，也是我国第一个向美国出口白蚕丝的企业。到21世纪初，年产量已突破300万公斤，位列华北地区之首，是全国三大优质蚕茧基地之一。

（3）蔡伦信仰

传统社会沁河流域水源丰沛，很多村落造纸业发达，就形成了蔡伦信仰。据记载，北留镇后河村就建有蔡伦庙，庙内有明代石碑，此庙已经被毁。清初，后河村、下孔村一代已经形成了家家设池的局面，主要生产棉纸、土纸以及蚕丝为原料的帛纸。

下孔村位于县城之东、八甲口镇东南部、芦苇河下游。芦苇河沿村而过，流至村东小河口处汇入沁河。该村水资源丰富，以前建有蔡伦祠。

清代泽州知府朱樟有诗对下孔村进行了描述：

> 垂杨阴里鸟声欢，山泉榛菅径曲盘。
> 雨刷上流春水浊，石围高岸黍田宽。
> 碧阑干外梨花重，白粉墙低茧纸干。（村里以造楮为业）
> 行尽太行三月路，木棉裘软客衣单。

上诗可见下孔村造纸业在清代相当发达。

下孔村的蔡伦祠位于汤庙内。据《下孔村志》记载：汤庙内正殿塑有汤帝金身泥像。正殿东西两端，北侧各建有小殿3间，东院为关爷殿，西院为牛工殿。步入西过道，东行数十步，进入月洞门即到后殿大院。院东西两端各建有东西厢房3间及抱厦房两间，东厢房供奉高禖神，东抱厦房供奉蔡侯爷（即造纸术发明人蔡伦）；西厢房闲置，西抱厦房供奉土地爷。后殿大院正北建玉皇阁一座。玉皇阁系清代所建，共两节，是庙内至高点。内有彩雕的玉皇大帝塑像。玉皇阁两边各建配房3间，东边供奉五瘟爷，西边不详。

上伏村真武殿咽喉神

汤庙初建于金泰和八年（1208），初名广渊殿。分别在元贞元年（1295）、元至大四年（1311）、明万历三十七年（1609）、清顺治六年（1644）、康熙四十四年（1705）、雍正九年（1731）多次重修改建，距今已有将近800年历史。经历了战乱以及"文化大革命"，庙内许多塑像、石雕等遭到严重破坏。1992年，村里因修建教学楼，拆毁了大庙。

近年来，受非物质文化遗产的影响，村民将传统的造纸技艺加以恢复，"下孔土纸工艺"入选为山西省非物质文化遗产。

（4）咽喉神

作为行业神，咽喉神崇拜主要流行于中国北方的乐户艺人和地方剧种中。咽喉庙以山西为最多。在许多庙里，都奉祀有咽喉神。下图为阳城县上伏村大庙里真武殿内的咽喉神。

阳城县白桑乡通义村大庙内也供奉有咽喉神祠。勒石于同治十二年（1873）年的《成汤庙、咽喉神祠修葺碑记》载：

> 本社旧规，宰社者三年交代，社中所积茧用地亩、钱文，除三年应费外，□□□□神宇之资。同治十年（1871），侯君辛法等四人膺社首。甫入庙时即欲修废振坠，无如□□□荒时难如

山头村水草庙全景

水神、水草爷、水草
奶奶、草神

愿。至十二年，始将成汤庙、咽喉神祠与申明亭茶棚、看楼，皆重新□□□□理之。夫茶棚者，创始于高禖会也。君等视其缺略未备，淡白无文，茶棚则增以□□□□□□外也。看楼则□为窗棂，欲经久远也，举内外上下而俱饰以丹青，亦欲以壮□□□□□神灵也，又□□舞楼东破房上下四间，亦随即与舞楼檐头及各庙之残缺□□□□□□。今期及瓜代，将三年之出入与君等之勤劳，备勒于石，以示继起者。

　　本里庠生尧庭孙步青撰并书

　　碑文有如下信息，第一，咽喉神供奉在成汤庙里。第二，成汤庙应该还供奉有高禖神。第三，社首是三年接替。接替时要将在任期间收支状况进行公示。

　　沁水县城玉帝庙古有高禖祠，咸丰元年（1851）勒石的《咸丰年金妆关帝高禖咽喉五瘟碑记》载：

　　……我西关旧有庙宇，为居民祈报之所。正祀者玉帝尊神，其东西偏殿关圣帝君暨高禖圣母附祀焉。上年社首告退时，重为修补，殿宇整齐，楹桷雕焕，观者叹极盛焉。□帝君、圣母并庙东咽喉五瘟殿三处神像，□□久远，暗淡无光，吾等朔望瞻拜之时，心实有不安。……

　　金妆神像极为重要，咸丰元年（1851），上任社首告退的时候，只是对殿宇进行了补修，而关帝、高禖、五瘟神像依然暗淡无光。新社首与社众商量，金妆神像开工于仲夏，告竣于孟冬。

　　在上伏村，也有供奉乐户的行业神——咽喉祠，道光九年（1829）的补塑神马碑中列有乐户二十五家。

（5）水草神

　　北宋时期阳城县山头村的兽医常顺，医术高明，相传因其医治宋军战马，为抗金立下大功，被宋徽宗封为广禅侯。元朝时，元太宗又加封常顺为水草神，敕建水草庙。自此以后，春秋两季，州县政府和民间都进行隆重的祭祀。

根据"文化大革命"时期在山头村担任过教师的姬庆发抄录的明代碑文记载：

> 元太宗七年，修广禅侯大殿，至明成祖十六年，政通人和，百废俱兴。大殿已有所坍塌漏雨，于是经整修，又修东关公殿，西送子殿，又东财神殿，又西蚕姑殿。
>
> 宋徽宗政和四年，金人南侵，在平阳一带与宋兵大战年余，宋兵力不能支，时值阴雨天，战马三停病一，愈不可支，时常半村牧医常顺，行医至县西四百里之汾河边，见战马神志恍惚，身生白灰斑块，奔走惊窜，阵阵嘶鸣，不时甩尾打身，回头撞脖，断为所疾。病马万余，病则需治，无病则防，外敷服药，慢不救急，调草药六七味，以沸水煮之，倾之河中，驱无病马先浴饮之，后驱病马浴饮之。日一次，约四五日，六七日，马愈。兵进，略胜，挽留军中不肯，继趋别地行医。宣和二年，钦封广禅侯，以嘉其术。

现在我们能见到的最早的碑刻是清顺治十六年（1659）凤城镇山头村《重修水草庙碑》，碑文载："水草庙去邑西北三里许，载在邑乘。春秋祭事两举，重祀典也。……敕建元时补修，历年久远荐者仅至正一扁，创建日月当日姓氏泯灭无闻矣。……"

乾隆十年（1745），水草大社补修门楼，嘉庆五年（1800），补修广禅侯祠，咸丰年间增修舞楼戏房东西禅房，民国十六年（1927）补修大庙外照壁墙垣暨路墙。水草庙的碑刻包含了以下信息：第一，兽医常顺，医术高明，相传因其医治宋军战马被宋徽宗封为广禅侯。第二，元朝时，元太宗又加封常顺为水草神，敕建水草庙。第三，常顺被封为水草神后，春秋两季，州县政府和民间都进行隆重的祭祀。然而，耐人寻味的是《宋史》、《元史》均没有关于常顺的任何记载。且宋徽宗时期宋金在平阳进行过战争也与历史并不符合。但是，不管怎样，明清以来，水草神在当地均是很重要的神明。

（6）眼光神

传说眼光娘娘能治疗各种疾病，保佑人们眼明心亮、身体健康，民间就有眼光神崇拜。在沁河流域，眼光神一般是供奉在庙里的神龛，或者村里的神阁。

沁水县嘉峰镇李庄村，光绪版《沁水县志》记载：李庄村，离城一百五里。据嘉庆十五年（1810）的《修南阁记》载：

……

> 乡之人因文运之蔚起，欲文星之式凭，乃于村之南创建一阁，而神像未塑。迨嘉庆元年，承基杨君慨然有似续前人之志，独立捐金。谋于村中积善李公、务本李公，鸠工庀材，因其旧迹增而告之，廓尔大之，巍焉焕焉，倏然改观。南塑眼光、北塑文昌，神像尊严，勃勃有生气。于是乡之人岁时祭祀、致敬有所，

高禖殿

而小子后生或因神明之默佑，益为人事之精勤，其与谏议诸前辈后先辉映也，可胜量哉！若杨君者，事虽承先，而意则重以启夫后也，可不谓深心远虑之君子欤？因略叙梗概，勒诸石云。

捐施　候选县主簿杨承基捐银一百六十两　补修阁并建阁外□□□

邑庠生李积善捐银八两壂阁下路　修□□□□□

邑处士李务本捐施阁东阶地基及新台东西地基并督工

辛酉科举人张诗颂撰文

国子监太学生李玉麟书丹

玉工潘大兴镌

嘉庆十五年仲春勒石

李庄村"文运之蔚起"的原因在于文昌星的庇护，也是在村中建南阁。阁建好了，神像未塑。到了嘉庆元年（1796），杨承基秉持前人的意志，独立捐钱。同时与村中李积善、李务本商量，在其支持下，召集工匠、准备材料，对原来的殿宇扩大规制，同时南塑眼光、北塑文昌，神像尊严，整座殿宇焕然改观。

北留镇石苑村眼光阁　同治十年《菩萨阁改造补修金妆记》记载：眼光阁创建三百余年了，前人想要改造，也募化了众多的资财，然而社首贪污，百年来积累的资财丧失殆尽。到了同治六年（1867），社首张林邀请其弟弟张文灼到眼光阁商量重修的事情。最后决定多年拖欠社里公产的不再追究，短期出租者对其加以责备，令其按期缴纳。将荒田十亩归入社里，租佃额较轻的要加佃。在这些措施下，每年得租数斗，不到四年就积累了大量的资财。择吉日开工，对眼光阁进行了补修。

在嘉峰镇窦庄村，村内四方都奉祀有神明：村口所在的东南面依次排有眼光阁、火星庙、咽喉阁等；西北有北庙、张仙阁、三圣阁等；西南有土地庙；东北面有望河阁、魁星阁、文庙。历史上，这些庙宇阁楼满足了村里民众的宗教需要。

2. 生育神

除了佛教中的菩萨外，高禖神和观音就是沁河流域最重要的生育神，以至于当地大庙中均奉祀有高禖神和观音。祭祀高禖的时间一般在春天，也就是"仲春之月"，也有认为是在祭祀高禖时间在农历三月三上巳节。《太平寰宇记》就有"三月上巳日有乞子者"的记载。《礼记·月令》载："以大牢祠于高禖，天子亲往。"郑玄注曰："高辛氏之世，玄鸟遗卵，娀简吞之而生契，后王以为禖官嘉祥，而立其祠焉。变媒言禖，神之也。"这是因为禖官灵验，而立高禖之祠，把媒说成禖，可能有来自于神的监督之意。《礼记·月令》："带以弓韣，授以弓矢于高禖之前。"郑玄注："求男之祥也。王居明堂，礼曰：带以弓韬，礼下禖之，其子必得天材。"因此，祭祀高禖活动目的就是求子。

（1）高禖信仰

崇祀高禖，有利于子孙后代的延续。上伏村汤庙内就有高禖殿。

嘉庆元年（1796）六月勒石的《贾寨村禁土补煞重整社费碑记》就提到了高禖信仰。沁水县胡底乡贾寨村风脉来自村的东北，多年来，一些社众不顾风脉在社庙周围取土。自从陈升堂任社首以来，和社众商量，先将椿树胡同筑堤栽树，树木成材可以供社里使用，砍伐大树就要栽小树，且四面立严禁取土的碑。这些工程耗资庞大，社费有限，不得不对村庄中一些仪式进行改革：

> ……
>
> 社费浩繁，重为整饬。正月的火星会献羊，成规不该。三月十五，玄坛神戏、十儿高禖神戏，照家出钱报数。即送所有神猪，春祈生献，秋报熟陈，两次分肉，现钱不易。又及四月贺雨，六月祀三峻神猪，七月祀左例神羊，一并裁去。敬神之时止修刀首三斤。七月二十七祀风王神羊，遵照古规，秋赛去馐殿献油席。是举也，余等妄为条陈，社人百口一辞，皆以为善，且谓之曰："风脉一补，居民其有幸矣；社费就简，村人其无

累矣。"余因嘱村众曰："甚勿谓禁土打煞之即可以全补风脉
也。"村之形势，龙山峙东南，其西北最下，所恃以补风脉者三
益观、古佛堂、诸神宫、三院庙耳。无如年历久远，风雨摧残，
栖身失所。大庙自乾隆四十三年兴工，阅年十几，工莫告竣，为
首苦心，谁其识之？今而后，但愿年岁丰，人心齐，则三院社庙
庶可次第修葺，而当年之立庙以培风脉者，亦可以少承其矣。
......

碑文中涉及诸多的仪式，如正月的火星会献羊，三月十五玄坛神戏、
十几高禖神戏。送神猪，春祈生献，秋报熟陈，两次分肉。四月贺雨，六
月祀三峻神猪，七月祀左例神羊。敬神之时止修刀首三斤。七月二十七祀
风王神羊。秋赛去馐殿献油席。在这里，应该强调的是条规的修订中高禖
神戏并没有取消，而是仍照旧规，可见高禖神在民众生活中的重要作用。

另外，还叙述了三益观、古佛堂、诸神宫的重要作用就是补风脉。
同时也谈到了年历久远，风雨摧残，庙宇破败，神无有栖身之所。乾隆
四十三年（1778），大庙兴工，十几年后，工程告竣，对三院社庙进行了
修葺。

在郭峪村汤庙内有高禖祠，康熙十三年（1674）的《高禖祠修壁
碣》载：

高禖神祠后壁倾圮，神不获宁者越数年于兹矣。里人张肇
基、张元弼等迫意为重修计，因邢国良等公积会金三两有奇，可
助兹费，遂力劝成之。国良等除慨捐会银外，仍各输一工，以竣
厥事。壁既休整，又油饰暖阁，费虽小，神以获宁，所关实大
也。谨记。

到了道光十二年（1832），郭峪村汤帝庙进行了补修。
中庄汤庙内也有高禖祠。据康熙十四年（1675）的《金妆高禖祠

记》载：

> 吾乡之社之庙之有高禖，盖历有年所矣。齐宇曹君宰社，修
> 茸庙貌，而高禖之祠力不暇及。家侄庠生蓝田君恻然奋兴，乃
> 纠拱汉曹君募于乡之人，各捐资新之，一旦神威焕彩，与正殿
> 金碧辉煌。……夫高禖之功德不可忘，则新高禖祠之功德又安
> 可忘也哉！

康熙四十五年（1706）窑头村白龙庙内《重修高禖神牛王神殿》记载
了在小崦山白龙庙之东南凿山辟地重修高禖神牛王神殿。

北留镇北庄村有高禖殿，乾隆二十七年（1762）勒石的《高禖殿揭瓦
金妆碑记》就记载了本村善男信女捐资对其进行修缮的事情。

润城中庄汤帝庙大殿内有高禖殿，自从康熙十四年（1675）金妆后一
直未曾重妆，历年既久，在乾隆四十三年（1778），重妆高禖殿神像。

北留镇横岭村西旧有三教堂正殿三间，高禖祠配殿两间，有求必应，
极为灵验。乾隆五十五年（1790）勒石的《扩建三教堂高禖神祠碑记》记
载了善士李可怀将宽五尺、长三丈七尺的殿后地基一块施与庙里。同时在
其带领下，募捐钱一百六十六千二百二十一文，于乾隆五十四年（1789）
九月开始重修扩建高禖神祠，工程完工于乾隆五十五年（1790）十月。

阳城县凤城镇尹庄村关帝庙内也有高禖祠　同治十二年（1873），社
众捐资重画高禖殿门面。

沁水县龙港镇杏峪村关帝殿中有高禖殿　数年来，风雨剥蚀，橡梁均
有损坏，彩绘也脱落。道光七年（1827），值年社首对殿宇重新补茸，金
妆神像。并将真武阁、玄帝阁房顶破损的瓦进行了更换，以防止屋漏殿宇
导致殿宇坍塌。

沁水县龙港镇固镇村大庙内有高禖神殿　道光三十年（1850）的《固
镇村重修高禖神殿记》载：村里大庙为社民春秋祈报之处，正殿右边有高
禖尊神殿两间，然而右殿高低广狭以及石物料与左殿并不一样，看起来很

不雅观，多年来合议重修，然而工程很大，一直没有修理。道光二十六年（1846）邑庠生杨逢春、登仕郎高志远任社首，道光二十九年（1849），二社首拿出社里积累的资财来重修高禖神殿，数月间，右殿与左殿整配，整座殿宇金碧辉煌。

沁水县龙港镇吴家沟大庙内有高禖殿　咸丰二年（1852）的《增修高禖殿记》载：

> 吴家沟村祠禖附于大庙正殿之右。居士吴公依山等以殿宇尘蔽非所以妥神明，乃醵金为会，鸠工庀材，于殿内覆以藻井，周以暖阁，兼装饰神像，增修威仪。工竣，筮吉礼神，会众谋勒姓氏于石，征一言以记。余惟高禖之神以好生为德，方今粤匪骚扰。两河太行戒严，传言纷纷，人心靡定，闾阎老幼，皆恐不得安其生，神尔有灵，其然，佑苍赤，使各惬遂生之乐也，则斯民幸甚。是为记。
>
> 丙午科举人邑人郑时雍熏沐谨撰
>
> 邑人文珠张启昌敬书丹
>
> （捐款姓名略）
>
> 大清咸丰二年十二月吉日立石

吴家沟下辖的村为了防止太平军骚扰，祈求神明保佑，增修了高禖殿。在这里，高禖神的功能进一步扩大。

2002年，吉家、吴家沟、南坪三村合并成为吴家沟村，南坪成了吴家沟村下辖的自然村。历史上南坪村就与吴家沟村关联密切，据咸丰十一年（1861）勒石的《南坪村创修庙宇记》载：沁水鹿台山以西有南坪村，居民仅仅数十户，以前没有庙宇。合祀于吴家沟村。乾隆年间，耆老马凌云建议创修庙宇，去平阳（临汾）等地募捐，乾隆五十四年（1789），在村北关，建成神殿八间，舞楼四间，山门一处。赶上收成不好，东西面仅仅筑墙而已。道光二十九年（1849），马受禄以社事为己任，按社筹资，同时又募化于邻村，得钱八十千。鸠工庀材，伐木凿石，工程开始于道光三十年四月（1850），落成于当年十月。共计修东西廊各六间。

沁水县龙港镇石堂村高禖祠　龙港镇石堂庙内奉祀有高禖神，光绪元年（1875），合社各会会商捐资修缮暖阁、天棚，金妆神像，彩画殿宇。《金妆神像彩绘殿宇碑记》载：

> 窃思高禖神母者，握大造之权，司广生之德，故人之克昌厥后者，莫不赖乎神明之庇佑也。吾侪目睹心虑，无以壮观瞻，故甲戌□同合社各会商酌，量力捐资，遂于夏月装修暖阁以及天棚，又将神像金妆。殿宇彩画，庶几金碧交辉而神明有妥，人心亦各安矣。兹工已告竣，爰将施财姓氏勒诸碑石，以垂不朽云尔。
>
> （会社捐资略）
>
> 光绪元年小阳月吉日合社众会公立

沁水县龙港镇瑶沟村高禖祠　光绪十四年（1888），沁水县龙港镇瑶沟村《修天棚暖阁记》载：

> 从来赐福降祥本乎神功，创始成新赖于人力。如□圣母殿宇，由来久矣，规模虽隘，局势精微。其间天棚暖阁，社人俱无修者。丁亥六月，监生王公金钏，因兰桂并茂，独秀高禖神祠、天棚暖阁。工成之日，焚香拜跪，目睹蚕母，遂触其乐施好善之心，祷诸神曰："蚕事大有昌盛"，亦照前修天棚暖阁。是年，村恩蚕茧丰收，逾倍往年，此非诚格之心感通乎神明，而默佑不爽者哉！爰是王金钏与王德忠，踊跃急公，以董厥事，慨然首倡，不惜其资，募化村人，量力捐输，鸠工庀材，不日成之，殿宇焕然，神像壮丽。岂敢夸功以渎神明？但共既告竣，谨将捐资姓名勒诸片石，以记之不忘云尔。

（捐资名单略）

光绪十四年十月二十二日

　　碑文有如下信息：第一，瑶沟村大庙内有高禖神殿和蚕姑殿。第二，监生王金钏，单独出资修理高禖神殿、天棚暖阁，又倡修蚕母殿。

　　（2）观音崇拜

　　在沁河流域，许多庙里奉祀有"三大士"。大士，为中国传统名词，古称有很高德行的人。中国佛教在译经过程中，往往把菩萨也称作大士。因此，"三大士"是佛教名词，为三尊菩萨塑像的统称，分别为文殊菩萨、普贤菩萨、观世音菩萨。《释门正统》说："宋神宗宣和元年，诏改释氏为金仙，菩萨为大士，僧为德士。"三大士在一块时，塑像往往配有坐骑。文殊菩萨骑狮子，普贤菩萨骑白象，观世音菩萨骑朝天吼。

　　另外，观音菩萨经常以穿白衣的形象出现，白衣大士成为观音菩萨的代称。北留镇尧沟村还有"白衣大士"嘉庆四年（1799）勒石的青石碣。

　　阳城县润城镇上庄村白衣菩萨会　据《白衣菩萨会碑》记载：

　　　　白衣菩萨会自万历三十一年起至四十七年止，除三十一年会钱挂袍使讫外，净会银十七两零五分六厘。塑小像，修东楼买树，油正殿，画供桌，墁院，修路，共使银九两一钱一分六厘。圆念会经共使银八钱七分。余银三两四钱七分，修庵门外砖使用。

　　　　随会人众开列于后

　　　　（略）

　　　　万历四十七年五月十五日立

　　乡村中更多的是白衣大士堂、三大士堂以及观音堂、观音阁。

　　康熙三十九年（1700）《孔家坡创建三大士堂记》记载，沁水县龙港镇东沟村孔家坡庙内供奉有三大士，中间为观音，左为文殊，右为普贤，重修于康熙二十三年（1684），这座殿宇金碧辉煌，竣工于康熙三十五年（1696）。

郑村镇南郎村北阁里面供奉的是白衣大士，乾隆二十三年（1759），在沁水县郑庄镇南郎村村北建修阁，乾隆三十五年（1770）立碑勒石。

嘉峰镇武安村白衣阁　乾隆四十二年（1777）的《白衣阁创修记》载，以前有人在武安村街西的墙壁中设神龛供奉神明，这与西券的文昌宫、南门的观音堂一样，都是为了维持村落的风水。不过规模都不大，乾隆四十二年（1777）春天重修过程中，创修了文昌阁与观音堂。当年的仲秋，花费了三十余金，工程告竣。民国十七年（1928）的《重修白衣阁碣记》，记录了赵兴家、赵德润、赵玉杰、赵荣先、樊玉法等人热心于公益事业，邀请众人出资对白衣阁进行了重新补葺。

土沃乡可封村观音阁　顺治十年（1653）《重修佛堂碑记》载：

> 溯稽上古汉时，县治南拾室之邑，名曰可封者，离沁五十里。盘古开辟时，古有观音堂之坐，合村兴旺，后佛堂久无人修补，至顺治九年十月倒坏，砖瓦木植并无存。至庙堂倒坏后，神差□虎日夜警取□□，本河善人尉星元总领，化动合村善人，苦修佛堂，信氏开刻于后，永为记耳。保佑全村人等人口年安，田蚕兴盛。

可封村位于沁水县治南面十五里，村庄建立的时候，在村中左面就有观音堂，以此来保护全村兴旺。后来佛堂长久无人修理，到了顺治九年（1652）十月倒塌，砖瓦木料也就没有了。本河善人尉星元任总领，动员全村佛教信徒，集资重修了佛堂。佛堂重修，可以保佑全村人平平安安，田蚕兴盛。乾隆十二年（1747）的《重修观音阁记》记载了观音阁有卷棚两间，年深日久，风雨摧残。社首尉修仁、王玫二人同心协力，积极募捐，赶上荒年，采取了每一家做工五日，管饭三日的方式，率领村里社众重修观音阁、并修西泉，打石槽，修佛堂工费银十二两，每家出银一钱九分。

沁水县嘉峰镇鹿底村观音堂 雍正五年（1727）的《鹿路村重修观音堂碑记》记载：鹿路村观音堂不知道建于何时，嘉靖二十五年（1546）重修。到了雍正五年（1727），村众公举社首何政和族长人等统领重修，积极鼓励社众募捐，拆毁殿宇中旧的部分，换上新的构件。规模比以前更为扩大。

郑村镇南大村观音阁 乾隆二十五年（1760）的《南大村修葺观音阁碑记》载：

> 盖闻神也者，无在而无不在也。大而都邑，小而乡曲，无不建庙宇，隆享祀，诚以神无在而不临，人亦无在而无不敬也。吾邑南大村者，即古大义村也。敦伦睦族，比户可风，负□横经，人文蔚起，斯固道之长留，要皆神功之默佑也。其村之中有观音大士阁者，时年久远，金碧之剥落可虞，风雨飘摇，栋宇之倾颓堪虑。而社首焕然都公、心源赵公等有志更新，殚力募化。殷勤总理，谁惜鸠工庀材之劳；踊跃输资，群欣集腋成裘之美，丹膳施矣，共日星以齐辉；基址屹然，与苞桑而并固。业一朝以兴工，未经年而告竣。吾知人心既萃，神麻集焉，将和风甘雨，永降丰年，物阜人安，长蒙庇佑矣。是为序。
>
> 窦稚诗谨书
>
> 邑庠生 赵文辉敬书
>
> （施财芳名略）
>
> 乾隆二十五年十二月吉旦立

南大村以前叫大义村，民风淳朴，邻里和睦，均与神的保佑有关。村里有观音庙一座，年代久远，彩绘剥落，殿宇坍塌。社首都焕然、赵心源等积极募化，民众踊跃捐资，乾隆二十五年（1760）修葺观音庙，彩绘神像。神明保佑全村风调雨顺，人民安居乐业，庄稼丰收。到了光绪三十年

（1907），再次重修观音阁。光绪三十三年（1907）的《南大村修缮观音大士碑记》详细记载了重修情况。

郑村镇半峪村由4个自然村组成。村里神庙之多，道光四年（1824）立石的《重修大士阁碑记》载：

> 吾乡南涧之滨。嘉庆十年，先叔君实与镇国诸君等，总理创修神阁一所，告竣后，募资尚余若干。数年来风雨凋谢，基址略觉倾衰，乡众忧其不固，且厌其□隘，与村落不称，因群商为改观之。计收集旧储，得资靡足，又募乡中乐输若干。由是玉林、大魁胡君等总理，村众共襄厥事，又旁加三官殿一所。□始于道光三年九月十五日，竣于四年十月初一日，为文制序，业师王老夫子已详厥旨，兹不敢□，谨志其事云。

> 邑国学生员　胡兴邦撰并书

碑文记述了道光三年（1823）到道光四年（1824）半峪村重修大士阁及创修三官殿的情况。

嘉峰镇嘉峰村观音阁　嘉峰村原名"贾封村"，该村历史悠久，道光二十五年（1845）立石《重修观音阁碑记》载：嘉峰村位沁水南北交通的要道，以前曾建有观音大士祠，村民以来观音的庇护，来此求子的无不灵验。嘉庆二十三年（1817），准备重修，于是"约邻媪之虔诚者，每月朔望敬供香花，举子者出青垺二百，为修葺资。次年子艺、林生、继珠、林绵、林翼、林生，凡在事者，育婴皆悬如瓜瓞。"二十年间，积累了诸多的资财，有募化的钱若干。道光二十五年（1845），将创始于雍正十二年（1734）的旧祠扩大，建立三间房子，以为祭祀之地。

嘉峰村郭壁村观音阁　2014年3月，郭壁村入选第六批中国历史文化名镇（村）。咸丰二年（1852）的《郭壁重修观音阁记》载：

> 是阁也，创始不可知，考残碣，阁在河之东，而河犹在阁之

东。前明崇祯年，因遭冯夷患，本镇张君贺遂改建于此间，盛事也。但历年既久，风雨飘摇，渐就倾圮，况俯临悬崖，下逼沁流，波涛汹涌，数被冲突，更岌岌有将颓之势。维先祖鲁来在世，目击心病，欲再后移数武。惜难为无米之炊，乃远募于阳埠镇。及晚年归里，所托不当，竟付之虚，虽维先伯海沧亦当催督，而执事诸人竟置若罔闻，良可慨也。维自少时，每见暑雨盆倾，沁溪暴发，则寝室难安。后就食河东，遂在碱海中与仁人君子、好善积公者求捐助以助，莫不欣然以襄善事。谓是为人之力欤？抑神之灵，维先人之默佑也？工兴于壬子三月二十日，告竣于七月初四日，规模犹是，基址稍微后移，非敢谓继志述事也，即礼前人"有其举之，莫敢废之"之义云尔。

咸丰二年七月初四日立石

郭壁村观音阁也叫湖光流阁　此阁复建于大清咸丰二年，下面有崇祯戊寅年"天地"石碑记载，阁内三尊神像。此阁南边有贞洁石碑，从古商道走有小庙遗址也叫娘娘庙，小庙南有行宫南城门遗址。能看到500余年三丈有余的石墙古柏。

阳城县北留镇谢庄村观音阁　康熙八年（1669）《创建观音堂记》记载了创建观音堂的事情。

北留镇章训村观音阁　乾隆五十六年（1791）《创修拜殿记》记载了章训村创修拜殿的事情。

北留镇大树村观音阁　嘉庆二十四年（1819）的《孤老是施产入社记》记载：观音阁内墙有"赵建德，七十五岁，凤台县川河里上五甲人，寄居大树庄村多年，没有后代，年老没有依靠。在征得本族同意的情况下，将自己的田庄、房屋、地基逝世以后施于大社，一切丧葬费用由社办理"。到了咸丰年间，观音阁重修。据《补修观音阁暨重修舞楼记》载，咸丰七年（1857），观音庙早已是风雨颓败，阁前舞楼仅存基址，再不修复就要彻底湮没无存。在此情况下，恰好张鹤翔当任社首，倡议重修观音阁，得到了社众的响应。大家各执缘簿，四方募捐，没过几年就积累了费用。于是开工重修，将神阁补修，舞楼更新，数月后整座阁楼焕然一新。

町店镇柴凹村位于县城北15公里处的芦苇河北岸，历史时期，村中有观音阁。据同治六年（1866）的《创建观音阁并玄帝阁碑记》记载，柴凹村的下面是一条沟，古语有沟上建阁可以安神。于是按照社分捐粟捐工，推举四人为总理，择吉日开工，四人兢兢业业，不分昼夜，数月后创建观音阁与玄帝阁的工程告竣。光绪元年（1875）《油画佛殿两庑暨舞楼栅棚碑记》记载了油画佛殿两庑以及舞楼栅栏的情况。

3. 自然神

自然神是指把自然现象当作神明加以崇拜，在这里主要是指与人类密切关联的自然现象。主要包括有四类，一类是天体，如天神、日神、月神；第二类是自然现象，包括风雨雷电；第三类是无生物，如山神、土地神（社神）、水神、石神；第四类是生物神，包括动物神（熊神、虎神、蛇神等）和植物神（树神、草神、谷神、花神等）。

（1）六瘟尊神

邱鸿钟在《医学与人类文化》中指出，最初的瘟神不为神祇，而是疫鬼。早期鬼在世俗的观念中是由人死后变成的一种邪恶的力量。最早关于疫鬼的记载是《纬书》（卷三）的《礼稽命征》："颛顼有三子，生而亡去，为疫鬼：一居江水，是为疟鬼；一居若水，为魍魉；一居人宫室区隅，善惊人小儿，为小鬼。"在《纬书》（卷六）的《龙鱼河图》中又出现了"五温鬼"之名，曰："岁暮夕四更，取二十豆子，二十七麻子，家人头发，少合麻豆，著井中，祝敕井吏，其家竟年不遭伤寒，辟五温鬼。"虽然这里指出了五瘟鬼，但是由鬼变神还需要经历一个过程。在宗教的介入下，明代的《三教搜神大全》（卷四）载：隋文帝开皇十一年（596）六月，有五力士现于空中，距地三五丈，身披五色袍，各执一物。一人手执钩子和罐子，一人手执皮袋和剑，一人手执扇子，一人

山头村黑虎庙

执锤子，一人手执火壶。帝问太史张居仁此为何神，主何灾福？答曰："此为五方力士，在天为五鬼，在地为五瘟。春瘟张元伯，夏瘟刘元达，秋瘟赵公明，冬瘟钟仁贵，总管中瘟史文业。现天降灾疾，无法逃避。是岁果有瘟疫，国人病死者甚众。"隋文帝遂立祠祀之，六月二十七日下诏，封五方力士为将军。黄袍力士总管中瘟史文业封为感威将军，青袍力士春瘟张元伯封为显圣将军，红袍力士夏瘟刘元达封为显应将军，白袍力士秋瘟赵公明封为感应将军，黑袍力士冬瘟钟仁贵封为感成将军，并规定五月五日为祭祀之日。在此情况下，五瘟神最终定型化了。

民间也有六瘟神，可能是受明代小说《封神演义》瘟部六位正神的影响：东方行瘟使者（周信）头疼磬；南方行瘟使者（李奇）发躁幡；西方行瘟使者（朱天麟）昏迷剑；北方行瘟使者（杨文辉）散瘟鞭；劝善大师（陈庚）；和瘟道士（李平）。

阳城县芹池镇东二里有刘东村，金代诗人杨廷秀在《灵泉寺万松亭记》中记载："泽山无松柏，非土地所宜也，阳城之西四十里有大聚落曰刘村。"后来，随着人口的繁衍，分为刘东、刘西二村。现刘东村有玄坛庙，刘西村有府君庙。

玄坛庙建于清代康熙十年（1671），康熙十六年（1677）由乡民李大宽组织创建舞楼。乾隆八年（1743），因庙内东北隙地，咸议创修六瘟尊神为其为民能捍灾也。因此，庙内增塑六瘟神塑像，并建庙祀之。据乾隆九年（1774）勒石的《玄坛庙创修六瘟大殿玄王配殿并东楼房记》载：

> 刘村为阳邑西北之镇，实当秦晋往来之冲口。旁有玄坛庙，里人为山谷之险，崇祀玄坛尊神以御患也，历年久矣！固庙内东北隙地，咸议创修六瘟尊神，为其□民能捍灾也；虫王尊神，为其八蜡□重要也；嗦王尊神、咽喉尊神，为其为民除疾苦也。环墙垣而修东楼房，以联山门而壮庙貌也。工肇于乾隆八年前四月二十九日，落成于八年十月初六日。厥费资财、捐输姓氏以及督工勤劳者，例得勒石以示其后云耳。
>
> 邑庠生李元馥撰
>
> 邑人席上珍书
>
> （捐资项目不清）
>
> 时大清乾隆九年岁次甲子孟冬吉旦

刘东村为阳城县西北之镇，这里是秦晋之间往来的重要通道，地势险要，因此奉祀玄坛尊神以保佑此地平安。为了去灾辟邪，在庙内东北的空地上，创建六瘟大殿，塑了六瘟尊神。工程开始于乾隆八年（1743）四月，结束于当年的十月。

芹池镇刘庄村也有黑虎庙，清代道光十年的《创修六瘟尊神阁聿新门楣输财碑》记录了创建六瘟神阁、聿新门楣的出资情况。

道光八年（1828），沁水县龙港镇梁庄村大庙内《新建五瘟殿药王殿碑记》记载了新建五瘟殿、药王殿的过程。

沁水县嘉峰镇鹿底村西南阁里面也供奉有瘟神，清乾隆五十四年（1789）五月立石的《鹿路村创建西南阁记》载：

> 鹿路村在沁邑东百里许，风俗淳美，林木丛茂，耆老相传恒多糜鬼，因已村名，余亦未暇深考也。第其地东接蟠龙，西临洎

水，北望樏山，南连太行，洵广宇之胜迹，南郡之名区也。既钟地灵，自毓人杰。堪兴谓自乾至离山林周布。而西南一隅，地户攸关，应筑台榭，以祀神明。庶培地脉，而村亦恃以为藩屏焉。维时张君水和，齐梓咸发诚心，慨然以修阁为己任，谋及于张君维□，欣然以地基施之，酿同乡金，仅筑台基，而资已罄矣，遂辍工焉。

越十余载，二君尝以前工未竣为憾，谋及村人十数辈，交赞其事，输资募化，

抡材计料，召工匠，砻柱础，陶瓴甓，鳞次而具，遂踵前基而构造之。竭力区画，无少或懈，顿成巨阁。北设帝坐以祀泰山，南理瑶宫以祀六瘟神，丹青黝垩，从事交加，神像庄严，辉煌夺目。

……

鹿路村今天叫鹿底村，碑文可知，"西南一隅，地户攸关，应筑台榭，以祀神明"。因此在创建西南阁"北设帝坐以祀泰山，南理瑶宫以祀六瘟神"，六瘟神成了村落重要的保护神。

送瘟神在泽州地区很普遍，在区域内部送瘟神的方式和时间不尽相同，但都是为了送走疾病，以保家人健康平安。

（2）文昌帝君

文昌庙又称文昌宫、文昌祠，是供奉掌管文运及考试的神明，一般在城修有文昌庙，在村修有文昌阁。在下交汤帝庙里面有道光十四年（1834）创建的文昌阁。"文昌阁"门额上有砖雕的"步蟾宫"三个字，蟾宫即月宫，攀折月宫桂花，意味着应考得中。

沁水县城文昌庙　乾隆五十年春天（1789）的《重修文昌祠记》："文昌之祠，所在皆是。沁水祠在城外，当东门之对，盖以丛辰家言，为著蔡也。"沁水历史上多次重修文昌庙，乾隆民间的只是其中的一次。地方民众认为只要及时补修文昌阁，就可以保佑文运昌盛。而作者乔于洞认

为只有"断断乎其必出于学",学子才可能登科。

阳城县润城镇屯城村文昌庙 屯城村位于阳城县东部,相传因长平之战中秦将白起在此屯粮而得名。明清时期,屯城村依靠独特的地理优势和当地丰富的资源经济发达。同时此地钟灵毓秀,人杰地灵,文化兴盛,张家就出了3名进士,1名举人。张慎言的祖父张升为明嘉靖庚戌进士,官至河南参政;张慎言为明万历庚戌年中进士,官至南明吏部尚书,以太子太保致仕。张慎言从孙张泰交,为清康熙年间进士,官至浙江巡抚。正是因为文人辈出,村里也就创建了文昌庙。

据雍正三年(1725)的《重修文昌庙记》,记录了屯城村街北古有文昌庙,年久失修、风雨侵蚀,以致成了鼠雀之地。雍正三年(1725),张泰交叔父张季方同里中绅士捐资,共同重修文昌庙的事情。

润城镇上伏村文昌庙 道光二十四年(1844)的《补修文昌阁记》,记载了,上伏村东西各有文昌庙一座,在道光年重修的时候已经在百年前重修过。可见,此地对于文昌庙信仰历史悠久。

沁水县土沃乡西文兴村是中国历史文化名村,从族谱可知柳氏家族东迁以来,先是居住在翼城县南关,后才定居在沁水县西文兴村。到了明代永乐四年(1406),柳氏后人柳琛殿试三甲,治文赐同进士出生,至此柳氏又复兴起来。明清两代柳氏家族有文、武状元各一人,举人六人。到了乾隆年间,柳氏再次兴旺起来,此间柳家出了柳春芳和柳茂中两位理财大师,父子二人靠经营盐业和典当业发家,西文兴村又一次得到兴盛。柳氏家族经历了一个由官而商的过程。这样的家族,自然少不了对于文昌帝君的信仰,文昌庙的兴建也就顺理成章了。

沁水县土沃乡西文兴村清嘉庆十七年(1812)冬月立石的《重修文昌阁真武阁魁星阁碑记》载:

> 文昌旧址也,昔祀菩萨于上,后因破坏,于三台山庙修南殿,移像其中祀之。辛未岁,建真武阁、魁星阁,未经彩绘,已为勒石。

维时余居中州，恐魁星阁终毁，寄书命更新其规模，以祀文昌帝君。

壬申，余旋里，金曰："此阁之建，有关文教，有禅士风，而独捐资以成之，不可不志。"余曰："无庸，但取木石之资，工匠之费，开载之，足矣。"至真武、魁星二阁丹膜开光，碑碣未详。余补其不足者，并附于后，以昭示来兹云。

国学生 柳茂中谨撰并书

嘉次十七年岁次壬申冬月谷旦

柳茂中（1759—1820），字建章，山西沁水县土沃乡西文兴村人。其父柳春芳在河南睢阳一带经商，因商务繁多，柳茂中放弃学业佐理商务。因经营有方，成为富商名贾，为清政府捐输军饷，赐封为中宪大夫。碑文说的是文昌阁旧址上以前供奉的是菩萨，后因破坏，在三台山庙修南殿，移菩萨像于其中祀之。嘉庆十六年（1811），建真武阁、魁星阁，当时并未彩绘。国学生柳茂中恐怕魁星阁坍塌，寄书于家中让重修文昌阁。另外，土沃乡西文兴村还有清代刊刻的《文昌帝君谕训碣》。

（3）奎星高照

魁星，是一个汉语词语，也是中国古代星宿名称。同时，魁星还是中国古代传说中的神话人物，主宰文运，在儒士学子心目中，魁星具有至高无上的地位，相当于文昌帝君。

沁水"邑城东南麓，旧有魁星阁屹立其上，人文之兴勃焉。迨后阁既圮废，移建山崖，浸以耗矣。愿侯仍其旧。"嘉庆《沁水县志》记载，乾隆初年知县鹿承祖"折狱明敏，不喜干谒，创建南山魁楼，补修龙脉"。可见，沁水县城魁星阁多次重修，且创建位置也发生变化。周璲，河北束鹿人，清乾隆年间任沁水县令。在他到任沁水县令的第二年，地方绅士对周璲说，沁水本是个人杰地灵的地方，可是十多年来科举考取功名的人数远不如以前多。周璲便首先捐资，诸乡绅也踊跃捐资，于是招募工匠，积累材料，于乾隆五十一年（1786）五月开工，五十三午（1789）七月竣工。当年秋天乡试，有两人考中。第二年春天，汾阴武公从沁水县教谕的位置上考取了进士。沁水人都说，这是县令周瑛重修魁星阁的功劳。乾隆五十四年（1789）的《创建奎星阁碑记》详细地记载了这次重修过程。

不仅在县城，沁河流域明清时代经济发达、人才辈出，村里也就建有奎星阁，上文提到的西文兴村柳氏家族亦商亦官。清代嘉庆辛未年（1811），在关帝庙东西两侧创建奎星阁和真武阁。在《魁星阁新建记》里有这样一段话：

> ……文兴村，沁南胜地也，由鹿台发源，迤逦十数里，而山势蟠结，九冈西绕，三台东护，东南尖山远拱，正当文明之方，堪舆家争称之，以为文人代兴者，实由于此。余不习青乌术，然至其地，远眺近瞩，而峰峦之回环，溪涧之曲抱，天然凑合，高下咸宜，无不历历可识焉。第其时文庙功成，而魁尽阁未建。建章公曰："村之东南，地势渐下，将欲修一阁以补之，祀魁星神，侗未能一蹴起耳。"余曰："文历之外，必有魁阁，公所计城善。"别后，余因补职赴礼部候铨，寄居京邸，建章公遣使走书云："今岁建阁，工资皆会众捐之募之，集十余年而获者尚有未给，自补足之。真武阁既有以志之矣，魁星阁乞一言以垂久远。"余嘉建章公昆季崇祀典也，重文教也，而且有志斯成，乐善不吝也，不容不志。……
>
> 赐进士出身 前翰林院庶吉士 改授新淦县知县 甲子科同考试官署丰城县知县事 窦心传熏沐谨撰
>
> 敕授武略骑尉营千总 柳旭东熏沐谨书

西文兴村三面环山，但是近处却地势低洼，需要建阁对其补修，这体现的是中国传统文化中的风水理念。

地处沁水县城西北部13公里处的固镇村，在清代创建奎星阁。固镇村历史上曾设立过"永安"、"永宁"县的治所。公元525年—598年间，曾经是封建统治者认为的"形胜险要"之地，至今可见的历史遗迹还有魁星楼、文昌阁、上下行院、大小庙院、衙门堂底等。明清以后直至新中国成立初期，这里一直是晋南和晋东南之间的咽喉要塞、客商集散地和物资中转站，至今留有当时的车马大店、路人投宿小店、"店坪"、"骆驼场"、"店里院"、"盐店"等遗迹和地名。

清贡生高拱极撰文并书丹，道光九年（1829）十一月龙港镇固镇村魁星阁《修阁碑记》载：

> 此地居村之东南，父老相传，堪舆者曾低徊留之，谓宜修阁运塔，庶有补于山水之大观。噫！圣人以神道设教，岂为斯欤？然而鬼神者造化之迹，姑勿论风脉之系与不系，当先观人心之存与不存。人既知敬鬼神，而人心即具，曷弗人心之存，而维系乎人心，建修神阁，曷云其巳？奈地瘠人疲，功非崇朝，其若告之何？
>
> 嘉庆戊寅岁，余族祖寿岱公、有心公，事客中州，而致书于余族叔月峰公，余从堂叔南珩公，谋制缘册，因商确于社首学海秦君，暨进仓霍君，同修募缘善册，仰三数士而募之遐迩，积数百全，而如取如携，仁人之公溥，若是不啻探囊而得探，岂曰小补之哉。社老后联同社捐货，亦乐输若干，并襄厥事。于村之西北，创修文昌阁，在兹建魁星阁。董事者以为己任，不惮竭蹶。越数月，而楼阁巍焕，榱桷森严，次弟功竣。爰勒贞珉，以彰善缘，至若捐资之姓氏，则在西北阁之刊刻也夫。
>
> 贡生次垣高拱极撰并书
>
> （捐施姓名略）
>
> 大清道光九年岁次己丑仲冬月谷旦

上面碑文记录了嘉庆二十三年（1818），在沁水县龙港镇固镇村村西北创修文昌阁、修建魁星阁。固镇村修建奎星阁是因为"此地居村之东南，父老相传，勘舆者曾低徊留之，谓宜修阁运塔，庶有补于山水之大观"。这和上文西文兴村一样，且都在嘉庆年间，只相差不到十年。

阳城县郭峪村也有魁星阁，据《重修奎阁城垣河堤碑》记载，咸丰二年（1852），重修城头奎星阁、城垣、河堤。

（4）山神保护

古人将山岳神化而加以崇拜的现象。山神崇拜极为复杂，各种鬼怪精灵皆依附于山。山神庙一般来说修建于村落外面。

北宋地理学家朱彧在《萍洲可谈》（卷二）记载：地处太行山南段的山西泽州地区虎患严重，猛虎结伴为害。到了元至元十二年（1275），时任平阳路总管府判官的王恽移文以告："泽为州，当太行心腹间，傍虽长林巨壑，兽蹄所交，窟宅所在，然鸟兽阴类，神实主司，阴御默捍，限隔常处，制其暴厉，使无犯越，以为人害，此神之职，守吏之责也。"也就是说王恽请求泽州山神驱逐、捕杀猛虎。上面的内容讲的是在虎患面前，请山神帮忙的事情。实际上，在生产力低下的时代，山神所起的作用非常大，成为地方社会的重要保护神，以至于很多地方都要创建山神庙。

沁水县郑村镇半峪村有都山神庙。据乾隆五年（1740）勒石的《都山神碑记》载：

> 大清国山西泽州府沁水县东一百二十里，广平乡武安东里上畔峪村南，古有都山神庙一间。至我清朝定鼎以来，康熙年间，都山神威灵感应四方，善男信女筑台，林家掌村筑其东一壁墙，下畔峪村筑其西一壁墙，本村筑南北壁墙，台以完。本村善人胡公讳一准，募化四方善男，布施银钱。为首，康熙十三年四月初一日建修都山神正殿三间，将布施银钱使完。木匠□毫等，康熙二十年春三月初二日，塑都山神、娘娘二神二尊，狼、虎二尊。□□年□□□日金妆神圣，内外彩画，一堂之像，金碧辉煌，燃耀亦新，与日月争光矣。共使银四□七□整，出于一家资财，信士霍之兰。丹青匠李春卖柏树三株，得银二十三两二□三□，使

出开后。烁铁蘖使八十四文，铁白锤二颗，使银一□一□。雍正十二年九月七日，孙先生择日白面一斤使钱十三文。千古不朽，远为计耳。

雍正十二年十月十九日开工献神于后，神献供饼则香锞炮使钱卅一文。白绳线麻使钱九文。……

乾隆五年八月初五吉立

碑文透露出如下信息：第一，当地民众信仰都山神，在清康熙年间创建都山神庙。第二，都山神庙由三村合建而成。林家掌村筑东面的壁墙，下畔峪村筑西面的壁墙，山半峪村筑南北壁墙。因此，都山神庙应该是三村的神庙。第三，都山神庙里奉祀的有都山神、娘娘，狼、虎的塑像。因此，山神既包括人的化身，也包括动物。

21年后，再次重修山神庙。乾隆二十六年（1761）的《重修碑志》载：

上半峪青流之南，旧有都山神宝殿一区，时当祭祷，只有陈俎之地，而无献戏之所，殊觉未便。众于此不过随时应酬，以毕其神□而已。幸而于雍正十三年，将舞楼创建，昔无今有，何快如之！虽然，天下□时序推迁，恒不能历久而如一。是庙也，稽其梁记，盖始于顺治年间，迄今屈指已百有余岁矣。风雨不无凋零，鸟雀不无□啄，故今薨陨栋崩，基址告圮。每值重阳祀神之期，□□黯然神伤，曰：神灵其失所依矣。惜无其人以倡之，可也若何？孰意有社人胡应良、张巽、胡可锡等，聚众而谋所以建之。凡一切木石、砖瓦、匠工、管饭，以及油画、装饰，俱□社均派。然犹虑庄虽有三，而居民鲜少，悉难胜任。于是制薄书，举募化，即四方善士亦皆随意捐金，以共襄其事。由此易卑微高，改狭为广，曾几何时，而事峻功成，巍峨在望矣。谚云：为善无负，神人保护。□而后山林宁静，往来无虑，驱虎豹财狼而远之，孰谓非此督山神威灵显应之功也哉！第恐世远年湮，无可考证，执事者因而求文于余。余自揣固陋，其何能文？然责不容辞，事难推诿，不得已聊序梗概，援笔而志，以传流于季世云。

凤台县儒学生员马金印撰并书

（首事十三人略）

大清乾隆二十六年岁次辛巳桃月谷旦三社仝立

上半峪有祭祀都山神的神庙，庙里并没有舞楼。雍正十三年（1735），创建舞楼。自此之后，一直没有重修。到了乾隆年间，墙倒屋塌，风雨飘零。社人胡应良、张巽、胡可锡等倡议重建，采取了按社均派的方法。都山神庙的重修涉及三个庄，但是三个庄都很小，加起来没有多少人口。在此情况下，不得不外出募捐，共同来完成此事。重修过程中规模有所增大，殿宇也显得较为宽阔。重修后，山林宁静，来往的人们不用再担心虎豹豺狼的攻击。大家认为都山神显灵了，虎豹豺狼都离开了。

沁水县嘉峰镇窦庄村山神庙　"窦庄堡，（沁水）县东一百里，榼山下卧牛山，东为文笔峰，又东数里三峰并立，而窦庄在其下。"窦庄建有沁河流域最早的古堡，明清两代，诞生了11名进士，20余名举人，是沁河流域著名的"举人村"。村里建有诸多的庙宇。山神庙大约创建于明代，在当地民众生活中起到了重要作用。到了嘉庆年间，社众看到庙宇历年既久，逐渐坍塌，神明没有栖身之所，也就起不到庇护作用，需要进行修葺，然而单单依靠村落的能力，难以完成。据《补修上佛堂山神庙大庙破路碑记》载，嘉庆四年（1799），社民将松坡树砍伐出售，召集工匠、准备材料，择吉日开工，除了补修上佛堂、山神庙外，还将对都大庙周边的路也进行了铺石。

道光七年，沁水县郑村镇湾则村重修山神庙妆塑神像；嘉庆十年（1805）土沃北里创修山神庙；阳城县北留镇谢庄村古有山神庙，咸丰元年（1851），在李秉正、谢本泰、谢景华的积极倡议下，重修了山神庙和场坡路；北留镇大树村西北面有山神庙，可以镇风脉。年深日久，基址坍塌，殿宇也岌岌可危。长期以来，无人修葺。同治十一年（1872），在张奇俊、吉正宗、张翔麟、李瑞金、张瑞家、畅然、张垳等人的组织下对山神庙重修；北留镇西神头村西庙，旧有山神祠，民国九年（1920）在关帝会社和纠首的帮助下，重修山神祠。

（5）黑虎神

根据道教传说，赵公明本为终南山人，自秦时就隐居深山，汉代张道陵收其为徒，并使其骑黑虎，守护丹室。张天师炼丹成功后，将仙丹分给赵公明吃，于是赵公明就有了无穷的力量。张天师就命其守护玄坛——即道教的斋坛，赵公明因而被玉皇大帝封为"正一玄坛赵元帅"，因其身跨黑虎故又称"黑虎玄坛"。传说赵公元帅能够除瘟翦虐，驱病禳灾。此外，还能主持公道，且使人获利，因此兼具财神的职能。黑虎庙的正式祭祀日期是农历七月二十五日。

沁河流域山高林密，历史时期黑虎崇拜盛行。据记载，康熙年间沁水县虎患严重，县令赵凤诏在《告城隍驱虎文》中这样描述："……环沁皆山，村炯辽阔，林木荆榛，忧生丛植。虎盘踞而为窟穴，亦固其所。土人且尊为神，见之不敢捕治。顾乃出入无忌，弱肉而强食也。神其忍之乎？"知县赵凤诏只得求助于黑虎神。知县所撰祭文指出："虎若听命神灵驱逐，其率种类而敛迹以避，过期不听是抗天子之命吏也，且藐神威而不之惧。……邑令虽笃弱当募猎户、勇夫，持火枪、药弩以与虎从事，必尽杀乃止"。县令祭文是告慰城隍，希望神明能够显灵保护当地平安。如果老虎依然伤人，就要采取措施，对其进行捕杀："职与尊神约七日之内，勒令山神土地，速加驱逐，无为虎传翼以吞食一方。虎如有知，其率种类而敛迹以避。过期不听，是抗天子之命吏也，且藐神威而不之惧也。不然，则是冥顽弗灵，悍然而莫顾也。邑令虽笃弱，当募猎户勇夫，持火枪药弩，以与虎从事，必尽杀乃止。神其谓我何职等，鹄立以俟，惟神鉴之。"

到了乾隆年间，又发生了虎患，最后捕杀了两只老虎。光绪《沁水县志》记载：邑旧多虎患，乾隆戊寅，东关民王九世之妻某氏，携十岁子浣衣碧峰下。天将冥，虎衔氏去，子持氏足随之，蹶于西而通之不及。邑人惊闻于县，邑侯庶登城，督壮丁民人持火具，鸣金追至山巅，得尸，还瘗之。次日，祷于山神庙，集猎克期捕虎。越三日，猎虎至。侯谓子曰："虎伤尔母，吾为子仇矣。"子曰："殆非也，伤母之虎，体修而肥，面黑白各半者。"侯哂之。次日又祷于神，勒限如初。至期，果获虎，惟肖。侯大快升堂，洞叠重门，谕邑人曰："虎伤人，吾得而杀之。如人面而虎狼其心者，戢之哉!"邑之虎患，自此绝。张尔墉曰："侯多善政。"邑人至今传颂弗衰。连杀二虎以绝患，至诚感祷□，然独□十龄子，于仓皇号泣之际，尤识虎状，斯亦奇矣。

沁水县龙港镇水泉村玄坛庙　清康熙四十七年（1708）的《创修玄坛庙宇碑记》载：

　　浍水东数十里，其地名关子口者，属沁翼两县之界。往来行人，多所经历，地皆幽崖绝壁，怪木奇石。出者突然成丘，陷者间然成谷。以故虫蛇依草以为宅，斑豹得雾即其家，诚沁翼之大险地也。往者豺兽逼人，为害实甚。

　　岁在甲申，合社虔诚公建玄坛神庙，三年于兹。虽山鸣谷响，商贾之骇怖罔闻；虎啸猿啼，父子之安堵自告。冥漠中之保佑，岂浅鲜哉？前虽规模已建，犹未焕然改观。今欲即前之所创者，而丹膳黝垩，但神工浩大，难以告竣，里人苦于一丝虽缫，故希望于众毛攒毡。于是遍告十方，完此圣事。

　　涓水肯滴，何须东海之波；寸壤能分，即是南山之脉。将厥工告成，神既不苦于无栖，而名勒贞珉，芳□永传于奕祀矣。愿输葵诚，幸破悭囊，不得不为诸君子望，爰是为序。

　　　邑庠生员王绍淬沐书撰
　　　本县阴赞礼生　王三晋沐手书
　　　大清康熙四十七年岁在戊子春望日

　　浍水东数十里有个关子口的地方，属于沁水县和翼城县的交界地带。来往的行人到了这个地方都要提高警惕，因为这里地理位置特殊，毒虫和豺狼虎豹经常出没。康熙四十三年（1704）开始，各社联合起来花了两年时间在关子口建立了玄坛庙。玄坛神可以保护过往行人的安全。当时建立了庙宇，由于工程浩大，耗费巨资，并未彩画。在此情况下，四处募捐，终于将庙宇进行了彩画。工程竣工，黑虎神也终于可以有个栖身之所了。

　　一百多年后，水泉村关门玄坛庙再次重修。由沁水人府学廪生员李光谟撰文，清嘉庆十六年（1811）七月立石的《玄坛庙宇重修碑》载：

　　　　庙以安神，神以宁民，昔之人所以创立玄坛兹土也。乃自乾隆时重修以来，于今历年久远，风雨剥蚀，金碧之辉煌者，黯淡无色矣，土木之壳固者，彤敝有日矣。神居于此，岂能安乎？神不安而谓人心能安乎？是以东西两房奉祀之人，有属在沁邑者，有属在翼邑考，不忍坐视其坏损。今捐资鸠工庀材，先两廊，次正殿、戏台、大门、墙垣、阶除，一以为之整理也。但金资□多，整理者不过因前旧制耳，若有所创益，经□者所不及，以供后之君子。工既竣，勒诸贞珉，昭兹来许，爰是作记焉尔。

　　　　沁邑府学廪生员 李光谟沐手撰文

　　　　翼邑上交村 贡士 张右仁校阅

　　　　景学丹沐手书丹

　　　　大清嘉庆十六年岁次辛未瓜月中浣吉立

　　水泉村关门玄坛庙碑文中有以下信息：第一，嘉庆十六年重修玄坛庙的两廊、正殿、戏台、大门、墙垣、阶除。第二，奉祀玄坛神的人有的属于沁水，有的属于翼城，因此玄坛信仰范围跨越了沁水、翼城两县。

　　黑虎玄坛庙宇建立后，"道路宁静，猛兽远走他乡"。然而岁月久远殿宇坍塌，且庙里香火兴盛，前来祭祀的人很多，但是地方狭小，于是各社社首募金储材于乾隆十三年（1748）农历八月开工，乾隆十八年

（1753）秋天完工。黑虎玄坛庙处于沁水和翼城交界处，是由两县民政合力完成的。由此可见，黑虎玄坛庙的信仰圈范围跨越了县界。玄坛庙一直庇护着当地社众和来往商贾游客的人身安全。到了光绪十五年（1887）冬季和十六年（1888）春季，关门岭猛兽伤人，社众认为这是由于庙里的土地祠坍塌无人修理，虽然每年举行祀典，但是驾伞轿夫这些神明应该拥有的东西一直没有配齐。在七社五村民众积极募捐下，重修土地殿祠，重塑神像，同时配置肩舆与彩伞、印盒、筒、帅旗、令箭等神明用品。民国年间，龙港镇水泉村关门玄坛庙还进行了重修。民国十二年（1923）的《重修东西看楼及创建灶房戏楼山门外复棚香棚修理南墙坡碑记》载：民国后，玄坛庙东楼后壁坍塌，七社合议改建，数月间，改建东楼十三间，社房两间，修葺西楼三间，创建戏楼三间，对殿宇进行彩画。又在山门外创建厦棚十六间，香棚一间，同时将南墙庙坡进行修整。

阳城县芹池镇刘东村有玄坛庙　刘东村玄坛庙坐北朝南，现存为清代建筑，庙内存2通碑。据康熙四十五年（1706）勒石的《玄坛庙移建舞楼记》载，此庙创建于清康熙十年（1671），康熙十六年（1677）又修筑了舞楼。康熙四十四年（1705）春天，邑绅石氏施地，玄坛庙移建于里门的南面。清同治四年（1865）再次重修。

郭峪村黑虎庙　郭峪半山腰有一座小庙，顺治四年残碑称之为黑虎庙，里面供着黑虎爷的神像。凡上山的香客到此处均要停下来焚香祈祷，求黑虎爷保佑。

驾岭乡三泉村玄坛庙　民国十九年（1930）《重修碑记》载，民国十二年（1923），郭金祥、申国桢，郭建华等合议重修舞楼，社众积极支持，工程开始于民国十五年（1926）农历二月，落成于农历九月。然而当时并未进行彩绘装饰，到了民国十八年（1929），又将舞楼进行了彩绘，十九年（1930）工程完工。

（6）齐天神

齐天庙的出现应该与《西游记》中的人物形象"齐天大圣"有关。在沁水县中村镇偏僻的宋庄就建有齐天庙，据乾隆二十八年（1763）勒石的

《重修庙宇碑》载：

> 神庙之设，由来久矣，此不必再通都大邑间也，即闾里乡曲，亦皆有之。吾邑正西有宋庄村者，地居山僻，人烟寒落。其村西南有神庙一院，亦不知创自何年，基址虽亦未大，规模庶乎可观。但历年久远，不免风雨飘摇之患。于是村人慷慨乐输，以助资费。残者补之，塌者修之，未数月而其事已竣。凡殿宇庙房，无不焕然更新矣。是为叙。
>
> 施财姓名略
>
> 邑庠生员董正统沐书题并书
>
> 乾隆二十八年岁次癸未夏月

碑文叙述了乾隆二十八年（1763）社众捐资，对其进行了重修。但是齐天庙里供奉的是何神明，并没有提到。

嘉庆二年（1797）岁次丁巳八月吉旦《新塑关帝神像碑记》载：

> 尝思庙宇之建立，人之力也；黎庶之呵护，神之惠也。吾村此地旧有关帝庙一所，其创立不知始自何时，而帝君之驾则托处于天齐庙内。每年季春廿八日，迎神于行亭，演戏毕，仍送驾于天齐庙内。夫以忠义神武灵佑之帝君，寄其驾于天齐宫，理有所不顺，情有所难安，乃议不复送驾于天齐宫。嗣后补葺增修，规模渐阔，碑志可考。抑又思殿宇之内，贵有常主，以帝君之□，仅一行驾，倘有时祈祷在外，则殿宇不为之一空乎？故修复帝君坐像一尊，关、周二尊，童侍一尊，而行驾如□。龙王将军亦复金妆，庙宇亦复画彩，庶乎行便于行，坐安于坐。而焕然一新，则人心慰而神意永锡□□□□。兹勒石以志乐输者，特为之叙云。
>
> 邑庠生员师泗滨撰 师主善书

玉工 尚思清 尚思宁

（捐资人姓名略）

嘉庆二年岁次丁巳八月吉旦

庙宇是依靠人的力量建立的，反过来庙宇也庇护着民众。宋庄古有关帝庙一所，其创立年代不可考，关帝神栖身在天齐庙内。每年农历三月初八，迎关帝神行行亭，戏演完，仍然将帝君送回到天齐庙内。关公以忠义神武被封为帝君，让其寄居于天齐宫，在情理上有所不顺。因此，创建关帝庙，嘉庆初年，新塑帝君坐像一尊，观关、周仓二尊神像，还有童侍一尊。

（7）济渎神

水神是民间社会在长期变迁中不断层累的创造性产物。在"鬼神为造化之迹，而迹之最显者莫如水神"的观念之下，官方极力扩大水神的数量，且多以外来水神为崇祀对象，而地方社会原有的文化传承及现实需要，又使其信仰带有强烈的区域特征。济水原称北渎大济之神，唐玄宗天宝三年（744）晋封为清源公，唐贞元十二年（796），鉴于北海远在大漠之北，不便祭祀，故在济渎庙后增建北海祠，宋徽宗宣和七年（1125），济渎神被封为清源忠护王，北海神被封为北广泽王。自隋以来，历代皇帝遣使莅临，举行盛大祭典活动，一直延续到清代。在河南济源有始建于隋开皇二年（582）的济渎庙，是朝廷为祭祀"四渎"神之一的济水神所建。

明清时期济渎崇拜达到高潮。在与济水相关的北方地区，分布有数量众多的济渎庙。山东、河北、河南等地都有济渎庙。山西曲沃有"济渎祠"、长治县有"济渎庙"、高平县有"济渎池"和二座"济渎庙"，凤台县有两座"济渎庙"、阳城县的成汤庙，"有二泉亢旱不竭，与济渎通"。

阳城县北留镇尧沟村济渎庙　根据史料记载，尧沟原名"窑沟"，煤、铁资源丰富，最迟始建于明嘉靖年间。到清代，由于尧沟地处沁河流域，水路之便。同时，这里也是阳城通往河南的交通要道，尧沟人在延续农耕和经营当地煤铁生意的基础上，又利用沁河水路和阳城至河南的陆路，拓宽生产渠道，发展商贸业，使村级经济进一步繁盛。在尧沟周边山上还曾建有龙王庙和佛堂，村南低洼的沟内曾有金锁阁，还有两眼泉（骄顶泉和鼓水泉）。

尧沟村济渎庙内清嘉庆二十二年（1817）勒石的《康熙六十一年季春上浣之吉合社序》记录了"本社原为一社，在康熙五十九年分为两社，后因为纷争不断，在康熙六十一年再次合社。"为了使民众之间和谐，就订立了社规民约以及财物管理制度。同时将"元帝会族子曹思齐捐入的旗帜、伞以及其他东西一起记入社簿内，供迎神换水仪式中使用，这样能使神明响应，而人们也神情愉悦。"碑文中，除了社与社之间的纠纷外，也透露出了济渎神的重要功能是祈雨。

（8）石仙神

石仙神是把自然界存在的无生物加以崇拜的现象。沁水县张村乡张村就有石仙神祠。据民国十六年（1927）《创建石仙神祠碑记》载：

> 天地间熙熙攘攘，有不待人而成者，有必待人而后成者。如五岳泰岱诸仙岛，全恃神力而成者；而庙宇宫灵，非待人力而弗成，而不知神之谓言□也，所以□□祥而□□□也。吾村东道北，旧有石大王神龛一座，历年受风雨鸟鼠之□，而庙貌坍塌，神像倾颓。兹有前村副李凤翔者，一日闲游村外，触目动心，慨然在大庙邀集村中老幼磋商，公举钱粮、工头一十四人，同心协力募资兴工。先由村中募化，又在邻村募捐，推举经理员李君庆福总司其事，公推马君和悉等□□兴工，日夜经营，襄助一切，鸠工庀材。即在村东路北，旧庙背后拆旧换新，创建石仙神祠一楹，素绘金妆，焕然一新。不数月而工程告竣。所有兴工花费并四方仁人君子，乐善好施之德，不得不勒诸贞珉以志永远。是为叙。
>
> （捐款名单略）

中华民国十六年岁次丁卯仲夏吉立

张村东面道北，旧有石大王神龛一座，历年来遭受风雨侵蚀，庙貌坍塌，神像倾颓。村副李凤翔，邀请村庄中人们商议重修，先在村庄中募化，然后到邻村募化，推举经理员李庆福总司其事。民国十六年（1927），在村东路北，旧庙背后拆旧换新，创建石仙神祠一间，彩画神像，数月后工程告竣。

（9）社神

社神也就是土地神，是在农耕经济的基础上产生的信仰。中国古代就有奉土祭社的礼俗。《礼记·郊特牲》载："社祭土而主阴气也。"孔颖达疏引东汉许慎曰："今人谓社神为社公。"传说的社神有三个：后土、大禹、句龙。在诸多的土地神中，句龙的影响最大。《左传》、《风俗通义·祀典》、《重修纬书集成》、《孔子家语》等文献中均有记载。先秦时期社神地位极高，汉唐以后，社神的地位有所下降，其原因是"土地阔不可尽祭，故封土为社以报功"。所以各地均有大社坛，这些社坛以后又演变为各种"土地庙"，社神也由显赫的大神演变为明清小说中所描写的"土地老儿"。

在华北各地，可以说村村皆有社庙，每年的春秋祈报就在社庙举行，社庙在社众的生活中发挥着重要作用。

阳城县润城镇下庄村社庙 康熙五十年（1711）润城镇下庄大庙创建拜殿，五十余年间再未修缮。乾隆二十九年（1764）在众人的举荐之下，李凤阳、李宁齐为总理，同时请十位分理者协力募化。此次修筑移建西房上下十间，重建东房上下十间，新建钟鼓楼两座。因为社神位置不能随便改动，所以只能新修福德祠。西三院檐头尽坏，东院的配殿也破损严重。于是公议将西院柏桧四株、东院柏树两株出售，卖银25两，除修补费用外，剩余为大工的工资。村民捐资二百余金，还积极去其他地方募化。道光五年（1825）到六年，下庄重修五帝庙。光绪十一年（1885）的《重修葺社庙碑记》载："吾村社庙首崇五帝尊神。"自从道光六年经乡先辈李南轩等人重修后，六十余年间没有再修。同治十三年（1874）公举杨宗宁、李贻瑾、刘广祥等人共同主持重修，正在准备修筑材料的时候，光绪三年（1877）遭遇大灾。大荒之际又有大的瘟疫，这是数百年以来从没见过的灾荒。此次灾荒，阳城存活下来的人口是灾荒之前的十之三四，重修不得不停止。幸运的是下庄村在青海和河南做生意的人很多，可以将粮食运回村里，因此下庄比其他村庄灾害程度轻一些。到了光绪五年和六年，庄稼丰收，流亡的人也逐渐返回村里，还有各处募化的资材陆续寄来，于是再次开工，对社庙进行了补葺。

阳城县西河乡宋王庄村社庙　宋王庄原来叫宋家庄，道光三年（1823）社首宋继茂整修社庙大殿三间。道光六年（1826），社众宋可宗等人重修东西禅房看楼，因为台势孤耸，于是又增修四间戏楼。开工于道光十二年（1832）二月，募捐资财，重修开始，十四年（1834）四月，工程竣工。同治四年（1866）对三间舞楼进行了重修。宋家庄沟东古有一处马厩，是演戏时候艺人休息的地方。多年来，西边一带厂篷颓废殆尽。光绪十四年（1888）公举陕永瑞四人总理社事，无奈历年歉收，于是社众将社里的柏树数株加工成板材进行销售，获得了补修的资财。工程开工于光绪十七年四月（1891），落成于十八年（1892）三月。

白桑乡通义村社庙　道光十七年（1837）的《通义里创修祈报献殿记》载：

通义里在析城乡，离古濩泽治十里而遥，离古晋城治百里而近，亦为通义都。宋元来俗称旌村。里中有社地，前为中明亭总社坊，后为神坛。春秋祈报几应。社诸神，皆先设馔而祭于其所，然后迎神设主而祭于此。故祭无常主，而有常尊焉。……昔余先伯先君与诸绅者，立八坊申乡约皆以义名，与宰社四人，每岁照亩纳钱，因茧置务，除祈年祭蜡，祭余为岁修神宇费，三年交代。历有年所矣。道光十四年，里人潘法、常可兴，庠生侯佩珩，余堂兄庠生希□为社长，有整饬功。无何旱□太甚，天灾流行。自本年八月不雨至十五年十月无卖禾，粮价三倍于常时。自十五年十月大疫，至次年六月丧亡相继，没者四百余口，可不谓大灾大患也哉！诸君恐惧恪恭，即于是年增修大庙拜殿栏杆，及各殿之上漏者，及各庙之旁穿者。十七年乃卜于亭坊后，拓基筑土，创献殿三间，为祈福报功也；东西厢房四间，备神库神厨也；厂棚两所，墙垣周围，成数百年之义举。于饥馑灾祲之余，诸君亦已贤旁，村众莫不趋赴，继自今民和而神降之福，犹与休哉！且殿中设圣谕牌令节祝，朔望宣讲，上以奉神明之统，下以训百姓之行。

以上碑文有如下信息，第一，神庙是春秋祈报的地方。第二，社首三年接替，每届四人。第三，大灾之年，春秋祈报的仪式更加重要。

道光二十三年（1843）的《增祀风雨山川并创修山楼记》载：

吾邑风雨之所和，山川之所会，□传舜泽，桑绕汤林。广渊庙前，魁枕白虎之宿；□圣祠内，元纪神龙之年。即铁寨深山，社邻忠义，惟铜崖旧迹；村号楠檀，朔自□源载于石碣。……夫入蜡重土谷之祠，主先啬而祭司啬，亦一方附山川之祀；祭风雨而主雨星，故祈报莫贵乎尊神。而典礼要兼其作乐，吹龠风龠雅之钥；歌管楼台，醉社公社母之觞。秋千院落，黄衣草笠，老农来自田间；翠□珠钗，少妇不游佛寺。俗原厚矣，风岂颓乎？然而祷舞雩坛者，是有女巫；打太平鼓，又多童子。苟驰其金吾之禁，未免士讥□言；纵振以木铎之声，犹恐女妖□坐矣。……四人契夫兰心，三年期及瓜代。社主树以粟亭，祀而报丰年之穰，民力鼓其□观乡，而知王道之易。盖临街新起，看山向酒，人而颜青，斯峻宇□歌维风□客之毫紫，自此祈蚕桑妇神祠，稳听迭鼓之缓，任他祭腊，农人赛社，无妨酿饮之乐也。

上文描绘了社众在社祠祭祀风雨山川，载歌载舞的场景，也记录了组织创修山楼的情况。同时也提到了"夫人腊重土谷之祠"，说明了在白桑乡通义大庙内供奉有土地神，也就是社神。

北留镇东封村社庙 雍正三年（1725）的《修葺正殿偏殿记》载：康熙四十六年（1707）北留镇东封村善士重建社庙东西楼房、戏台和两耳楼。当时苦于资财不足，正殿和偏殿虽然破损却并未装整修。雍正三年（1725）在社首倡议下，对正殿和偏殿进行了补葺。雍正八年（1730），白巷里、大水沟村、本村善人信士向社内施舍资财。北留镇西封村也有社庙。年久失修，雍正十三年（1735）的《创修拜殿碑记》载，雍正七年（1729）社众捐资募化，鸠工庀材，创建拜殿五间，于雍正八年（1730）完工。北留镇崇上村大庙内有土地和五谷神殿，雍正十年（1732）的《修补土地五谷神殿碑记》记载了村民对其进行补修的过程。

沁水县龙港镇梁庄村社庙 杏南村与梁庄村隔河相望，虽然社庙在杏南村，但是为梁庄和杏南共有。每逢春秋祈报的时候，往往是杏水高涨，阻隔难通，导致祭神难以完成。道光元年（1821）祭祀的时候，尊神失踪。年长者对此感到十分诧异，于是在村中占卜选择好的地方，创建庙宇。道光七年（1827），公举李宗文、宗干、春山、思维、王之兰五人为社首，鸠工庀材。先修神殿七间，以妥神明。道光十一年（1841），公举李宗冉、李宗模、李春贵、李春昌四人为社首，修理舞楼七间。道光二十二年（1842），公举李君艳、李德福为社首重修西庭五间，道光三十年（1840），公举李宗校、李春秀、李德福为社首，修东庭五间。从道光七年（1827）开始到咸丰十年（1860），大约33年，杏南村大庙终于创修完毕。

沁水县嘉峰镇张山村社庙 据民国三十年（1941）的《张山村整社纪念碑》载：

　　张山村庙枕方山，地临芦河。建庙以来，斯有神社，历今数
　　千余□□□。旧历重阳十五日，为村人秋赛报神之期，衣冠整

肃，升降□□，其祭品之隆，祀神之诚，一时称盛甲于邻村。迄今国中叶时，□□□政府因改良村政，节省靡费，乃有化社归闾之政令。然张山村地处沁水边陲，地界与阳城接壤，邻村地社之在张山者，均各因人而去。本社向有内外之分者，亦各取心愿，随意敬神，致使整个神社演成分裂局势，迄今十有余年矣。村中耆老王君治安年逾古稀，与余相友善，与其裔孙王思忠等关心社务，不忍坐视倾废，辄欲重新整顿。余以人心不一，议论分歧，乃□商，余从中调停。余并乐于赞助，遂亲到张山邀集邻村士绅先生暨本村长霍广修、村副陈有贵等共享其事，爰集村众讨论办法，取消社中历年漏规。社无分内外，户不论张、王，从此恢复旧日祭祀，负担一致，社政公开。社中人亦极表赞同，约定本月初六日为和社纪念，临时虔备香楮祭馔，并演本村秧歌，竖碑于庙，永垂纪念。余不能文，然应作序，略述其梗概，深望后起者继继承承，体念先人立庙之盛意，永保斯社于勿替云。

　　调停人 王友贤撰文

　　　王思忠书

总社 王积山 施洋五元

社首 田凤翔 王升德 王加科 王宝科 王树春 李登高

协办 王功德 王海福 王祥德 王天德 王全义 王秀德

玉工 王思弟

中华民国三十年八月初六日大社仝立

　　碑文记述了张山村秋赛报神的盛况。民国中叶因为政府化社归闾，整个神社呈分裂的局面，为重振社事，经过调停与协商，恢复了旧日的祭祀。

　　社稷，土神和谷神的总称。社为土神，稷为谷神。在发展过程中，社稷连起来代表的是国家。沁水县张村乡冯村，是以前鹿台乡所在的地方，曾经有五谷神祠。据万历二十四年（1596）十二月勒石《新建庙记叙》载：

沁水县有乡，名曰冯村，鹿台乡遗迹也。村北有里许，高岗小庙，建自上古，迄今有年矣，谓曰五谷神。历年多，历年既久，风雨摧残，神无栖所。本村社首李君世相、李君守弟，痛自发心，相聚而谓曰："五谷神一方社稷主也，被风雨摧坏，神无栖，人何安哉？"于是遂捐己资，先为平基，计又大鸠工，道人郝氏族真元转化，合村善士各愿输资财，同心协力，以共成大事。添设中曰三官神，五谷神居左，黄龙神居右。神严庙整，墙壁辉煌，神□冥冥默佑，受福宁有穷哉！余略叙其始末，以垂不朽云。

庠生李自芬撰

时万历二十四年丙申十二月二十日吉

碑文记录了张村乡冯村有小庙，供奉的是五谷神。五谷神被认为是"一方社稷主也"。万历二十四年，在本村社首李世相、李守弟的倡议下，社众道人郝真元和村里的善士都积极捐资，在众人同心协力下，工程顺利进行，创建殿宇。殿宇中间为三官神、五谷神居左，黄龙神居右。庙里庄严肃穆，保护着村里的民众。

（10）三官神

三官大帝：即天官、地官、水官，亦称"三官"，又称"三元"，为道教较早供祀的神明。

沁水县胡底乡玉溪村有三官殿。玉溪村是交通要道，京、陕商人，文人墨客经常往来于此。村庄的正中有庙，居北为三教堂，堂东曰关王殿，堂西曰三宫殿，南有乐舞庭。三官殿历史悠久，大约创于晚唐太和年间（827—835），以后历代多次重修。

县东一百五十里有玉溪泉，泉水旁边有玉溪村。沁水知县王溱，来到这里游览，将自己的号取名为玉溪。与王溱同年进士，号楼居子的沁水人常伦，将此地赋诗以赠王翁，此诗流传至今。

玉溪引有序：

润城东岳庙

玉溪，溪似玉也。有二义焉：溪声玉色，溪声玉声。潭渊三
子公济，德可玉比，因取以自称。溪在沁，予沁人也。故尝托琴
心，以写其趣。其词曰：

紫芝荣晚，冥鸿且秋，坐磐石兮临溪流。素琴高张，神宇逍
遥，目光波之粲玉，耳玲珑兮声幽。想象溪仙兮，德明润而道
腴。汪汪汤汤，激扬徽音，振清泠而莫与俦。乃宫商参发，角徵
杂糅。心得手敏，景合兴符。但觉其写真。播妙于五弦，坐忘乎
浮世之烦忧。愿缄此曲于芙蓉之玉匣，将以遗溪仙兮登远游。

——《常评事集》

由陈策撰文，明庠生、沁水县人陈哀书丹，明嘉靖三十一年（1552）
六月立石的《重修玉溪村三宫殿记》载：嘉靖戊申年（1548）春天，泽州
的修真观道士王常言，率领徒弟数人来此处，在村里的善士鼎力相助下，
重修三官殿、三教堂、关王殿、乐舞庭、东西回廊和大门，工程结束于嘉
靖辛亥年（1551）秋天。

沁水县郑村镇半峪村三官祠。康熙二十年（1681）的《三官祠记》记

载，沁水东一百二十里有上半峪村，里民胡可昌，幼年的时候就去山东远游，他乐施好善，对三官信仰笃信不移，于是愿以将自己的积蓄，捐建神祠。康熙己未年（1679）他在下半峪村创立神殿三间，殿前均以石阶铺就，所有的事情均是他一人担当。然而，赶上收成不好，里众连生活问题也难以解决，都依靠胡可昌的捐资而生存下来。在修建过程中，由于工程浩大，资财不济，又去山东募捐。过了一年，他的儿子遵父遗训，积蓄修建，在康熙二十七年（1688）七月十五日，工程终于结束。

沁水县中村镇张马村三官神庙。道光五年（1825）《重修三官神庙碑记》："吾村有三官神庙，由来久矣。后接凤山，前对佛堂，一村之风脉攸关，亦至重矣。"乾隆十七年（1752）曾经重修。多年后神像缺损，殿宇坍塌。于是在全村中募化，重修三官神庙。

道光五年（1825），沁水县张村乡南板桥移建三官神庙殿，道光八年落成，神明得到了安置，民众也可以在里面祭祀神明。当时并没有彩绘殿宇、金妆神像。合社公举侯万选、张世英、侯维庆为社首，于道光十五年（1835）妆修三官庙南北二殿和大庙上院东西旁殿。三年后社首继替中，又推举侯锡龄、侯天积、侯玉锁为社首，于道光十八年（1838）油画上院正殿、东西耳殿，并下院东西南面舞楼，门外大道、花墙重修。

从镌刻于顺治二年（1645）沁水县嘉峰镇郭壁村《三官庙记》中可以知道，郭壁村三官庙建于明代，顺治二年（1645），康熙十一年（1672）进行过重修。康熙二十七年（1688），位于文庙西南50米处。坐北朝南，大门上写有"三官庙"门匾。庙门对面修有影壁。院北正殿进阔三间，殿内塑有天官、地官、水官三尊神像，大殿两头修有耳房。院东西各修长方形大亭三间，亭东竖有石碑一座，亭西挂有大钟一口（钟高2.5米，直径1.5米）。庙毁于何年不详。

（1）东岳大帝

东岳泰山为五岳之首，据《三教源流搜神大全》载："泰山者，乃群山之祖，五岳之宗，天帝之孙，神灵之府也！"东岳大帝是泰山的山神，又称东岳帝君，简称"岳帝"，古称"泰山府君"。秦汉之前，古人认为泰山为"峻极之地"，是人与天相通的神地所在，对之特别崇拜畏敬，谓泰山之神即东岳大帝。东岳身世众说纷纭，有金虹氏说、太昊说、山图公子说、黄飞虎说等。

沁河流域重要的东岳庙有润城镇润城村和屯城村东岳庙，前者为国家级保护单位，后者为省保单位。

润城位于阳城县十三公里的润城村，这里四周山体环抱，沁河由北而南环绕村镇，樊溪水自东而西穿村而过。润城历史上富商巨贾辈

武安寨

出，为阳城四大镇之一。元、明以来，手工业和商业颇为发达，富商大贾迭出，科举人仕数冠于全县，据史料记载，润城村明清时代共诞生了4名进士，16名举人，民间流传着"郭峪三庄上下伏，举人秀才两千五，如有不够，小城寨上打凑"的俗语。这里的小城就是指润城。从俗语中我们也可以领略到当时润城村的文化发达。

至于"小城"何时改为"润城"，国家级重点文物保护单位东岳庙里面有详细的记载。据明万历二十一年（1601）《重建东岳庙记》载，嘉靖三十八年（1559），蒙县主张爷，陕西西宁人，进士出身，嫌村名不好，改为润城。也就是说自从嘉靖三十八年后，"小城"也就变成了"润城"。以至于今天大多数人只知润城不知小城。

润城东岳庙创建于宋代，碑文载"古正殿建于大金之前，系重修也"。到了万历二十年（1592），朽烂不堪，经过知县批准，在社首张诏

主持下进行了重修。"感镇民，诚心竭力。本村随社一千五百家余，喜舍资帛、木石等项，家家争先，迎送布施；户户夺前，造管肉饭"、"虽名重修，功大即系创建"、"天王庙起高，幽主庙起高，龙吟虎啸，后辈公卿子登云梯上九霄，众皆惊异。建此殿明三暗五，先高六尺，深周阔大，盛前十倍，不负仙遣之词"。也就是说在多方募捐之下，这次重修比以前规模大了很多，实际上相当于重建。

清康熙四十二年（1703）再次补修东岳庙；民国六年，山西实行编村制，润城属二区，区政府设立于东岳庙；20世纪50年代，镇（乡）政府、公社设于东岳庙内；1958年，东岳庙钟、鼓楼被拆毁；1977年东岳庙舞楼、过殿、东西配殿被拆毁；2003年润城村开始对砥泊城、东岳庙保护、规划、维修；2006年被公布为第六批全国重点文物保护单位。《重修东岳庙碑》记载："镇中，古有东岳庙三进，东西廊，并七十四祠圣像"，现仅存献亭、天齐殿、子孙神祠。建筑的琉璃脊饰为明代制作，但破损严重。

屯城东岳庙位于村外的卧虎山下，为山西省重点文物保护单位。创建年代无考。山门后有两进院落，为中殿和后殿；后殿东西各有垛殿及钟鼓楼，建筑格局保存完整。后殿及东、西垛殿均为金代遗构，建在一米多高的台基上，殿前无月台，用东、西二阶。后殿前檐用四根抹棱小八角方形石柱，柱上有承安四年（1199）题刻，并镂刻有减地平钑的花纹，十分精美。东侧垛殿的石柱上有大安二年（1210）的题刻。后殿的须弥座台基为晋东南地区金代的典型形制，保存十分完整，束腰部存有两幅戏曲故事浮雕，并有泰和八年（1208）的题刻。中殿为明代建筑，钟楼上尚悬有明代万历二十三年（1595）铸造的大钟一口。钟上刻有十六个大字——"风调雨顺，国泰民安。皇帝万岁，太子千秋"。还刻有小字"山西泽州阳城县屯城里东岳庙天济人圣帝、七十四司、五瘟神前。爰发虔心施钟重一千余斤。会首宋宜旺、宋宜轩等"。东岳庙内主要供奉着天齐大帝、七十四司、五瘟神等。

乾隆四十七年（1782）的《重修东岳庙记》记载："用人之力，积千余工而人不以为劳，其良材坚甓之用，凡数百金而人不以为多；经始于夏四月，责成与冬十月，而人不以为迫。"可见屯城在当时的经济发达程度。

明末时，为了预防农民起义军的袭扰，阳城县大修城堡，富裕的润城修建了3座城堡：屯城、刘善城和砥洎城。经历了几百年的沧桑岁月，如今屯城与刘善仅存遗址，只有砥洎城基本保留了下来。2006年，砥洎城作为明代古建筑，被评为第六批全国重点文物保护单位。

4. 历史人物神话

历史人物神话化的现象，在中国屡见不鲜。中华民族是一个喜欢"造神"的民族，从上古时期的三皇五帝开始，历史人物神话化的过程中就造出了诸多的神明。历史时期，沁河流域也出现了许多将历史人物供奉为神明的事件，上古时期的舜帝信仰、汤帝信仰到战国时期的白起、唐代的尉迟恭、宋代的宋江在这里均有祠庙。

（1）白起庙

沁水县嘉峰镇武安村北武安兵寨遗址为晋城市重点文物保护单位，该寨始于战国时期，为秦将白起率部击赵时所筑。因白起封号为"武安君"，故名"武安砦"，俗称"武安寨"。

武安城

明·李梦阳

孤城突如块，据山瞰流水。谁能经营之，无乃秦白起。东北连长平，遥遥数十里。想是击赵时，卜此御旌垒。鸣鼓收降旗，一坑万人死。耀武恣暴君，贪功泣冤鬼。白骨蔽丘原，霜风惨阴晦。进爵食武安，声名播青史。迄今千百年，此城名尚尔。先王重民命，师行非得已。何以纳来降，屠戮此蝼蚁。坐驱文武民，尽人虎狼齿。春秋诛乱臣，功罪不相拟。善战服上刑，闻诸孟夫子。

李梦阳（1488—1566），字川父，祥符人。生于明孝宗弘治元年，卒于世宗嘉靖四十五年，年七十九岁。正德进士。历官山西佥事，免归。以上诗文叙述了战国时期长平之战的过程，李梦阳对于白起坑杀赵国40余万兵卒进行了无情的指责。

嘉靖二年（1523）九月，李梦阳巡视泽、潞诸州，过长平，令毁白起庙，并作《吊长平赋》、《毁白起庙文》、《长平吊古》等诗文。"长平之坑，武安君之无道极矣。嘉靖癸未秋，余西巡泽潞，道经斯地，山川如旧，风景怆恍，停车四顾，怛焉伤之。于是毁竖子之庙，撰文以示父老。然犹有余慨焉，复造斯赋以泄千古之悲。"（卷二《吊长平赋序》）

嘉靖癸未（1523）秋九月，李子提刑山西，过上党之长平。时天气惨淡，木叶尽脱，秋声飕飕，杲日将堕。方剧旷悢之怀，乃褰帷远眺，见古庙焉。召父老而问曰："此何庙邪？"父老曰："武安君白起庙也。每岁春秋之仲，居民集优伶，鼓乐婆娑，歌舞以缤祀之。"李子乃驻车山麓，令邑令亟毁其庙，辇材木瓦甓于邑内，构学舍以训蒙士。抑恐父老弗知所宜也，爰擒文以著起之罪。（卷四十七《毁白起庙文序》）

尉迟大庙

头颅山下合秦军，稚子坑降独不闻。

落日沙塬重回首，长平云接杜邮云。

（卷三十四《长平吊古》自注："秦昭王五十年冬十一月，赐白起剑杀于杜邮。"）

今天，我们只能从李梦阳留下的诗句中找到武安城曾经有过白起庙。自从他下令毁白起庙后，武安村就没有重修过白起庙。

对于白起这个历史人物，在泽州府高平县一带（旧长平），人们还在吃一种叫做"炸白起"的食物，可见对其充满了仇恨。而在嘉峰镇武安村人们为白起建庙祭祀，两个地方的风俗形成明显差异，其中的原因有待于进一步研究。

（2）尉迟庙

尉迟村位于山西省晋城市沁水县东南部，北依嘉峰、东沿沁河，南屏阳城县治的望川村，西接梁圪坨及牛岭，被誉为沁水的南大门。全村现有六百多口人。村里的大庙是尉迟庙。

光绪版《沁水县志》说：

> 楄山东北有孤山，下有樊庄村。卧牛山正东为笔峰。又东数里，三峰并列，而窦庄在其下焉。卧牛山东南，是为郭壁镇刘庄、殷庄。自三缠凹，一支南行，稍折而东二十余里，则有西岳神山，其下有贾封镇，南有尉迟村。

由进士、候补行人司司副、沁水县人王汉雯撰文，清庠生、沁水县人韩中敬书丹，清雍正七年（1729）七月立石的《重修社庙碑记》记载：

> 余有庄田一处，在尉迟村。尉迟之命名，不知其所自来。但西接牛岭之颠，东对虎谷之麓，沁流曲下，环抱左右，地灵而人

尉迟大庙内景

有不杰者乎？是以父老相传，尉迟公曾寄迹于此焉，而村名曰"尉迟"。或肇于斯耶，姑不具而论。昔年神庙卑隘，未惬人心，先奉政公经临其地，聚乡邻量晴雨，话桑麻，闲谈及此。金曰："限于地之狭小，所以不能扩大其规模也。"先奉政公慨然以乐输为己任，凡庙宇之有需于地者，尽为捐施。众乡邻金欣然酿金而无□容。于是选时择日，鸠工庀材，始襄正殿三楹，为玉帝圣宇。关夫子居左，尉迟公居右，次及钟鼓、舞楼，举凡神宇无不□饰焉。越明年工竣，庙貌增辉，几筵生色，非复昔日卑隘之规模，而煌煌乎之一大观也。先奉政公即欲刊碑记其始末，奈因王事鞅掌，历扬中外，有志而未遂。频年村众沐神之休，荷神之庇，士习诗书，农服先畴，岁书大有之详，入席□宁之庆。寻流溯源，□念其所自，来求余言，以承先志。余非能文者，第念先奉政公乐输之殷，众乡邻酿金之勤，不容淹没而不传于后，故不辞固陋，而为之记。

    岁进士　候补行人司司副邑人王汉雯谨撰

    邑庠生　韩中敬丹书

    邑庠生　王希成篆额

    以上共费银四百六十两九钱

从以上碑文可知，尉迟村"西接牛岭之颠，东对虎谷之麓，沁流曲下，环抱左右"。尉迟庙里正殿中间供奉的是玉皇大帝，左边为关羽，右边为尉迟恭，还建有钟鼓楼、舞楼。

由沁水县人，选士商瑞云撰文，康熙四十五年（1706）九月立石的《四十四家修饰正殿碑记》记载：

> 尉迟村建府，大功既已告竣，而顺润泽其神堂，补修共殿宇者，何期复有人焉？努力积金，筑其台，换其阁、场地，墁地金神，辉煌其栋梁者四十四家，竟积金五十余金，岂不甚善？余不称其捐资之多寡，独嘉其齐心之合力。因镌诸石，以为继迟者奋心焉。是为记。
>
> 逸士　商瑞云志
>
> 督丁　吕景虽　吕　琦　吕时俊　赵善庆　吕时遇　吕时通
> 　　　吕时安　吕时春　张茂兰　于光明　吕凤星　吕时太
> 　　　张怀云　张茂祥　吕维卿　吕维新　吕　瑄　吕时亨
> 　　　吕时佩　吕时功　吕廷绍　刘自轩　张　瓒　吕时会
> 　　　吕时来　吕时德　吕廷贺　郭　江　吕顺星　吕时雨
> 　　　吕时然　吕时杰　吕时玉　马德正　吕阳周　吕时美
> 　　　吕时广　吕时立　吕廷茂　张小三　吕时祥　吕时习
> 　　　吕时庆　吕时谟　柴邦柱
>
> 康熙四十五年重阳之吉旦立

从《四十四家修饰正殿碑记》可以看出，四十四家中姓吕的就有三十五家。实际上在今天尉迟村依然是吕姓较多，吕姓与尉迟村有何关系？在尉迟村流传着这样一个故事：

尉迟村原名吕窑，为吕姓氏族的聚居地，何时设村已无从考证，但可以确定秦将白起在武安屯兵之前本村落就已经存在了。在1300多年前，初唐名将尉迟恭为助秦王李世民建业，为躲避李元吉等的迫害，隐居于吕窑村避难。其间曾经教授村民柳编技艺，后为纪念他的业绩，就将村名改为尉迟村。

尉迟村的古建筑保存至今的还有敬德阁和赵树理故居。敬德阁被认为是就是当年尉迟恭传授编簸箕技艺的地下室。村民说赵树理的父亲当年也是村里有名的"编制把式"。赵树理故居仍然有人居住，除了建筑外，还保存有他生前的书籍、柳制箱、皮箱和生活用品等珍贵遗物。相隔不远，就是村中人为纪念尉迟恭而修建的社庙——尉迟大庙。2002年开始，村里投资260万元对大庙进行重修。2006年勒石的《重修社庙记》依然把村落的历史和尉迟恭联系了起来。碑文载："社庙乃敬德庙，唐贞观至今，几易其地，改换规模。始建敬德生祠，又闻敬德不可掌正殿之流言，防村脉之断泄，遂扩建为社庙。奉玉帝入正宫，敬关圣居左，尉迟恭屈居于右，建钟鼓楼，拟龙隐壁，坐镇四方，百里称盛。"

（3）崔府君庙

明代成化年版的《山西通志》载，山西有19座崔府君庙。长子县有11座，其他地方，如交城县、兴县、平定州、蒲州城、临晋县、荣和县、沁水县郭壁村和阳城县刘西村均有崔府君庙。

郭壁府君庙

任继愈主编的《宗教大辞典》记载:

　　崔府君,古代神人。据《列仙全传》载,姓崔,名珏,又名子玉。相传为其母梦吞美玉怀孕而生。自幼聪慧,过目成诵。唐贞观年间(627—649)中进士,为潞州长子县令。白昼审理人世刑案,夜晚审断阴间鬼案,料事如神,判案准确,人鬼敬服,故称崔府君。传说曾以灵符召来吃人老虎,判其案后,虎撞阶自杀。在滏阳县令任上祭神坛杀死大蛇,制服洪水。后被玉帝召为"磁州都土地",乃书写百字铭留其二子,安寝去世,享年64岁。安史之乱时,曾显灵佑助唐明皇,故为之立祠,封为灵圣护国侯。宋高宗时,传又显神用庙中白马救高宗脱险。宋代先后封为"护国西齐王"与"护国显应公"。

　　贞观元年(627)唐太宗任崔珏为长子县令。顺治版《潞安府志》(卷四)记载长子县事:"崔珏,乐平人,贞观进士,任县令,公直廉介,发奸摘伏。人不敢欺。"乾隆版《潞安府志》也记载崔珏任长子县令"除邑令,多异政。"他为民勤政,治理有方,使长子路不拾遗,夜不闭户。深受人们爱戴,群众歌曰:"天降神明君,赐我仁慈父。"为了怀念崔珏,滏阳(磁州)在开元六年(718)修建了占地八十亩的府君庙,每年正月十五举行府君爷出城活动。崔珏在历史上所受的封号有:

唐玄宗封崔珏为灵圣护国侯;

宋仁宗景祐二年(1035)封护国显应公;

宋哲宗元符二年(1099)改护国显应王;

南宋宋孝宗淳熙十三年(1186)封为护国显应兴圣普佑真君;

元世祖至元十五年(1278),封磁州神崔府君为齐圣广佑王;

明洪武四年(1371)太祖朱元璋赐封崔珏为神,正神位号,赐称"唐长子令崔公之神",命岁时致祭。

　　在崔珏封号不断升级的过程中,崔府君庙也由磁州兴建至全国各地。

在沁河流域，地方民众也修建了众多的"崔府君庙"。在沁水县的郭壁镇就有崔府君庙。

郭壁是一个历史悠久的古老集镇，据村内外遗存的30余块碑刻记载，建村历史可以追溯到隋唐时期，作为历史上沁河流域的商贸重镇，郭壁古镇发达于唐、宋、元代，鼎盛于明、清、民国时期。郭壁古镇1962年以后分作郭南、郭北两个行政村，总共400多户、1400多人。2006年5月25日，郭壁村古建筑群入选为全国第六批重点文物保护单位。在建筑群里有始建于唐代，1085年、1136年、1576年多次重修，一进两院形制的崔府君庙。还有元代创建的戏台和明代、清代重修的大殿、献殿、鼓楼、乐楼，以及10余通碑刻。2000年崔府君庙进行了大规模的重修。此外，南北绵延5华里长的郭壁古镇，次第陈列着邵平原阁、泰山庙（又名东岳庙或岱庙）、行宫、文昌阁、雨花阁、祖师阁、魁星阁、五瘟阁、观音阁、女娲阁、新阁、瑚光流阁等古迹。2003年11月，郭壁古镇就被列入山西省人民政府公布的全省第一批历史文化名村。2006年6月，"郭壁寨堡古建筑群"被列入第六批国家级重点文物保护单位。

沁水人，曾任南京户部尚书李瀚撰文，明嘉靖七年（1528）二月立石的《郭壁府君庙重修记》载：

> 郭壁古镇也，距县治东南百里有奇，川原沃衍，草木茂兹，其人勤而多富。居则耕桑，出则商贾，俊乂弦诵之声后先周辍。故自昔以善俗称焉。镇西不百举武旧有□□，元丰八年，居民所作，中肖唐崔府君像而奉其祀也，有祷斯应，有问斯告，着响宣灵四百四十余年。于是间，若金之大定，元之大德，国朝之永乐、成化，盖世□□相沿，重□□一顾，岁久复敝，神栖靡安。乃正德辛巳岁夏，耆老王儒倡为完复，远近闻之，咸乐于赞助。庀工度财，涓吉将事，朽者易□□□□□□□于者□□□亚膰之，载离寒暑，始克告成，昉自殿庭以达门庑，为屋凡六十九楹，规模壮丽，像设尊严，春秋犇走，登降有容，儒悦甚

□□□□□□□□□□□□□逢会，以三月下旬之五日，十月上旬之十日为期，交相贸易，彼此便焉。逾四年，为嘉靖丁亥，复以岁月，未有纪述，遣其□□□□□□□□□□志□牲之石，予者拙，固辞不获已也，故勉强为之书之。谨按《山西通志》及遗《山阳平庙记》。

府君讳元靖，太原乐平人，太宗□□□□□□□□□□河东道采访使，与长子蔚刘，内行弗备，且有赋贼之鄙，时县有虎害，府君谓二人者宜当之，已而果然。及一孝子往樵，道触虎，□□□□□□□□□□之，正昼雾塞，阴崖风生，虎自林薄中出，震栗为府伏状，遂缚以归，使服其罪。民以有功□而事之。厥后四方向慕，祠宇日新，或谓之亚□，或谓之□□王者，唐史无文，祥则□□考也。

夫由汉以来，称循吏者多矣，政在一郡，则祠于一郡；政在一邑，则祠于一邑，概未有如府君之祠□盛者也，远而益恭，义而益□，穷乡陋壤之□举知寅畏，不有自而然哉？

……沁水固长子邻封，郭壁又长子近镜，仰其遗风，思其余烈，事其在天之神而致其敬，焄蒿凄怆，如或见之，谓非出于天理，民非之正，可乎？虽然，非礼之祭□神所不享也。

我太祖高皇帝顶天立地，表正百神，□号前代追封之□□切罢去。府君之主亦惟题曰："唐长子县令崔公之神"，斯于名为正，于礼为宜。不如是，则笾豆虽丰，神其吐矣。于戏！□□祸□神□常道妥灵，揭处人有□礼，礼不可黩，道不可诬，至诚感召，神有弗鉴者乎？巫觋造言，厚诬正直，神果有知，殛之久矣。儒辈图焉，无亦见□□神也。儒□镇□家，谨身节用，此年□大祲，亡者相枕藉于路，首应劝分例发粟数百斛，入相赈济。诏授仕服，以荣厥身，与此皆义□□因并识之。

大明嘉靖七年（1528）岁次戊子春二月初吉

　　如果按照碑文记载，崔珏为太原乐平人，也就是今天的昔阳县人。所叙述的内容与上文《宗教大辞典》中所列并没有太大的区别。郭壁崔府君庙创建于宋代，重修于金元。明代正德十六年（1521）到嘉靖七年（1528）重修。

　　明代嘉靖四十四年（1565）勒石的《郭壁镇恢复神殿记》记载，郭壁镇有庙以来，虽分南北二社，期间营建重修，意见很难统一。历代多次重修，神庙成为当地的春祈秋报场所。嘉靖辛丑（1541）年，神殿进行重修，然而在此期间内外勾结之下神像被盗。后在多方努力之下，神像被追回。村民韩晋珊、韩孝，鼓舞社人，制作依仗数十对，大鼓二面，小鼓十对，按照旧规在二月下旬的第八天，率领社人去崦山白龙庙祈祷。一时间民安物阜，时和岁康，而这都与卢泉公敬神有关。神像失盗于嘉靖二十年（1541）春天，追回在三十六年（1557）夏天，对补修进行记录于四十四年（1565）春天。

　　由清庠生、沁水县郭壁（今郭北）村人王棠撰文并书丹，明嘉靖四十四年（1565）二月立石的《郭壁镇重修子孙祠记》记述了在社首韩君

郭壁府君庙舞楼

惠的组织下，对子孙祠神像进行金妆，油画椽角，门易以楄，柱易以布，左右还增加了石姿、□豆二神，不到两月，子孙祠重修完成。神祠告成的时候正赶上郭壁镇代巡台月溪韩公奉命东巡，顺道此，游览后赞叹说："美哉！此举是固不可无记也。"

嘉靖到万历年间，府君庙又进行了重修，据明万历四年（1576）四月立石的《重修府君神祠记》载：

> 郭壁村，去县城东百里，居民数百家。镇之南，旧有神祠一所，创于宋，重修于金、元，而恢弘于国朝之永乐、成化、正德，上下盖五百有余岁矣。祠正宇祀府君神；左祠二：白龙神、武安神。右祠二：子孙神、牛王神。其东为庑，为厨舍；其西为庑，为李公祠。其中为拜堂，次乐舞楼，次二门。门之外有地藏殿、五道殿，居左右焉。至其南为大门，门之内又有厦数间，列于门之两傍。然岁时既远，俱圮坏，日就欹侧，实无以妥灵。乃里中会推辰溪公宰其社，公诣庙四顾，太息曰："兹固祈报之所，藉以劝善惩恶之区也，可令如是乎？"遂率领会资，聚群材，饬百工，出其身以当其难，即置家务不遑恤。修葺前后殿宇、东西廊庑、拜堂、舞楼、厨舍，悉如旧制。相旧府君祠陋隘，乃为高大之。既拓既峻，祠始巍焕倍昔。大门故止一门，制甚俭，仅容出入，而屋于其傍者，亦卑而陋焉。公以为不克称，乃创建门楼三楹，下辟而为三门。其左右廊房，悉更新之，增有创无，制益克拓。又视诸祠中，宜有咸缺者，辄营治之。凡春秋祈祷，岁时伏腊之仪，百尔器备，悉治如式。更以其黝垩丹漆，饬诸内外而新之。自是规模焕整，庙貌森严可观。计工始于嘉靖癸亥五月，至万历丙子三月。
> ……

如果说明嘉靖七年（1528）二月立石的《郭壁府君庙重修记》较为详

细地记载了崔府君庙的由来，那么万历四年（1576）四月立石的《重修府君神祠记》则将庙的规制，以及庙内的神明进行了较为详细的介绍。如祠庙的正殿是府君神；左祠二，分别为白龙神、武安神；右祠二分别为子孙神、牛王神。东面为庑，为厨舍；西面为庑，为李公祠。其中为拜堂，次乐舞楼，次二门。门之外有地藏殿、五道殿，分居左右。南面为大门，门之内两旁又有数间房子。殿宇历年既久，需要重修。在里中会的举荐下，韩辰溪担任社首，遂率社众，将前后殿宇、东西廊庑、拜堂、舞楼、厨舍，进行了修茸。府君庙原来简陋，大门只能一人进入，这次重修过程中创建门楼三间，开辟为三个门。门里的左右廊房，也进行了重修。府君庙成为举行春秋祈祷，岁时伏腊仪式的地方。开工于嘉靖癸亥年（1562）五月，完工于万历丙子年（1576）三月。

府君庙属于"正祀"，从上文屡次重建、扩建过程中，我们多次看到代表国家的政治精英参与其中。例如清康熙十三年（1674）十一月的《补修大庙记》是由顺治十二年（1655）中进士，历官湖广桃源县知县的郭壁村人韩张撰文。原因是这次重修主要是由官员或者有功名之人捐资而建的。

刘西村崔府君庙

甲寅修工施银姓氏：

郎中　王度三钱　　　知县　韩张木十二银

参政　王纪砖五丁　　知县　赵育溥

廪生　赵永昌各三钱　贡生　韩瑞二钱

贡生　韩万户一钱　　生员　韩宅仁五钱

生员　韩瑄　　　　生员　韩斌　韩琮

生员　王纮　韩环

廪生　韩□政　□□　韩来胤　韩瑨　赵家瑛

生员　王霍　　　　生员　李伦

生员　李祺

这次补修出资中有知县两人，郎中一人，参政一人，廪生六人，贡生两人，生员九人，一共是21人。

沁水县郭壁村韩增寿、韩德寿撰文并书丹，立石于清道光二十二年（1842）五月的《补修大庙记》载：

> 吾镇大庙，规模宏敞，为春秋祈报之所。前后殿业经葺理者，无不勒石。兹有土地祠、高禖祠，风雨飘摇，半多蝉漏，至若关帝前拜台，大门上正中歌台，以及左右钟鼓楼。旧制多邻狭隘，榱桷亦将倾圮，重建之举诚有难缓者矣。

从碑文可知，府君庙是"春秋祈报"的地方，庙里还有土地祠、高禖祠、关帝殿，而这三个神明在万历四年（1576）四月立石的《重修府君神祠记》中提到的诸多神明中并没有记载，因此有可能是后面修建中新增的。

崔府君庙里有"中国现存最早的戏台"，始建于金代天会年间（1135—1137）在过道戏台墙上刻有修建舞楼的捐施情况。雍正九年

（1731）的《助修戏台姓字》记述了修建舞楼的捐施情况。1999年，对舞楼进行了维修。

另外，还有众多的诗词对于府君庙的神明以及仪式进行了记载：

由王体悉、韩子义作，韩子义书丹，明万历四年（1576）四月立石的《郭南村府君庙诗碑》：

> 庙貌尊严喜落成，振颓报众答群情；
> 仰看仪饬更新制，外里官墙逾旧形。
> 千载神祇隆享祀，一万黔首落清平；
> 而今重见徯斯绩，勒石章程颂盛名。

> 西麓王体悉咏
> 一时庙貌喜新成，伟迹昭垂慰众情；
> 鸟鹊翚飞□旧制，龙腾凤鶱迈常形。
> 祷个神祇辉玉镯，愿言民物乐升平；
> 真劳不□□新若，千载教人仰令名。

> 仁居韩子义步

府君庙重修，悉社首君惠韩公之力也。公以义动人，而人咸乐于趋义。历三载而工告完，一时庙貌靓整，焕然盛矣。西麓王子为诗鸣其盛，余因而和之，不计其工拙也。

> 仁居书识
> 万历四年四月望立石
> 庠生　窦尚礼刻

由王体悉、韩子义作，韩子义书丹，明万历四年（1576）四月立石诗碑至今仍然镶嵌于府君庙外东墙壁。

韩子义（1530—1604），山西沁水县嘉峰镇郭壁村人（今嘉峰镇郭北村人）。明隆庆元年（1567）恩贡，任陕西西安府永寿县知县，补甘肃环县知县，因与上司政见分歧，致仕归里。因子韩范居官有政绩，诰封承德郎，工部主事。加封中宪大夫，通政使司右通政，累封奉议大夫，兵部武选司郎中。

阳城芹池镇刘西村崔府君庙　刘西村府君庙创建于明代，是晋城市文物保护单位，主要建筑为明代风格的正殿和献亭以及清代风格的戏台和众多的配楼。如今整个院子已荒置多年，杂草丛生，正殿屋顶坍塌，渗漏之处较多，献亭也有多处渗漏，配楼戏台等建筑也破损严重。

现在刘西崔府君庙只有一个院落，但院子很大，房屋众多。在历史上规模更大。道光二十四年（1844），邑庠生杨昂宵携朋友去刘西村府君庙游览，当时庙宇就是上院和下院两进院子，上院诸殿均已落成，然而下院各房快要倾倒。到了道光三十年（1850），推举董事24人，按社均摊费用，开始重修。两年之间，重修了下院五道殿三间、东房上下八间、西房上下十间、舞楼五间、东西山门上下十二间、东西角房上下八间。

（4）宋江庙

丹坪寨，又称岳将军寨，为南宋时抗金组织太行忠义社安营扎寨处所。当时沁水境内有太行忠义寨7处，丹坪寨为其中之一，为县级文物保护单位。寨址在距今沁水县城40公里的涧河村西，四围壁立，绝顶平坦，面积5万平方米。今寨门遗址尚存。另6处分别在：南阳村、汉封村北、板桥村西南、尖山峰下、端氏、县城西。在这些地方，曾经有岳将军祠。

据田同旭考证，太行山还有多处关于水浒的地名，阳城境内西南山区有座宋江庙，阳城町店义城山寨是梁兴太行忠义屯兵之地，山寨依山而建，此山亦名梁山，有学者认为：水泊梁山的原型在太行山区的山西阳城县义城山寨。

（5）张铨忠祠

入沁水境

山中春已暮，草色未青青。

道险车难过，村荒户尽扃。

凤原稀雁羽，乌岭剩鸠形。

蒿目伤民瘝，天籁宁莫听。

谒昭忠祠

忠烈高千古，闻风仰峻名。

绣衣身已没，铁骨气犹生。

北塞情何极，南阳义并衡。

缅怀慷慨日，好听浩歌声。

步祷玉岭

绀宇临天际，松涛落远声。

鸣钲跻石蹬，伐鼓动山城。

雾锁欣蒸雨，云开恐报晴。

心焚如可格，何事篆烟横？

　　以上三首诗是清代康熙年间曾任沁水县令的赵凤诏所作。赵凤诏，江苏武进人，嘉庆版《沁水县志》载："才守为当时第一，其实心厝注，见之《文告》，明切周详，具载县乘。以荐调临汾，士民攀辕不得留，为立生祠。著《龙岗集》，纪沁事甚详。寻升太原府知府。"赵凤诏担任康熙年间沁水县令的时候，从《县志》上看，赵凤诏在沁水有不错的政绩。后来他又升迁到太原知府。康熙五十四年（1715）十月，也就是在知府的位置上，由于满汉斗争中将其牵涉进去，被山西巡抚苏克济疏劾，最终被查出"巧立税规，勒索银两"174600余两，康熙五十七年二月，赵凤诏被斩首，他的父亲以及兄弟也受到牵连，这是后话，与本文无关，不作赘述。这里要谈的是他在第二首诗中谈到的"昭忠祠"。对于昭忠祠，嘉庆《沁水县志》里有记载：昭忠祠，在东关。祀明张忠烈铨。春秋二仲月上戊日祭，香火田四百八十三亩六分八厘，在大村、八里等处。诗中所提到的应该是县令赵凤诏在县城谒昭忠祠所作，表现出作者对沁水忠烈之士的敬仰之情。"铁骨气犹生"表现出的是敬仰张铨人虽死，节气犹在的铮铮铁骨之情。"南阳义并衡"说的是张五典任河南按察御史的时候，镇压大盗张西岗的事情，而其子张铨是在辽东殉国，可见父子二人的忠义是相通的。作者仰慕张五典的良好家风，培养出了张铨这样的忠烈之士。《明史》（卷二九）中有《张铨传》：

张铨，字宇衡，沁水人。万历三十二年（1604）进士，授保定推官，擢御史，巡视陕西茶马。以忧归，起任巡按江西。

时辽东总兵张承荫败殁，而经略杨镐方议四道出师。铨驰奏曰："敌山川险易，我未能悉知，悬军深入，保无包抄？且骑兵野战，是敌所长，我所短。以短击长，以劳赴逸，以客当主，非计也。昔胪朐河之战，五将不还，奈何轻出塞。为今计，不必征兵四方，但当就近调募，屯集要害以固吾围，厚抚北关以树其敌。多行间谍以携其党，然后伺隙而动。若加赋选丁，骚扰天下，恐识者之忧不在辽东。"因请发帑金，补大僚，宥直言，开储讲，先为自治之本。又言："李如柏、杜松、刘綎以宿将并起，宜责镐约束，以一事权。唐九节度相州之溃，可为明鉴。"又言："廷议抚恤承荫，夫承荫不知敌诱，轻进取败，是谓无谋。猝与敌遇，行列错落，是谓无法。率万余之众，不能死战，是谓无勇。臣以为不应宜恤。"又论镐非大帅才，而力荐熊廷弼。

四十八年（1620）夏复上疏言："自军兴以来，所司创议加赋，亩增银三厘，未几至七厘，又未几至九厘。譬之一身，辽东，肩背也；天下，腹心也。肩背有患，犹藉腹心之血脉滋灌。若腹心先溃，危亡可力待。竭天下以救辽东，辽未必安，而天下已危。今宜联人心以固根本，岂可朘削无已，驱之使乱。且陛下内廷积金如山，以有用之物，置无用之地方，与瓦砾粪土何异。乃发请求发帑之请，叫阍不应，加派之议，朝奏夕可。臣殊不得其解。"铨疏皆关军国安危，而帝与当轴卒不省。綖、松败，时谓铨有先见云。

熹宗即位，出按辽东，经略袁应泰下纳降令，铨力争，不听。曰："祸始此矣。"天启元年（1621）三月，沈阳破。铨请令辽东巡抚薛国用帅河西兵驻海州，蓟辽总督文球率山海兵驻广宁，以壮声援。疏甫上，辽阳被围，军大溃。铨与泰分城守，应泰令铨退保河西，以图再举，不从。守三日，城破，被执不屈，欲杀之，引颈侍刃，乃送归署。铨衣冠向阙拜，又遥拜父母，遂自经。事闻，赠大理卿，再赠兵部尚书，谥忠烈。官其子道浚锦衣指挥佥事。

铨父五典，历官南京大理卿，时侍养家居。诏以铨所赠官加之，及卒，赠太子太保。

初，五典度海内将乱，筑所居窦庄为堡，坚甚。崇祯四年（1631），流寇至，五典已殁，独铨妻霍氏在，众请避之。曰："避贼而出，家不保。出而遇贼，身更不保。等死耳，盍死于家。"乃率僮仆坚守。贼环攻四昼夜，不克而去。副使王肇生名其堡曰"夫人城"。乡人避贼者多赖以免。

万历三十二年（1604），沁水窦庄人张五典之子张铨中进士，历任保定推官，浙江道御史，巡视陕西茶马、江西巡按、辽东巡按，和满人作战时死于辽东，谥忠烈。作为历史上著名的忠烈之士，明代著名文学家陈继儒撰有《忠烈张公》一文，讲述了张铨忠贞不屈的气节。张铨虽然在抗清中宁死不降，但是满人入关后还是将他奉为忠烈，不仅将其载入《明史》中的《忠义传》，而且建祠奉祀。在明清时代，沁水为其建有忠烈公祠。如果说1278年冬天文天祥的兵败被俘预示着南宋王朝即将要退出历史舞台，那么天启元年（1621）三月，张铨兵败被俘也在一定程度上昭示着明王朝退出历史的钟声也开始敲响了。虽然文天祥和张铨相隔三百多年，不处于同一朝代，但是历史何其的相似，二位名将均兵败于异族，且不屈服于异族的折磨，而选择了舍生取义，实践着"人生自古谁无死，留取丹心照汗青"的千古忠贞气节。

张铨被谥忠烈，窦庄村乃至沁水县建有忠烈祠。如今，位于沁水县东南窦庄村沁水河畔的窦庄古建筑群是第六批国家级保护单位。窦庄城堡是在明万历二十年（1592）进士、南京大理寺正卿张五典的带领下修筑而成。同时张五典又将窦氏祖茔旁边属于张氏的两个小院进行改造，并为六院一门的棋盘式四合院群组，总面积3800平方米左右。门首书曰"尚书府"。于是，原本平常的小村便有了"九门九关"的"小北京"之称。窦庄城对于明末预防"匪患"起到了重要作用。明末农民起义军三次攻打窦庄城堡，都没有攻克。第一次是在崇祯四年（1631）六月二十六日，王嘉胤部将王自用（号紫金梁）率领陕西农民军杀到窦庄、坪上，"众请避之"，张铨遗孀霍氏说："避贼而出，家不保；出而遇贼，身不保。等死耳，盍死于家！"乃率僮仆坚守。农民军攻四昼夜，不克而去。第二次是在崇祯五年（1632）九月二十八日，紫金梁王自用又一次攻打窦庄，他私自率兵由雁门关返回沁水，农民军四散败退。第三次是在当年的十月二十八日，王嘉胤又一次攻打窦庄，被张道浚偷袭，逃往阳城北留一带。崇祯六年（1633）八月，农民起义军攻下沁水，张道浚率众抵抗，还发布文告，提倡各地筑堡寨，正是在此状况下沁河流域富裕的村庄筑起寨堡共54处。十二月十七日，农民军退出沁水，进入垣曲。山西副使王肇生上疏褒扬"窦庄城"，又叫"夫人城"。

经过四百余年的历史沧桑，窦庄古堡仅剩余一百余米的残垣断壁，古城墙早已不复存在，"小北京"的九座城门只剩下了四座，但"天恩世锡"的高大牌坊和一座座"尚书府"、"进士第"完全可以让我们想象出当年的规模与气势，追寻到"祖孙父子兄弟叔侄联芳"的历史佳话。

五、村落中的神明

光绪版《沁水县志》记载："民间敬神信巫，故乡多庙祀。"这样的说法在沁河流域的村庄中得到了印证，历史时期，每一个村落都有自己的寺庙楼阁。就以窦庄为例，现存寺庙楼阁遗址多达17处，其中有佛堂、大庙、财神庙、火神庙、文庙、奎星阁、望奎阁、丁字阁、眼光阁、南阁、北阁、东阁、张仙阁、五道寺、土地庙、龙王庙等。而沁水县中村和阳城县的上伏村这两个村落，神明信仰也极其发达。

1. 沁水县中村

中村庙兵荒碑记
明·王梦震

崇祯四年（1631），流寇作乱。其首曰王加印者，自秦入境，统领五百余贼。夏六月，来中村，居民尽被抢掠。然其时受害犹小。其首号曰紫金梁，各党与复自相名目。次年秋，大营贼过，有八金刚、八大王、埽地王、闯王、闯将、闯塌天、破甲锥、邢红狼、乱世王、混天王、显道神、乡里人、活地草等，大约三十六头目，分营三十六哨，贼众约百万有奇。经过七日，所在焚烧劫杀，抢夺财物，掳掠男女，其余骡、马、牛、羊、鸡、犬，罄尽靡遗。哀哉难民！遭此凶毒！间有逃匿山隔，或深藏窑洞者，贼率其党，搜山熏穴，死于贼变者又不可胜计。逮六年（1633）八月十一日，遂破我县城，城内外父老子弟，受其屠戮，骨肉分离惊散，实难言状。厥后，贼众去河南，余党、土贼尚群聚千余人，盘据兹土凡五载。境内人民尽逃奔他方，城池故土，竟为贼之营垒战场矣。十年（1637），贼方招安，里民稍稍复业，则岁歉薄收。十一年（1638），蝗蝻食我田苗，民复困于食。明年，幸泰麦告丰。又明年，闰五月，自夏徂秋，赤地千里，岁复大饥，间阎惟藉草根木屑为饼啖。甚至无所得食，则杀人以食，往往父食其子，夫食其妇，亲属相残，苟延旦夕。真令人目不忍视，耳不忍闻。屈指兵荒以来，所在丧亡，户口十去其九矣。十四年春（1641），斗米两银，斗麦千钱，油一斤值钱三百，豆一升八十钱，至于柿、枣、梨、桃，每个钱二文。客至则不能供酒肉。凡猪肉钱二百五十文，羊肉百二十文，牛肉钱一百文。有一鸡而得千钱者，有一犬而索两银者，猪一口则一二十金不等。食物之贵，一至于此。尺布值钱七十，棉花一斤值钱五百。故兵乱年荒，不惟食不充饥，布衣温暖亦不可得。大兵之后必有凶年，似此哀惨情形，使人胆丧心裂。

爰刻石为记其事如此。

崇祯十五年（1642）四月八日邑庠生王梦震记

——中村庙碑

以上碑文具体详细地记载了不仅中村，而且沁河流域的沁水、阳城两县在明末崇祯年间遭受的一次兵乱，以及在兵乱后的严重灾荒。光绪《沁水县志》里面也有诸多的记载：

崇祯三年，流贼王嘉允（王佳胤）率众六千余人犯窦庄。窦庄在邑东南。张忠烈铨父五典筑堡防乱，铨子道溶等官京师。贼至，忠烈妻霍氏身先登埤，众因之防守甚严。贼环攻之，堡中矢石并发，贼伤甚众，越四日乃退。

崇祯四年河曲贼王嘉允由沁水入阳城。五年七月山西巡抚宋统殷击贼于长子，贼奔沁水。庚辰贼首紫金梁、八金刚以三万众围窦庄。时张道濬家居，率其族御之。贼多死，闻秦师且至，惧欲乞抚。……贼乃还所掠，拔营而西入阳城界。……

六年五月贼犯沁水，总兵曹文诏大败之，擒其魁大虎。七月辛丑贼又至，知县焦鳌死之。贼自秦入晋五犯沁水，至是城陷。

十年阳和，兵败贼于鹿台石塔。

明末清初的农民起义军在沁河流域重要的起始地就是沁水，沿沁河而下到达阳城。而起义军进入沁水的第一站就是中村镇，试想多天未有饱餐，饥肠辘辘的起义军在进入经济繁荣的中村后一定会采取种种措施掠夺财产，故此中村也成为沁河流域受灾最严重的地方之一。

沁水县中村镇不仅位置重要，地处晋城、临汾、运城三市交汇处，沁水县城西南33公里的历山脚下，属于舜帝信仰圈范围，而且此地历史上也是冶铁业、采矿业较为发达的地区，行业神也是重要信仰。

中村村貌

如今的中村是沁水城西政治、经济、文化中心。全村12个村民小组，840户，2700口人，分布在中村、木凹、乔家、上沟、涧河、小河湾6个自然庄。区域面积24平方公里，森林面积24718.3亩，土地面积3560亩，其中耕地面积3040亩，是省、市、县新农村建设试点村、推进村。中村北部含中村、乔家庄、杨家庄、侯家庄、上凹、安沟、时旺岭、柳树壕；南部含涧河、庄虎腰、丹沟、寨上、沙马岭、小河湾；中村东部与中村镇冶内村、土沃乡土沃泉村、中村镇下川村、上川村为界，西与中村镇下峪村、中村镇上峪村，翼城县大河乡搭界；南与中村镇南河村、下川村接壤；北与中村镇北庄村、北岭村、东沟村、白华村，土沃乡南阳村搭界。

据万历二十四年（1596）勒石的《灵虚观重修记》载：明代万历

二十四年，本村善士郑尚志等率众重修灵虚观，建在离县六十余里的中村庄，原属于白云观。可见当时"中观"已经改为"中村庄"。据崇祯十五年（1642）四月初八《中村庙兵荒碑记》载：崇祯四年（1631），流寇作乱。其首曰王加印者，自秦入境，统领五百余贼。夏六月，来中村，居民尽被抢掠，然其实受害犹小。碑文可见"中村庄"已经从明代崇祯四年前更名为"中村"。康熙三十六年（1697）《沁水县志》载：城西，中村镇，离城七十里。此时沁水县有端氏、中村、王寨。

（1）"三堂四阁五大庙"

历史时期，中村庙宇众多。《沁水县中村志》里记载了中村的"三堂四阁五大庙"。2015年5月12日，笔者也去中村进行了实地调查，如今的中村依然是沁水西部重镇，依靠交通要道和丰富的煤炭资源，经济依然发达。但是，历史时期的宗教建筑大多已被毁坏或者挪作他用。

三堂 即东堂耳、中堂耳、西堂耳。所谓堂耳，即耳房、偏房、偏殿。堂是供奉宗族的祠堂。东耳堂位于东庙西南，祭祀关公，两边为周仓和关公；中堂耳位于中庙西南，祭祀观音菩萨；西堂耳位于西庙东敬奉财神及福禄寿三星。

三堂内四壁建有琉璃神龛，神龛内有佛像、宗室牌位，20世纪60年代后，三堂被破坏。

四阁 即东阁、西阁、南阁、北阁。历史上这里经济发达，人口众多，为了保护财产和人们的安全，分别在东西南北修筑了具有防御功能的阁楼。阁楼均为二层，第一层为门洞，供来往人员、车辆通行；二层供奉着神明。东阁位于水泥厂西南，二楼供奉的是奎星神；西阁遗址位于西庙大门外东南，二楼供奉的是药王爷；南阁位于大庙正南，在南大街供销社大门处，二楼供奉的是菩萨；北阁位于大庙后面，二楼供奉的是祖师爷真武大帝。中村东西南北四座对称的楼阁，就像古城的四座城门。在东阁和西阁的内侧，还供奉有一排坐南朝北的神像，阁楼被毁，神庵早已不存在了。四阁在马路拓宽中均被毁坏。

五大庙 中村曾有五大庙，东庙、中庙、西庙、观上庙、杨岔岭庙。

东庙位于村东面，庙宇坐北朝南，北面是神殿，南面是戏台。大门在戏台两侧，庙内是东西厢房，有正殿、配殿、亭台。中庙。村民俗称大庙，庙里奉祀的是舜帝，为元代所修。大庙坐北朝南，正殿是舜帝及娥皇、女英三尊神像。正殿两侧建有配殿，店内塑有女性神像。东西两侧是二层的厢房，曾经住有和尚、道士。南面是戏台。戏台下面有大门，平时并不通行，只有到了天旱从七星潭祈雨归来，祈雨队伍从此进入大庙烧香祭神。大庙内碑刻众多，明代崇祯十五年（1642）的《中村庙兵荒碑记》、清代光绪四年（1878）的《荒政碑记》等具有重要史料价值的碑刻就在大庙里。在1939年日本轰炸中，北殿、东西厢房被炸毁。20世纪80年代，戏台被拆，改建为舞台，后又在1984年改建为电影院。西庙。也就是西寺，是佛教朝拜之地，位于村西面。西庙依山而建，分为上中下三院。殿宇有正殿、配殿、献殿、看台、两廊、钟楼、戏楼、舞楼。正殿、献殿均是面阔二间，进深二间。西寺献殿花梁上有记载：上大梁星上花梁大吉大利是年（后梁记载）。前梁记有：大清嘉庆十四年十二月十六日辛丑吉日时立柱上花梁主木系丙子相三柱同心建造建三门自来保全镇人等吉祥是为志耳。"由此可见，西寺创建于清嘉庆十四年（1810），寺庙供奉的神明名称不详。1922年，西寺被改为沁水第三高小，得以保存。1982年，西寺入选为县级文物保护单位，但是也破烂不堪。

西寺

观上庙 中村东南坡上的观上庙原名白云观。位于村东南山坡上，明清两次重修，明代万历三十五年（1607）重修后，更名为灵虚观。清代乾隆三十八年（1773）到四十一年（1776）四月重修后，改名为三清观。雍正年间，道教在中村地区很是兴盛，当时铁矿在当地开采很多，而冶铁业将老君奉为行业崇拜神，各地修建庙宇，塑造老君神像。中村三清观的香火之盛也就很合乎常理了。新中国成立后，国家粮库多年占用，因此当时修筑了专门运粮的公路。2015年我们去调查的时候，发现该庙为村里一养羊户占用，羊粪占满了院子，部分琉璃也被偷盗，整座庙宇破损严重。

观上庙

据庙内两通碑刻记载，该庙经历过两次重修。

第一次：据万历三十五年（1607）勒石的《灵虚观重修碑记》载：

  盖观有□，固建之中村庄丘陵，去县六十余里，原属白云观□院也。正殿三间，三清圣神□焉。南殿三间，救□圣神居焉。

东侧关圣贤殿一间，西侧灵官土地殿二间，西北子孙殿一间，蚕姑殿一间，东道房六间，西道房四间，西南房三间，又平通禄建西北角房二间，西房三间。又□芮通□□南角房二间，门外龙王、马明王、五道、牛王圈神各殿，前有钟楼一座，三门一所。殿宇辉煌，人物萃聚。……

适万历二十四年二月十五日当圣诞期，本村善士……遂与众倡率议修……今正殿复新，三清重□。起功于二十四年，完工于三十五年。……

第二次，据乾隆四十五年（1780）立石的《重修三清观碑志》载：

……镇之左丘陵，旧有三清观，原始、王宸、混元居其北，地藏、十王位其南。创始莫考，而碑志所载，已重修于万历年间矣。乃风雨飘零，忽于乾隆辛卯壁崩而瓦解，一切神像倾圯，颓废无复，遗存荒凉寂寞之状，行道亦为目恻。

……故殿宇则依其基址，而巍峨大越乎畴曩。然缺而未备，终属美中之足之憾。复于北之两旁，创修关帝、玄坛诸神二殿，东加伯王群圣祠，西墙后土圣母宫。廊房周建门垣，挺起殿宇神像，靡不焕然维新……又自乾隆癸巳，以迄丁酉，越五载而绩始告竣。……

由碑文可知，观上庙创建的确切历史并不可考，大约于明代万历年间，后在清代乾隆年间创修。观上庙原属白云观。建筑如下，正殿为三间北殿，供奉三清尊神。南殿三间，为救□圣神所居。东面为关圣殿一间，左为关平、右为周仓。西侧为灵官土地殿二间，西北偏殿三间分别为子孙殿、财神殿（赵公元帅）、蚕姑殿（嫘祖圣母）。东庑廊小三间房分别是五道爷殿（疙瘩老爷），大三间为和尚或者道士宿舍，分别为厦棚、厨房、东大门。西庑殿小三间为娘娘殿、大三间为宿舍。依次为厦棚、西大门。南大殿三间为地藏殿，属于道教，是掌管人的生死之神。门外还有龙王、马明王、五道、牛王圈神各殿，前有钟楼一座，三门一所。到了清代重修，又加上了玄坛诸神，伯王群圣，后土圣母。访谈中，村民告诉我们，新中国成立前每年的四月初八，人们要带着自己未成年的孩子去观上庙娘娘殿带伽、烧香、叩头、焚烧花伽，这都是少不了的仪式活动。

到了嘉庆十二年（1807）和嘉庆二十五年（1820），观上庙又分别进行了两次重修。嘉庆十二年的《中村村观上庙碑》载：

> 本镇南固有高禖尊神，自创修以来，邻里士人，实式凭之。……爰是会众建修暖阁、重塑金像，为匾与幛，举皆周祥。……

可知，嘉庆十二年民众创修了高禖祠暖阁，金妆了神像。

到了嘉庆二十五年（1820）又重修了伯王殿、高禖圣母殿、黑虎元坛殿。据《重修伯王殿并高禖圣母殿黑虎元坛殿序》载：

> 夫圣王之制祭祀也，法施于民，则祀之，如伯王神圣并高禖圣母殿、黑虎元坛，何一非御大灾、捍大患，而法施与民也哉。前贤创建殿宇，良有以也。但历年久远，风雨飘洒，每多倾漏。余等值本年社首，累积官金三十四千三百八十九文，同议整理，将伯王殿内神圣新为金妆，并高禖圣神，黑虎元坛殿殿宇，重为瓦修。……

观上庙属于道教建筑，里面供奉有太上老君，这在中村一带很普遍，其原因在于这里铁矿资源丰富，冶铁业发达，而太上老君是其行业神。不过，庙里也有佛教的存在，呈现出道教与佛教并置的状态。村民说新中国成立前庙里住的是和尚，仪式也由和尚主持。

杨岔岭庙 位于村庄东面，是乌岭山南延之脉，也是县城主要分水岭。据《中村志》记载：岭巅建有关帝庙，庙东配有山神殿、土地殿。庙宇的历史不可考。据传说村庄中七月十五的庙会原来在杨岔岭庙举行，后来庙宇破败，才移到村中。

（2）文昌宫魁星楼

魁星是执掌文运之神，读书士子将其奉为保护神，中村镇左边东南山顶建有魁星楼，楼内供奉有青面獠牙的神明。据道光十年（1830）勒石的《建文昌宫、奎光楼、蓬莱阁碑记》载：

> 今观于邑之西南中村镇，创建文昌宫，奎光楼，蓬莱阁而益信。村周围环以山，山多松，松翠参古，茂绮绾修，错不可腾状。……以故，庙祀文星之必兼祀魁星楼也。而或立庙，或建阁，无不位于东西者。……庚寅岁，中村镇创建文昌宫，奎光楼于村之东南山间，而庙之坐位面向，遥望西北之三台山相对，已□《星经》之说结合。……故创建之初始，而董事诸公，□经□□处五不言是□□□□□□，药王、财神居，两耳殿、奎光楼，右蓬莱阁。门墙周围，苍松环绕，与三台山对照。而居□中村村。
>
> （捐施名单略）

道光三十年（1830），中村村庄东南的山间创建文昌宫和魁星楼，正好与西北的三台山相对。这通碑最为引人瞩目的是浩长的捐施名单，邻村的有上峪村、张马张户、北庄社、五柳庄、各塔社、孝廉方正刘茂源、白化社、上北庄社、下峪社、张马尚户、涧河社、上沟社盐大使等。还与各位官吏，以及本镇的大社、中社、东社、西社以及各个商号。这个捐款名单包含着相当丰富的内容，由此也可以看到中村是当地经济、文化中心，且经济发达。

（3）山神庙

位于中村的小河湾自然村，相传光绪年间"丁戊奇荒"的时候人之死去十有八九，阳城、沁水一些村民就逃荒到小河湾定居。此地山高林茂，人烟稀少，野兽成群。人们就在山坡上建起了"山神庙"，以此保佑平安。现在祠庙已毁。

（4）河神庙

中村村西南涧河还有河神庙。清光绪同治晚年，社众准备重修河神庙，然而地基不便。在此情况下，村民郭凌慷慨捐施地基两间，以备重修河神庙之便。光绪元年（1875），准备建庙塑像，无奈遭遇荒灾，工程不得不中止，到了光绪十三年（1887），才最终油画庙宇，金妆神像。光绪十八年勒碑立石。《重修河神庙碑之序》对其进行了详细记载。

（5）丹沟神仙洞

中村镇丹阳庄丹沟有神仙洞，奉祀有太上老君、药王、龙王、仙姑等神。神仙洞神明灵验，远近闻名，求药祭拜者纷至沓来。

> 沁西丹阳山朝阳洞内，供太上老君神像，其所由来，固不可知也。第迹其洞局绝颠，出自天成，壁力千寻，不假人力。仰观则耸出云霄，仿乎天所；登眺则可视群岫，宛然岳宗。……

明武宗正德十三年（1518），云水道人黄崇贤来到丹阳山；嘉靖年间，创建丹阳山玄真洞；万历十六年（1588），金妆道德监斋真人玉女一堂；万历十七年（1589）、十八年（1590），陆续修理里石门楼，砌打石道。万历三十五年（1607），打石供桌；万历三十八年（1610）二月初八日，平治地基。乾隆七年（1742），善士重修了丹阳山朝阳洞内老君神像。在附近的山林里有很多冶铁厂，炉厂窑洞信士郑元贵、张思慧、刘敦杰等想要重修老君庙。在众人的支持下，嘉庆元年夏天（1796），积蓄补修的资金，嘉庆二年（1797）夏天，进行了补修，金妆太上老君神像，山门扩大数倍，殿宇进行了彩绘。咸丰年间，创修正殿三间，光绪二十七年（1901）对庙宇进行了补修。

（6）聚仙潭龙王庙

民众认为深潭涵洞都有神明居住，涧河村聚仙潭就被认为是这样一个地方。民众认为聚仙潭的水有神性，因此经常去取水。然而，聚仙潭一开始并无殿宇。王汉福、郭成侯素存善念，在潭外创建殿宇。在地方民众的共同捐助下，乾隆三十三年（1768），聚仙潭龙王庙创修成功。龙王庙的重要功能就是祈雨，七涧潭有盘龙洞，里面有盘龙潭，即所谓七涧潭。东到沁水县南，西到翼城县东，大小村庄天旱的时候，就来这里取水祈雨。然而此地属于中村的自然村白化、涧河、西沟三村所管，乾隆年间曾经修筑龙王庙一座，后来殿宇破坏，嘉庆五年（1801），重修了五龙神殿三间，禅居、门楼都修筑完整。十多年后，也就是道光十二年（1832），重修了龙王庙。光绪十三年（1887），又重修了涧河五龙宫殿宇。

中村及其周围可谓佛教、道教呈现出并置状态。明代正德十三年（1518），云水道人黄崇贤来到丹阳山，自此该地有了道教的踪迹，逐渐丹阳山玄真洞成为道教的信仰中心。道人进入玄真洞府，惊叹不已，"实乃仙人所居之所，总蓬莱三岛弗是过也"，成为沁水、阳城、翼城等地信众的信仰中心。

上伏古村

2. 阳城县上伏村

上伏古村位于山西省阳城县东北部，南距润城镇4公里。据《上伏村志》记载：沁河由村西北流来，围于村南，因而上伏古名河阳。又因与下伏隔河相望，下伏名西河阳，上伏名东河阳。后来，沁河涨水，冲下一座石刻佛碑。东河阳捞住上截，西河阳捞住下截。当时认为这是神明佑护，遂将村名改作上佛、下佛。金代端氏县进士苏瑾在大定十年（1170）撰文的《海会寺重修法堂记》中记载，有海会寺"祐公上人者，下佛村人氏"的记载。有了下佛，就一定有上佛。1945年解放后，将上佛简写为上伏。另据村内现存碑文记载，在金泰和年间（1201—1208），村西北山崖之上就存有上伏古寨，可见村名至少也有820多年。1984年，润城公社改镇，上伏大队称村。村内按原生产队区划设六个村民小组。村内古建遗存丰富，2009年被山西省命名为历史文化名村。

上伏村因为其特殊的地理位置，成为历史时期重要的商业集镇。在明清时期成为商线服务的物资集聚地，行商停宿之处。上伏村宗教信仰发达，村庄中有宋金时期就已经修建的汤庙，还有创建于明万历三十年（1602）的大王庙。另外，村落中岁时节日中的祭祀仪式也保存较好。

（1）家庭祭祀

在沁河流域，家庭祭祀的神明很多，这些神明与普通百姓的日常生活密切关联，在岁时节日接受民众的祭祀。《上伏村志》里面记载了当地家庭祭祀中的很多神明，尤其在岁时节日，所要祭祀的神明更多。

财神。沁河流域很多大庙中有财神殿，此外在民众家里也要祭祀财神，财神经常用的对联是"天上金玉主，人间福禄神"、"司人间福禄，掌天下财源"，横额写"财源之主"、"金玉之主"。一般在每年的腊月二十三开始祭拜财神，直到年节结束。

灶君。也属于家庭神，家家都要敬奉。尤其在过年的时候，要供奉灶王爷，牌位上写"司命灶君"。常用的对联是"上天言好事，回宫降吉祥"。传说灶神腊月二十三日去天宫向玉帝汇报，初一五更回。横额为

"一家之主"。

天地爷。用木制或黄纸叠成的牌位,上写"天地三界十方万灵真宰"。

门神。屋门、院门都有门神。原是古代的神荼、郁垒,后来演变唐初大将秦琼和尉迟恭。在当地,用套色木刻印成的门神画上,就是两员武将,左边的持锏,右边的执鞭。

巧娘娘。女孩儿敬奉之神,据说她能让姑娘们做起针线活来更灵巧些。

中宫爷。院中心用砖石垛个墩,放置香炉,或者放一块大的黑炭,敬奉的是中宫爷。关于来历,据说是姜子牙封神以毕,没有了自己的座位,于是搬了把椅子坐在了当院。不许践踏中宫爷,也不许坐在它的上面,更不能将脏水泼到这个位置。

农民也祀风伯、龙王、山神、河神,只是春节时在当院祭一次。

元宵节过后要"添仓",祀仓官老爷,时间是正月十九日。

二月二要敬"香盏婆"。这个神明藏在屋门后。供品也特殊,是煮玉

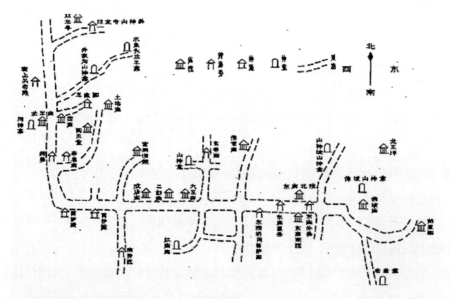

新中国成立前上伏村奉祀神龛庙宇示意图
图片来源:《上伏村志》

米颗粒和干蔓菁。这位神灵好像是管理蝎子等有毒动物的，人们在祭奠时还要搞条件，磕着头，口里说："香盏婆婆门后坐，虫虫蚁蚁拨拉过。今年不见，过年还献；今年见了，过年不献。"其实这是骗她。因为即便是她管的那蝎子蜇了人，到明年她仍能享受到这么一份供品的。

五月初五敬五瘟爷，供品是"油圪蟆"（油炸面食）。

打麦打谷的场上要祭场神爷。

七月七要祭牛郎织女。女孩们要"乞巧"。

八月十五日要祭月亮，祭品是月饼和水果。奉祀的供品还有煮豆荚，为的是让月宫中的兔子吃。

（2）庙宇祭祀

上伏村有24处神庙，成汤庙、文庙、武庙、二郎神、大王庙、玄帝阁、佛堂庙、东庙（真武大帝、黑虎关公、五瘟、虫王、火神、千手菩萨）、龙王庙观音堂、菩萨堂、帝君庙、关公、河神、阎王堂、土地庙、西庙（关公、咽喉、佛祖、高禖、真武大帝、九天玄女）、五瘟神庙。龙王庙8处山神龛，分别是（红庙底）老君、黑虎、山神；（圪叉圢）山

上伏大庙

上伏大庙献殿

神；（山神坡）山神；（佛坡）山神；（青山崖）老君、山神；（井家沟）山神；（水泉头）山神；（松坡）山神。

上伏村大庙，也就是成汤庙，它是由三个庙组合在一起，前边是规模比较大的汤帝庙，后面是两座小庙，分别是文庙和武庙。大庙是全村祀神和办理社事的场所，住有"庙祝"看管。前后共五院。正殿供奉的是商朝开国君主商汤。

上伏村成汤庙门外石柱对联：

庙貌奠中央翠绕碧环左右河山增瑞色
人烟周四壁党庠家塾后先弦诵焕文明

现在上伏村能够看到最古的碑刻是明代嘉靖三十九年（1560）九月立石的《重修关汤帝殿关王殿碑》。碑刻中载：

金泰和五年，邑人创修汤帝殿三楹，盖为祷应桑林苏民困也；关王殿三楹，盖为威震华夏，扶衰汉也。规模宏大峻饬，焉然帝王者居。彼时神明有统为民御灾，为民捍患，可想见矣。爰我朝天顺间，历年久，木石物色不能无损坏者，故社首重加修焉，尚易为也。自天顺迄嘉靖，又凡百余年。刌地高亢，风雨之浸日至……

由此可见，上伏汤帝庙是在金泰和五年（1205）创建，当时汤帝殿三间，是为了祭祀汤王"桑林祷雨"的丰功伟绩。明代嘉靖二十五年到三十七年（1546—1558），道士王和顺倡议出资补修本村寨上汤帝殿、关王殿。明代万历十二年（1584），社首王朝冲等重修寨上关王殿。到了明代天启五年（1625），金妆三官神像及修理院墙。

历代汤庙均进行过重修。1942年，村民许光祖写作了《祭虫王文》[1]：

惟天降孽兮战乱频仍，邦国殄瘁兮兆民罹殃。连年荒旱兮家无盖藏，今岁尤甚兮触目凄凉。饿殍载道兮壮者散而之四方，群黎之一线生路兮，仅在此淡淡之秋光。何吾神之不鉴悯兮乃，驱其徒在野而飞翔，食吾民之禾稼兮，亦何异食其心肠。此皆吾民不修厥德之所致兮，夫亦何敢怨尤于彼苍。唯思神恩之浩荡兮，必能拯吾民于膏肓。请饬其徒速敛翼兮，早归飞于帝乡，吾民从此其修省兮，将于重九敬谨而献羊。尚飨！

而据1994年版《阳城县志》载："1941年夏、秋，阳城部分地区蝗虫成灾，庄稼被吃掉大部，逃荒要饭者甚多。10—11月，野狼横行城乡，人

---

[1] 注：此文作于1942年。原文"将于……献羊"作。"再不敢见善而彷徨"。由栗润森改。重九为阴历九月九日，虫王诞辰。

畜伤亡。1943年，部分地区发生蝗灾。"而蝗灾当时也影响到了上伏村，也就是在此情况下写出了《祭虫王文》。

1956年和1963年，汤庙再次进行重修。1999年到2003年，维修了戏台、月台、白龙殿，并重修了大道坡魁星阁。新建了村东和村西两座碑楼。2004年，上伏村大庙重修完毕。

（3）村社祭祀

村社祭祀包括祭神和祀鬼两种仪式，以祭神为多，祀鬼为少。祭祀的目的是为整个村庄消灾祈福，同时，也是由村里的人自愿参与并"有力出力，有钱出钱"。

从春节算起，上伏村每年固定的祭祀包括以下几项仪式：正月十五祭路神；二月二祭祀香盏婆婆；三月三王母诞；六月六祭山神；七月十五祀鬼；十月初一祀鬼。另外不固定的包括祈龙降雨等；有时发生灾难，村里也会组织举行祭祀，祈福消灾。

六、神明信仰的地方特色

太行四首

清·陈廷敬

天井关门跨碧空，太行开辟想神功。

遥连绝塞羊肠尽，下视中原虎踞雄。

嵩岳诸峰元拱北，河源万里远随东。

驿楼斜日凭轩意，回首萧萧落木风。

家山归处路分明，北上车轮梦里声。

每忆梁公如盖语，高歌孟德苦寒行。

横遮四塞如长堑，俯抱三川似列城，

午壁亭前方亩地，只应耕凿足吾生。

比似人间路较强，崔嵬历尽亦康庄。

嵇生未解青泥饮，孙绰空登赤石梁。

少华西看峰影小，大形东望海云长。

遗民敢笑唐风陋，山水连天接混茫。

绝巘登临兴未孤，白云回合尽平芜。

界分韩魏初盟土，表里山川旧帝都。

曾度千峰趋大漠，懒从五岳问真图。

更看天上黄河水，长作岩前雪练铺。

　　陈廷敬（1639—1712），原名陈敬，清顺治帝赐名廷敬，字子端，号说岩，晚年号午亭山人，卒谥文贞，山西泽州（今山西晋城）人。娶明代万历年间吏部尚书王国光玄孙女为妻，出身官宦世家。顺治十五年（1658）进士，改为庶吉士。初名敬，因同科考取有同名者，故由朝廷给他加上"廷"字，改为廷敬。陈廷敬先后担任清康熙帝师、吏部尚书、文渊阁大学士、《康熙字典》总修官等职。

《太行四首》为陈廷敬所作，诗中对于太行山的交通不便有重要描述。在历史时期，即便有"太行八陉"（河南济源的轵关陉、河南沁阳的太行陉、河南辉县的白陉、河北磁县的滏口陉、河北井陉县的井陉、河北蔚县的飞狐陉、河北易县的蒲阴陉、北京昌平的军都陉），也因崎岖不平，道路难行而被文人骚客或政治家写进了诗词歌赋里面。与此同时，太行八陉也成为重要的军事要道，据史料记载，"碗子城"就属太行八陉之一——太行陉中"羊肠坂道"上的一个关隘，这个关隘"北达京师""南通伊洛"，是连接山西、河南两省的交通要道。河南《怀庆府志》记载："太行山顶，其路羊肠，百折中有一城，地仅一亩，唐初筑城，置此以控怀、泽。甚小，故名。"

在沁河流域所属的泽州府这样一个较为封闭的地理环境中却形成了较有地方特色的神明信仰形式。且在长期的历史变迁过程中也因为其和外界交流、沟通较为困难而很多这样的信仰直至今天仍然在当地民众中传承着。

1. 旱魃祈雨

魃

明末·韩苏

沁河夏挟山溪水，泥跳波立舟难恃。

今年舟闲沙石间，深不及腰浅逾趾。

并河有湫龙为宫，盆盎下与沧溟通。

投石怒龙使龙雨，龙不见石人无功。

或言魃鬼龙之子，此日生儿敢浪喜。

魃之形状如小儿，儿名以魃从谁始？

儿邪魃邪成人口，村村号召浇龙母。

骑危柚桶千夫汹，可怜惊杀人家妇。

吾闻将旱魃乃至，不闻魃力过天地。

巢居知风穴知雨，风雨岂由一物致。

有如风雨由一物，庭前蝼蚁何妨乞。

明末清初沁水诗人韩苏的这首诗记载了沁河流域的一次祈雨活动，诗中提到了旱神魃。传说黄帝与蚩尤战于冀州，蚩尤纵大风雨，造成了大水；黄帝女魃来到冀州，使雨停了下来，却没有返回昆仑山，而是留在了冀州，结果造成了冀州十年九旱。沁水就属于古代冀州属地，此地历年多旱，历史时期祈雨盛行。在沁河流域，多神兼具祈雨功能。

一般来说，龙王掌管着司雨的职权。关于龙有司雨这一功能，最早的记载当见于《山海经》，所谓"大荒东北隅，中有山，名曰凶犁土丘，应龙处南极，杀蚩尤与夸父，不得复上。故下数旱，旱而为应龙之状，乃得大雨"。应龙因为帮助黄帝战胜蚩尤和夸父，最终没有上天，其后果就是人间经常大旱。所以说在传说中，人们就认为龙有降雨的功能，这应是上古时期祈龙求雨的一种形式。在沁河流域阳城县，无疑崦山白龙庙的白龙爷最重要的功能就是司雨。上伏村汤帝庙中有白龙殿，且从访谈中得知，此地祈雨要去崦山白龙庙，《上伏村志》对其仪式过程进行了详细描述：

取水。在阴历一月，要举行"取水"仪式。值年社首在大庙成汤殿内焚香之后，把供桌上放的几个约50厘米高的长颈瓶子取上，去到现属町店镇的崦山。在白龙祠内焚香后，在神庙的池子里舀水把长颈瓶子灌满，恭恭敬敬地捧回，仍旧供奉在大殿的供桌上。人们认为取回神水，就可以使村内全年风调雨顺五谷丰登。因为瓶口只是用龙须草松松塞着，所以一年就把水耗干了。第二年再去"取水"。

祈雨。天旱了，值年社首就到大庙白龙殿烧香许愿，祈求下雨。如果还不下雨，就有村里的青年人拿上一条新缝的白裤子到距村约4公里的潘沟村北的五龙沟的五龙庙内，把白龙王神像装到新裤内背回，送进大庙。值年社首在庙院放张桌子，摆上白龙神像，并给它在头上顶个柳条圈，让它在暴日下曝晒（这大概是让它尝尝亢旱之苦，早点下雨）。领着大伙也是头顶柳条圈烧香祈祷。还要抬上神像，由社首们跟着在村内游街。如果有人戴着草帽在街上行走，就被认为是对神大不敬，会被别人把帽挑去。

如果仍旧不下雨，只好等郭峪村去马坪头请"磁爷"。在阳城东乡，"磁爷"的威信是最高的。

送龙王。下雨后送白龙爷回宫，是非常隆重的神事。成汤殿摆放的几个"神架"（做个木架子，上部像个人的头和躯干，头上戴冠，身穿各色蟒袍，装成关公、赵公明等。可以由人扛在肩上行走）都要出动。白龙神像坐在雕刻华丽的彩舆里，由4个人抬着，4个男少年手端香盘（上放香和酒盂、酒盅、鞭炮、黄表等），社首们肃穆相随，八音会细吹细打，由大庙出来，走到东券里，再返回顺街出村，送到五龙沟后，还要烧香跪拜。郭峪村送磁爷，村里八音会和社首都要前往参加。

贺雨。这是秋收后祀神的仪式，很隆重，一般要唱三天戏。这几天，大殿门要大开。上祭时，在乐人的吹奏当中，人们把放在盘里的供品从制作的西禅房端出，走到乐台前边举起。由4个穿长袍马褂的男少年（人称为"端馔的"）接住，往上举一举，后转，走至大殿门外。社首们在门里接住，放到供桌上敬神。乐台上摆出8个木架子，插出32杆标枪、32件銮驾。乐台和戏台都要用彩绸装点得花团锦簇，非常好看。

除了泽州地区外，白龙爷的信仰范围还扩大到了河南省怀庆府，崦山白龙庙有一块清代嘉庆年间的碑刻，对其有着详细的记载。据嘉庆元年（1796）勒石的《怀庆府河内县东王召东申召西王召每年三月二十二日老庙祈拜圣水碑记》记载：

> 显圣王司龙神也，雨旸时若，年谷顺成，遐尔胥被其泽焉。如我怀庆河内县东乡东竹策、西竹策、南王召、东申召、东王召、西王召六村遗有古迹，每年三月二十二日恭赴本山，虔拜圣水，六村同立社事，先年已有成规，永为定制。……

以上选取的一段碑文，记载了怀庆府河内县（今沁阳市）东竹策、西竹策、南王召、东申召、东王召、西王召六村长久以来形成了三月二十二日去崦山白龙庙祭拜取水的旧规。由此可见，围绕崦山白龙庙形成了一个白龙信仰圈，且该信仰圈范围早已超出泽州府，传播到河南怀庆府。

除了白龙神具有司雨职能外，实际上汤帝、舜帝这些大庙内供奉的主神也充当着司雨的职能。商汤"桑林祷雨"早已成为耳熟能详的历史传说，而围绕阳城析城山汤庙形成的汤帝信仰圈也范围很大。

除了历史传说的悠久之外，皇帝的敕封对于汤帝信仰的流播也起了很大作用，析城山成汤庙是阳城最早的成汤庙，从《敕封碑》的记载我们可以看到，北宋政和六年（1116），宋徽宗赐析城山成汤庙"广渊之庙"庙额，把析城山的爵位从"诚应侯"提升到"嘉润公"。析城山上原有一块元代至元七年（1280）三月立石的《汤帝行宫碑》，记载了山西、河南两省22个州县所建成的汤帝行宫84道。如果从数量来看，河南省沁南府河内县有18道行宫，山西省的泽州府阳城县有16道行宫，无疑这两个府的汤帝行宫最多。而这两个县分别位于析城山的南北，距离析城山也是最近的。离开析城山越远，汤帝行宫就越少，到了河内府偃师县或太原府的太谷县，就只有汤帝行宫一道，人们对于汤帝信仰也减弱。析城山汤庙每年农历五月十二为春祷庙会，七月十五为秋报庙会。社事在汤庙设神坛念经，各社送羊拜斩，社里请戏班唱三天戏，社员家家户户献供烧香祭拜。民国时期大型雩祭活动减少。

祷雨之俗遍布沁河流域。在阳城西南乡大型社事——过赛走水。"过赛走水"相传起源于康熙戊辰年，涉及次营、董封、驾岭3个乡镇的12个村，每年由一个社村主办，依次为南次营、上义、侯井、谭村、董封、吉德、北次营、临涧、苏村、赛村、庄头、周壁。东乡祷雨习俗。在北留一带，祷雨的习俗分为天池—浇龙王—偷抹布—偷龙王—清佛爷—接磜爷等不同层次级别的形式。东南乡祷雨习俗。在东冶、台头一带也有不同形式的雩祭风俗。

舜帝也兼备司雨职能。沁水县土沃乡土沃村有舜帝庙，这是我们可以看到的历山下最早的舜帝庙。元代至治二年（1322）的《修建圣王行宫之碑》上有详细记载：公元1250年，沁水大旱。土沃乡民"乃以香巾粲盛瓶器，敬诣祠下，拜请圣水，果获满涌，甘霖口足"。1261年在乡民刘源、徐玉组织下，"咸舍己财，鸠工募役，因就墅东古迹护国显应王之遗址，创构虞舜、成汤二帝之行宫"。"每逢岁旱，祷则应之"。在农业生产力低下时代，农民种地靠天吃饭，祭天祷雨成了老百姓年年要做的大事。沁河流域雩祭习俗十分普遍，形成了以社为单位举行的大型祭祀活动。

2. 老君圣灵

与"山谷险阻、溪河清冽、地僻岩深、土瘠民贫"等不利状况形成鲜明对比的是这一区域蕴藏着丰富的煤炭与铁矿资源。

清代雍正版的《泽州府志》里收录了明代于谦的诗《咏煤炭》：

> 凿开混沌得乌金，藏蓄阳和意最深。
> 爝火燃回春浩浩，洪炉照破夜沉沉。
> 鼎彝元赖生成力，铁石犹存死后心。
> 但愿苍生俱饱暖，不辞辛苦出山林。

这首七律，前四句描写了煤炭的形象；后四句抒发了诗人为国为民，竭尽心力的情怀。全诗以物喻人，托物言志，表达了作者为国为民造福之心，也表现了作者的远大抱负。而此诗能够被收录到《泽州府志》里，说明该区域确实煤炭资源丰富。与煤矿相关的是此地蕴藏着丰富的铁矿资源，据岑仲勉《隋唐史》记载，这里是当时全国95个有铁矿州县之一，为河东道14个产铁州县之一。明代成化年的《山西通志》（卷六·物产）记载：铁"唯阳城尤广"。将二者结合起来，就是冶炼业的发达。泽、潞各地都有铁矿分布，如乾隆版《阳城县志》（卷四）载："县地皆山，自前世已有矿穴，采铅、锡、铁"，康熙版《阳城县志》也记载了"史山，县东北三十里，产铁矿"。

据《晋商史料全览》（商镇卷）载：阳城润城上、中、下三庄，明清两代500多年同为一里，称白巷里，民间则直呼一个字"庄"，此间外出经商者最多。三庄地下煤铁资源丰富。宋、金以前，叫黑松沟，元中期至明中后期，三庄采煤、冶铁、铸造等业日益兴盛，方炉、货炉遍及三庄，铸造技术精湛，小到烟盆、砚石、笔架，大到三四千斤重的大钟，均可铸造。夜间自樊山、可乐山顶西南望，数里沟谷炉火映天，成为一条名副其实的"火龙沟"。此间村民，伐树修庙盖房，劈柴烧炉，长达百年。至明初，沟内黑松已不多见，但沟内白皓皓的房屋绵延数里，故时任知县遂改三庄为白巷里。至今，三庄许多古宅，其梁、柱、檩、椽多为松木，其墙内层均为炼铁用的坩埚，沟谷、村庄间炉渣随处可见。民国二十三年（1934）出版的《山西省阳城县乡土志》载："明正德七年（1512），霸州贼刘六、刘七至阳城东白巷里等村。村多业冶，乃以大铁锅塞衢巷，登屋用瓦击之，贼被创引去。"拒"贼"而以"大铁锅塞衢巷"，可见这一带冶铁铸造之盛。

与煤铁冶炼业相关的是此地老君信仰的兴盛，在沁河流域，几乎每个大庙内都有老君的神像，白巷里的上庄村也不例外。上庄村的宗教主要有南庵庙、北庵庙、火星庙和药王庙。

现在保存完好的有永宁闸和南庵庙。北庵庙、药王庙位于村东的山坡上，火星庙位于村东水池旁。北庵庙仅存遗址，药王庙和火星庙已毁，只能根据碑文记载来进行解读。

根据阳城上庄人，明代吏部尚书王国光撰文，万历二十二年（1594）勒石的《重修药王庙碑记》记载：

> 白巷上庄有药王庙。庙上东沟有六角石井，水常盈溢。井南石壁书吾老祖名二十子文与乡间数人浚凿焉者，名圣水井，乃成化二十年四月初一日也。每年四月八日，县之远迩男妇群然焚香于庙，复在此井拜水求神药，多有验，神之庇民又可感想。今废塞几六十年。崖下清泉散漫旁出，见者乐而修焉。因叹吾祖之不终在念也，遐口其事不可泯灭。侄尧山修庙有为命可□□侄笃□协之，仆旦夕视事，改为丈余石池。池上火星庙三间，画伏羲、神农、轩辕像于中，历代良医于两壁。盖神农尝百草兴医教。明伏羲阴阳之道，开轩辕道食之功，而医道阐于天下，后世好生之德如圣水之不竭。庙食万世，师表无穷。乡民往来视此工作，虽愚夫愚妇亦喜跃

焉。故此以不忘吾祖之德，以遂乡民保育之怀。

赐进士第光禄大夫太子太保吏部尚书孙王国光撰

万历二十二年四月初八日

碑文中除了药王庙外，还提到了火星庙。而本应供奉火神，却"画伏羲、神徒、轩辕像于中，历代良医于两壁"，似乎成为了药王庙的一座殿宇。

村中现存最早的建筑是北庵庙，位于中街北侧，元代修建。庙内有万历四十二年（1614）勒石的《金妆太清诸神像并补修二卧碑记》，碑文中明确提到了老君信仰，还有关公信仰，"云殿中大清，而关帝真官两环峙焉。夫太清道德变化，真官鉴察贞，谣其功德。□关帝鼎立，以禅于世曰者，太清真官犹属土偶□。"老君信仰是因为冶铁业的发达，关公信仰则与商业发达有关。

在沁水也有丰富的煤铁资源。在中村一带，铁矿资源丰富，且易于开采，据《中村村志》记载，"根据矿体露头该区域铁矿分为五矿段31个矿体"。"沁水有四大煤矿勘探区，中村系沁水普查区，该区包括王寨、杏峪、龙港、土沃、张村地区，向东进入阳城县的羊泉、芹池一带，东西最长38公里，南北最宽25公里。"中村镇柳沟有老君庙，据乾隆三十七年勒石的《重修关帝老君黑虎庙碑记》载：

……以南界有石井沟者，山谷间熔冶厂也，沟西祠庙一所，奉神非一，大约皆能赐福于民者。

守御所千总张遇亨谨撰

贡生张遇奇敬书

公顺号 东义顺 全三盛 仁和号 合盛号

大清乾隆三十七年端阳之吉

从"南界有石井沟者，山谷间熔冶厂也，沟西祠庙一所"，可知老君

223

庙的建立是与冶铸有关，换言之，冶铸行业将老君信仰作为行业保护神。而参与重建老君庙的商号，如公顺号、东义顺、全三盛、仁和号、合盛号也许全部是冶铁业。

嘉庆十四年（1809）的《建修碑记》载：

> 柳沟庄，其地产铁金，设炉熔铸。旧有建立老君神庙，世远年湮，未详经始年月，正殿湫隘，嚣尘颓废已甚。
>
> 阶修职左郎吏部候选儒学司训岁进士董泰安沐手撰文
>
> 荣盛号 同兴号 双合和 余庆号 义合号 天福号 金盛窑 护顺号
> 长春号
>
> （以下捐资商号略）
>
> 时大清嘉庆十四年季冬吉立

柳沟庄，因为地产铁金，设炉熔铸。因此建立了老君神庙。嘉庆己未年（1799）重修。十年后，也就是嘉庆十四年（1809），再次重新修建。新建西廊房三间，将东庑坍塌部分进行补葺，舞楼卑狭的地方扩发，彩绘窗梁。

中村镇石井沟村也有老君庙，据乾隆八年（1743）勒石的《创建石井沟庙碑记》载：

> 从来地以神明，斯庙以人建，即如石井沟，居硗岩荆棘之中，豺狼虎豹藉集期间，人夫莫敢巢居者。
>
> 自余公顺号、永盛、三合、协盛四家冶铸于斯，匠工广众，以光照天，鸟兽之客以消，而业财之事以起。金曰："人力系神之惠爱，私币之金，更勒木铎之化营。"乃于山中建庙三间，以太上老君尊神居于其上，关帝、玄坛神居于正中，山、土地二神。则一左一右。厥土漳间，厥位面阳夕，展力越三月以，而宫殿巍峨□然于中林蓬篙之间傍。

到了乾隆四十六年（1781）的《修舞楼碑》记载了老君庙创修舞楼的事情，这次重修中涉及8个商号，可能这些商号是将老君作为行业的保护神。

3. 蚕姑盛行

清代郭峪村人清代王炳照在《山居岁时》诗中写道："三月山前戴胜飞，女桑猗傩冒荆扉。马头娘子谁先祭，满箔春蚕叶正肥。"由此可见当时养蚕业的兴盛。

顺治《潞安府志》（卷一）中说："上党居万山之中，商贾罕至，且土瘠民贫，所产无几，其奔走什一者，独铁与绸耳。"《府志》里记录的，此地除了产煤与铁外，还产绸缎。有绸缎就应该有蚕桑业，实际上沁河流域历史时期以来蚕桑业就很发达。从自然条件来说，山西晋南、晋东南一带很适宜发展桑蚕养殖。沁水县土沃乡台亭村还长着一棵大约2000年历史，三人围起来抱不住的老桑树，可见当地蚕桑业的历史之悠久。历史时期有很多碑刻中记载了蚕桑业，如在阳城县河北乡庙河口三蚕圣姑庙，有一块勒石于清道光二十一年（1841）的有关蚕茧的碑刻，碑名是《立茧秤碑序》，碑文如下：

> 盖闻生民以来，居民乐业，由此而出也。夫农养蚕、植桑、结茧、缫丝而成习，捐上为润国之珍宝。庙河各家立身理宴，虔敬三蚕圣母，酬神圣功德之恩。近闻四邻村庄皆有茧秤一事，独盘亭定此备社，偶起此念。想余社之茧，可归于社中变卖，方为三益：凡商者坐庙求得货农之心愿，庙而得财，社内抽油资而荣社。真乃神从人愿，意欲已定，揭力难全。今同合社处士热心公请酒，共议既妥，商翁畅允。所有条例辟开于后，勒石流传，万古足哉。
>
> 一、议茧入社者，买卖两家每茧一斤，各出油资钱三文。
>
> 二、议在社人等不许在家卖茧，如私卖茧者照罚。
>
> 三、议新旧四位老头每日一位，七位茧头每日一位轮流周转，在庙执日主价过秤。

四、议每六月初六祀三蚕圣母尊神，所用之物照账办理。此日，勾账交头，不许失误，和违者遵古惩罚。

五、议社抽油资只许置买社物花费，不许古迹祭祀使用。

时大清道光二十一年署月谷旦合社仝立

以上的关于蚕桑业的碑刻并不少见，还有勒石于清咸丰七年（1857），现存于高平市西坡村玉皇庙的《西坡村种桑养蚕碑》，碑文如下：

尝思《禹贡》纪桑土之蚕，原为国家重务；《月令》载分茧之训，实为闾阎要图。是桑也者，固原隰之所宜，而蚕事之所攸赖者也。古者，献茧必于君，公而奉种，浴川兼资，世妇躬桑必于后妃，而朱绿元黄亦须六宫，是尊与贵者且不辞曲植之劳、不惮韦箔之瘁，矧隶在编氓，岂可自蠛其手足，视树桑为无益乎？吾侪觇物士之宜，知美利之兴莫重于桑，缘合社按家各栽桑数株，以为养生良策。第桑为蚕储，宜作十年之计，而人勤蚕事，系忍他物之伤？《诗》曰："敦彼行苇，牛羊勿残履。"讵养蚕之桑，而能听其损伤而不顾乎？爰是，社中严立条规勿许牧羊者犯境。庶桑日以茂，蚕日以多，而老者有衣帛之资，幼者得养生之助，里闾比党之中渐臻丰富，岂不懿哉？是为序。

咸丰七年岁次丁巳黄钟月既望

蚕桑业将蚕姑作为行业神进行祭拜，这样的习俗一直延续到今天。

除此之外，沁河流域还产硫黄、产纸。硫黄行业祭祀的是老君，而造纸业奉祀的是蔡伦。在阳城县下孔村就有蔡伦庙。

4. 财神发达

下表是对阳城县上伏村民间祭神点的整理：

神明	共计（40处）	备注
关公	10处	有庭院的15处，券顶无院者5处，有殿可入者5处，只在庙前祭奠者7处。
山神、井龙王	8处	
菩萨	7处	
佛祖	5处	
龙王	4处	
祖师、老君、河神	3处	
高禖、文昌、土地、五瘟、黑虎、药王、真武	2处	
孔子、魁星、三官、三清、财神、吕祖、大王、牛王、马王、虫王、火神、鲁班、张仙、风神、阎王、咽喉、韦驮、地藏王、疙瘩神、九仙女	1处	

从上表可以看出，该村最多的是关公，达到了10处。这样的个案具有代表性，在沁河流域，除了汤帝庙、舜帝庙这样的大庙中有关公殿外，许多村落中还有众多的小庙中也祭祀关公，这与沁河流域历史上发达的商业有关，关公既被认为是行业保护神，也被认为是财神。

上庄村，永宁闸上建有永宁阁，阁西塑关帝圣像，阁东塑观世音圣像。清嘉庆三年（1798）补修永宁阁碑记中，捐银商家字号多达143个。道光十一年（1831）扩建炉峰庵时，捐银商家33个。咸丰九年（1859）修缮永宁闸，捐银商家116个。《晋商史料全览·商镇卷》记载，"清末民初，上庄村徐德荣在山东经营煤炭，曹东升在晋城东沟经营油坊，王守先在驻马店经商，杨师育在晋城、润城开有当铺，牛节在洛河开棉花百货绸缎庄，曹和诗在晋城东沟经营粮行，王鹤年在沁水经营盐店，王凤鸣在晋城、河北、邯郸经营副食、日杂、货栈，樊次枫在晋城、沁水、阳城、润城、太原等地经营盐店、钱庄、当铺。抗日战争后，外出商人皆弃商返乡。"

据《上伏村志》记载："明清以来，三庄70%以上的家户均外出经商，远者到广东、内蒙古、甘肃等地，近者除本省外，鲁、豫、鄂、皖、陕等诸省都有。远的大多以五年为一周期，即外出四年，回家休息一年；近者三年为一周期，即在外二年半，回家休息半年。"这种重商的风气并不仅仅存在于白巷里三庄、郭峪、下伏、润城等村也是如此。下伏村汤帝庙，庙内有关帝王殿，明代嘉靖十二年到三十七年（1546—1558）重修汤帝庙、关王殿。明代万历十二年（1584），社首王朝冲等重修寨上关王殿。清代乾隆三十三年（1768）勒石的《敕封忠义神碑》记载了乾隆皇帝追封关帝的圣旨。乾隆三十三年（1768）勒石的《移修关帝庙碑》记载了将寨上关帝庙移建于大庙后关帝庙正殿。最吸引人注意的是此碑的捐施情况，以及与这块碑刻相关的另一块全部是捐施名单的碑刻。里面密密麻麻地记载了捐施情况，整理如下：

地区		商号数（100）	个人捐	金额
外村以及外省	平阳	7	20	
	北留	1（大社1）	2	
	徐州	12	3	
	介休		2	
	太平		2	
	朝邑		3	
	润城		1	
	沁水	1（会馆1）	2	
	凤台		2	
	城中		2	
	北阴		2	
	尧沟		3	
	忻水	13		
	白巷		4	
	江南		5	
	潭县	17		
	潘沟	7（开明寺1）	4	二百一十九两二钱四分
	上庄	3	6	
	苏家岭	8	10	
	滕县		16	
	章训	2	4	
	横岭		6	
	郭峪		10	
	崇上		1	
	陕西		5	
	周口	1	6	
	丹青		1	
	下伏	1	4	
	屯城		7	
	嘉封		1	
	马沟	4	52	
	阳曲		1	
	新郑	2		
	新镇	7	11	
	大明府	13	12	
	河南		1	
	霍庄		1	
		99	212	
本村		1	290人	四百二十两三钱八分

从移修关帝庙施财碑可以看出，村外以及外省组织捐钱的有100家，

其中商号97个，加上北留大社、沁水会馆、潘沟开明寺三家，共100个。以个人捐施的共212人，地理范围北到河北，西到陕西，东到河南，南到江苏，都有商号或者个人捐施。本里的有1个商号，以个人捐施的共290人。将外村以及外省和本里的加起来达到了98个商号，502人。

碑记还记载了捐施银两数：以上出村共收布施银二百一十九两二钱四分，本村共收布施银四百二十两三钱八分，两者共银六百四十两六钱八分，买庙地基每年贴施银二十四两粮钱一百文，买关桥庙地基二亩施银三十两每年贴粮钱二钱四分，修庙杂费共施银五百九十五两六钱。出村捐施的银两数字大约占到了总数的三分之一。

从以上关帝庙移建中的捐施名单可以看出，不论是本村还外村，乃至外省对于上伏村移建庙宇还是踊跃捐资的。而实际上，明清时期沁河流域的很多寺庙建筑均是依靠商人捐资来完成的，这就是被学界早已熟知的泽潞商人。这个群体是通过经营盐铁、丝绸等物起家的。在这个区域，东有太行、南有王屋，属山地丘陵地带，虽有漳水、沁水、丹水等在山谷间流过，但长年干旱少雨，仍非宜农地区。明清时期的地方文献记载，这里有大量的人以工商为业。用万历《泽州府志》（卷七）载："第其土不甚沃，高岗多而原隰少，人□废居逐末作，而荒于耒耜。" 在沁水，清代光绪《沁水县志》就记录了此地商业在人们生活中的重要作用。县志是这样描述的："民勤耕稼，务农桑。南多商贾，女多纺织。沁邑处深岩邃谷中，山多地隘，气候冱寒。即盛夏大热，不过二十余日。田禾生长甚迟。若端氏、郭壁以往，气候稍暖。大抵山不产货财，水不通舟楫，人鲜盖藏，强半糊口于外。"

这些都说明商业在明清时期的地方经济和民生中占有重要的地位。关于当地人经商发家的记载不胜枚举，《晋商史料全览·晋城卷》记载：

下庄村人李思孝，字云楼，自号双塔主人，阳城白巷里（今润城镇下庄村）人，明代阳城巨商。生于明成化、弘治年间，卒于万历年间。李家共分四支，在白巷里是个大家族。李思孝于16

世纪初继承祖先的商业传统，在河南开封、周口，安徽亳州、泗州、颍州、寿州，山东曹州等地，均设有商号。明嘉靖四十年（1561）至隆庆六年（1572），他历时11年，耗银6000两，在村东3里处的海会寺，建13层琉璃如来塔一座，创佛殿20余间，塑几千尊金身佛像，印佛经数万卷。

王重新，明末清初人，字焕宇，号碧山主人。《郭峪村志》是这样描述他的，"为人机警，有谋略。他外出经商，不久致富，资本雄居全县。他一生不吝啬，好施舍。在村里当社首多年，曾多次捐资办理社事。"郭峪村村委会院内有王重新墓志铭，据《清故太学生碧山王公暨元配曹孺人合葬墓志铭》载：王重新"七岁而孤，年十四即挈父遗橐行贾长芦、天津间，附拾仰取，不数载遂至不訾。因不复身贾，其所用人无虑千数百指，皆谨奉诚无敢欺，所著《货殖则训》甚具"。由此可知，阳城王重新是靠经营长芦盐和阳城铁货之间的贸易而致富的。明崇祯八年（1635）《郭谷修城碑记》云，这次修城他捐白银7000两。崇祯十三年（1640）的《焕宇变中自记》，当时发生特大战乱和灾荒，他拿出大量的粮食赈救饥民。直至今天依然耸立村中的豫楼亦是在他的领导下修建的。清顺治九年（1652）《郭谷镇重建大庙记》记载，重修汤庙时，共用银1800两，王重新独自捐款700两，并捐地10亩2分。顺治十三年（1656）《重修西山庙记》记载，王重新捐银1200两。可见王重新的富有，以及对于修建村庄中庙宇建筑的热心。

泽州地处河东盐及本地物资向东南转输的要道上，这里可以北上太原，南下河洛，西去陕西。陈廷敬在《创修孙公峪新路记》中说："泽郡环山而立，居太行绝巘，据中州上游，山峻而险，水瀑而陡，居民往来，商旅辐辏，每当险阻阽危，惊心骇目，则绝通道，为最急云。"也正是在这样的地理状况下，泽潞商人崛起了。在泽潞商人崛起的同时，他们每到一个地方在支持当地修建学校、庙宇的同时，也修建了泽潞会馆。如洛阳老城中有潞泽会馆，该会馆建于乾隆九年（1744），其中乾隆二十四年（1759）勒石的《建关帝庙泽潞众商布施碑记》中就有绸布商46家、布商

38家、杂货商14家、广货商12家、铁货商5家、扪布坊53家、油坊57家，共225家共同参与其事，可知清代中期潞泽商人经营范围之广。在此情况下，泽潞商人除了供奉关帝信仰之外，也将汤帝、舜帝等沁河流域的神明系统带到了当地。

5. 儒释道并置

唐代开始，儒、佛、道三教合一的思想趋于融汇调和。罗香林《唐代三教讲论考》一文，通过对唐代三教讲论的具体考察，指出三教归一之旨，在唐代"久已普遍朝野"。明代中晚期，儒、佛、道三教正式合流。而这完全符合中国文化，"在一个多神论的环境中，明智的投资者不会冒险把风险分散在多个可能上。例如，在中国文化中，慎重的祈求者会在几个不同的庙里上供并且跟很多不同的神明交换"。因此，儒释道三教合一，从文化深层展示的是中国人中庸、和谐、共存的思想观念。历史上，沁河流域的神明信仰从整体上呈现出的就是儒佛道三教合一的趋势，三教庙是最好的例证。

沁水县城东郑村镇孔壁村有三教庙。据镌刻于万历八年（1580）的《重修三教庙记》记载：

> 兹沁邑东六十里许，曰孔壁村，古有三教庙一所，创建年远，未敢善辨始于何代，□椽圮□，则重修于弘治，再后修于嘉靖间。岁遇□旱，有祈则甘霖大降；时遇瘟疫，有祈则合村获吉。初问有功德宜祀者，亦有之心可者。但历年久远，檐墙瓦木未免为风雨摧拆，像器执事未免为土气损伤，村众每遇春秋祈报，此□念云："人依神而立，神依人而灵，斯庙若是久，我等于理何忍耶？"……然其工则经始于万历三年乙亥，时成于万历八年庚辰，计其□费钱□□百金，计其工程仅及□□借四神□兴力，人何若是齐心，工何若是易成也耶。

上面选取了一段碑文，说的是孔壁村三教庙重修于弘治年（1488—1505），再修于嘉靖年间。每遇到旱灾的时候，只要去祈雨就会降甘霖。遇到瘟疫，也可以保佑全村不受侵扰。重修始于万历三年（1575），竣工于万历八年（1580）。

沁水县孔壁村的三教庙不是个案，在阳城县郭峪村也有三教堂，康熙四年（1665）勒石的《重修三教堂观音堂泰山祠记》提到了"南募其地，重建三圣堂三间，观音堂三间，泰山祠三间，东楼三间，暨诸神像驱金碧丹垩，作瞻生肃。工始于丁酉（1657），以戊戌（1658）告竣。"到了康熙二十二年（1683），再次进行了重修，有《重修三教堂碑记》为证，可以此碑破损严重，从漫漶不清的碑记中看到"恒山僧四世主持"、"先是恒山灵法祖云林法师朗然主持此地"两句，可以知道东庵庙三教堂和北岳恒山的联系。

到了乾隆十三年（1748）北留镇西神头村三教堂内创建舞楼，据《创建舞楼碑记》记载："天地牛王五谷圣会，合村人等念起每岁祭祀献戏不便，合村人公议，喜施大会钱粮兴工，不足钱粮又照社均摊。"为了解决人民祭祀献戏不便，在三教堂创建舞楼。乾隆十六年（1751），在本村的信徒中募化，金妆三教堂神像。

北留镇柿园村三教堂，道光二十九年（1849）《舍地基房屋田产记》记载："本村旧有乐施地基以及房屋田产，虽不尽出于一时，而求天保佑实本于同心。"碑记还记录了六个人向三教堂施舍地基以及房屋田产的具体情况。

北留镇西横岭村咸丰五年（1855）勒石的《增修舞楼院碑记》记载了"邨西旧建三教、菩萨、高禖神祠，外里舞楼一所，为演剧之场。第历年既久，风雨摧残。……"道光二十二年（1842），村庄中善士张卫等人，积极行动对其进行重修，然而道光二十六年（1846），工程几乎中止。到了二十八年（1848）才修建成舞楼上下六间，耳台东西八间，两廊大小共十四间，并将堂中檐牙斗拱、殿宇窗棂，都进行了彩绘，对于缺损的部分进行了补修与重葺。咸丰四年（1854），工程最终结束。

上面所举几个村落的三教庙或者三教庙只是沁河流域三教共处一个空间的一些个案。其实，三教合为一体，处于并置的状况还有很多。

沁河流域"山谷险阻、溪河清冽"，光绪版《沁水县志》前引邱璐曰："沁境四围皆山，大都太行支脉，惟以沁河界，其中侧分为二派焉。"乾隆版《阳城县志》载："阳城之形势，地方百里，包以群峰，环顾四塞，所谓山诸侯之国，而背负高平、凤台、沁水左右交翼，皆嶂岭岾崿磎谷阻深又其重关外扦者也，前临济源，傍通河内，有居高临下之势，而仄径小道侧足崎岖。"在这诸多的山岭中，创建有许多寺观庙庵，且展现出的是三教并置的状态。就以中华山为例，中华山南依圣王坪，西临小尖山，位于阳城县县城南22.5公里处，海拔1211米，四山环绕，山势险峻，松柏葱茏，风景奇秀。是一处集宗教信仰和观光旅游于一体的重要场所。据同治二年（1863）的《中华山创修碑记》载："吾阳有析城天下之名山也，山之阴有护驾村之东南孤峰特立名曰中华山。"从北面看，他像一头头朝东，尾甩西的大公牛，故百姓又称"牤牛山"。据碑文所载：中华山初建于唐，宋光宗元年（1190）寨楼被摧。明武宗十一年（1516）重新修复。以后又相继修复了老祖宫、无梁殿、南顶寺。宣统二年，中华山修筑了石梯；民国十六年（1927），重修了药王殿。在屡次兴工续建中，形成了包括三教殿、药王殿、关帝殿、魁星殿、无梁殿、灵官庙、南顶阁、观音殿、送子娘娘殿、龙王宫、极乐宫、协善宫、土地庙、八仙图这样三教同处一个空间的状态。其中"三教殿"为正殿，规模也最大。每年四月二十八日庙会期间，方圆百里的善男信女扶老携幼登山朝拜，景象十分壮观。

结语：现代化进程中沁河流域的神明信仰

沁河

清代·洪世佺

东风生春色，流光入沁河。我行荦确间，爱此林壑美。

青山破雾排，绿杨掠波起。东西野人居，历历无远迩。

欲比桃花源，鸡犬长孙子。樵歌与牧唱，沿流上藤蔂。

何处一声钟，迥然涤心耳。望望檽山门，河西白云里。

本诗写的是端氏附近的沁河风光，春风吹拂河面，沁河波光粼粼，青山云雾缭绕。乡民错落而居，鸡犬相闻；樵牧悠闲相呼，诗人给我们描绘了一个桃花源般的世界。静中有动，作者正在风景优美的山中行走，忽然听到了一声清脆的钟声，循声远望，原来是河西白云间檽山寺传来的钟声。诗句写出了沁河风光之旖旎，令人向往。

理性去魅

沁河景色之迷人，居民生活之闲适，为早期人类起源以及之后的文化发展提供了条件。对沁水县城西70公里下川遗址的考古发掘可知，距今2.3万～1.6万年沁河流域就有了人类居住。与诗意的田园风光密切联系在一起的是神明的产生，以及民众所构筑的"有神的村落"，这样的村落给我们提供生活的意义和稳定感，也只有在这样的村落中，人们的心灵才会有归宿，才会镇定地面对社会的变迁。历史上，每个村庄都建有庙宇，中村的"三堂四阁五大庙"，上伏村的24处神庙、8处神龛，窦庄的17处庙阁，这些只是沁河流域诸多村庄中具有代表性的案例罢了。历史时期，村庄的数量在发生变化，村庄的人口也在发生变化，但是民众所建构的"有神的社区"却一直延续到20世纪。晚清以来，在现代化进程中，庙宇这个承载民众心灵归宿的宗教场所出现了危机。就以龙港镇南瑶村有玉皇庙为例，该庙位于沁水县城西南2.5公里处南瑶村，庙内两块碑刻呈现出社会变迁过程中"有神社区"逐渐趋于解体的现象。

道光十二年（1832）沁水县南瑶村的《南沟社祭诸神条规碑》记载：

> 今将致祭诸神圣诞条规开列于左：
> 三月十五日致祭山神圣诞，猪一口，依烟户摊钱。
> 三月十五日致祭高媒（禖）神母圣诞，猪一口，依人户摊钱。
> 四月初三日致祭玉皇大帝圣诞，戏三台、猪一口，依地亩摊钱。
> 四月十五日致祭白龙尊神圣诞，猪一口，依随神摊钱；又刀首一斤，水官办理。
> 五月初一日致龙王尊神圣诞，猪一口，依随神摊钱。
> 五月初五日致祭五瘟尊神圣诞，猪一口，依人口摊钱。
> 六月二十四日致祭河伯尊神圣诞，羊一只，依人口摊钱。
> 七月初三日致祭玉皇大帝圣诞，戏三台、猪一口，依地亩摊钱。
> 七月初七日致祭马王、牛王尊神圣诞，依随神之家，每一家一分摊钱，每一牲口一分摊钱。
> 七月二十日致祭风王尊神圣诞，戏三台、猪一口，依烟户摊钱，又面一斤，□□开水官出钱。
> 九月十三日致祭关圣帝君圣诞，猪一口，依烟户摊钱。水官经首致祭，依随神出钱。
> 三月初三日致祭三蚕圣母，刀首一斤。
> 五月十三日致祭关圣帝君，刀首一斤。
> 五月十九日致祭龙王尊神，刀首一斤。
> 六月初一日致祭山神、土地尊神，刀首一斤。
> 六月十九日致祭玉皇大帝，刀首一斤。
> 合社仝立
> 清道光十二年七月吉勒

南沟大社由三社组成，该社祭祀条规中记载了三月到六月四个月中的祭祀情况，达到了每月至少两次的频率。且所祀神明种类众多，有山神、高禖、玉皇大帝、白龙、龙王、五瘟神、河伯、马王、牛王、风王、关圣帝君、三蚕圣母，这些神均是与普通民众农候物产、岁时更替、日常生活最为密切联系的神明。南沟大社玉皇庙是春祈秋报时候祭祀的地方，每年祭祀要献猪演戏，祭祀的费用，由东中西三社按地亩均摊，这样的传统早已经形成惯制。然而到了光绪二十一年（1895），情况出现了变化：

　　南沟大社，昔年玉皇尊神旧有春秋祈报之祭也，古来每年致祭，献猪演戏，大小祭祀，大社分摊，东、中、西三社以□□之□，每逢祭祀之钱，按依地亩以均摊。屡年社中公举社首，水管，各圪塔公举社□水管一人，三圪塔公举三人为□□□，社首祭□三戏，水管轮流运转。大社诸神，每遇大小祭祀之期、朔望之日，社首、水管进庙，衣冠整齐，焚香□□□祈神□□佑也，神功助力也。有光绪二十一年，大社公举社首，东、中、西公举三个为首，东、中圪塔公举社首□定。而西圪塔公举社首，在西□□谭福林名下，谭姓他人直意不愿，抗□不从，违抗社首，不□搅扰，水管未有。因此将大社之规搅散。不然他人搅乱社规之□□，且将庙宇自贴□神不随之帖，才将西圪塔众社友难以进庙祭神。一无社首，二无水管，□能供养神灵之香烟？东、中圪塔众社友无奈商议，东、中二圪塔公举社首二人，才入社酬献神明，虽不能大祭，但能小祭也。迄今四载，西圪塔并无入社，一无祭祀，二无□社。止光绪二十五年，裴王两庄众神分，无奈，与大社众社友商量，暂为回社，同炉焚香神灵，独有西坡庄谭福禄并于永盛、李锁柱三家心中不□，将以前□行之三家□永无回社之意。虽无回社之心，大社祭祀均摊地亩之钱，所出不过数年，将大社祭祀均摊地亩之钱并社钱，一概违抗不出。社中处于无奈，才□□□□家到社同人说合，再三劝化，几次大社化钱二千九百七十文正，他人并□转意。止光绪二十七年，又到

□城按班同人说合一次，大社又化钱若干，他人□不从社中。到
光绪二十八年，众社友又与西坡庄谭、李三家到在本地城隍庙同
总说一次，谭、李三家心中不□，大社又化钱若干，以上大社屡
次共化钱七千一百七十文正。外欠大社地亩人口之钱，屡年共钱
七千一百二十八文正。社中再三□□小次谭福禄、谭永盛、李银
柱三家永无□新之意，并无敬神之心，大社众无奈，□□社中，
将谭、李三家革□，社入免于他人□和生事，因此大社勒诸片
石，以记之不忘云尔。所有官钱，西坡昭以八派均摊。

　　　　　大清光绪二十八年重阳月合社公立

　　里社本是村落社会内部的共同体组织，然而到了清末，这一制度内部
结构已经趋于松散。以上光绪二十八年（1902）的《南沟大社社事碑记》
记载了西社公举社首中出现纠纷，致使三社不能合祭，即便是在多方劝说
之下，仍然没有和好如初，最后只能是将不想回社的三家开除出社。所欠
社费由西照坡八派均摊。

　　上述问题并非个案，晚清阳城县白桑乡刘庄村也发生纠纷，据光绪
三十年（1904）勒石的《出庙始末缘由碑记》载：刘家庄社社首三年一更
替，光绪二十八年（1902），社中因为交接社仓利谷，发生了口角，最后
争讼到了县衙。县令宣判旧社首交利谷一石，以此结案。事情结束后，社
里公议推举原祯等四人经理社事，不到一年，山神庙需要补修。四坊社首
中西坊社首栗小因不理社事，只能是三坊祀神，祭神结束后所有花费由三
坊承担。就这样三坊承办祭祀两年有余，到了甲辰年秋天（1904）村庄中
耆老商量，劝解西坊和三坊重归于好，按照旧规，重新合办祀神。其实在
晚清以前的社会，社众之间、村落之间也会发生纠纷，只是到了晚清这样
的纠纷更加频繁，尤其是围绕庙宇发生的纠纷。

　　光绪二十一年（1895），两江总督张之洞首先正式上书光绪帝，提出
"废庙兴学"，即收寺庙的房产为校舍，供少年学习，集寺庙的地产为校
产，供应学校的开支，此举可谓"化腐朽为神奇"。戊戌变法运动更是鲜

明提出了"废科举、兴学堂"的政治主张。而实际上，当时光绪皇帝"废庙兴学"旨意主要在于"兴学"，"毁庙"不过是国库无钱而不得不为的权宜之计。戊戌变法在很短时间内就失败了，不过随之而来的"清末新政"很大程度上却是继承了戊戌变法的主张，"废庙兴学"也就作为新政在全国广泛推行。

虽然有来自国家的要求，然而传统社会形成的理念并未能马上瓦解，尤其是庙宇作为重要的民众信仰的载体，"废庙兴学"实施起来并不容易。辛亥革命后，"废庙兴学"才渐渐在乡间成为潮流。《沁水县志》记载：在沁水县，清代的学堂和私塾改为国民小学，实行"壬子学制"，1912到1937年，先后在全县设立了七所高小。而这些学校基本上都在庙里。例如，民国元年，天齐庙第一所高小建立；民国十五年（1926），中界村张弘舸和李雪柱等人捐资创建葆光观职业高小（校址在今吴家沟村南旺观）。在沁水中村白华村西沟，民国二十四年（1935）的《补修庙宇学校碑记》载："自民初县令各村设立国民学校，吾村因乏力独办，始暂合设在白华大庙。二十二年来，颇觉□□之就学诸多困难，甚之有因之废学者很多。于民国二十二年，村民均感觉到非独立□校，不足以救本村教育之落后"。在此情况下，民国二十三年（1934），经过县教育局核准，西沟村捐资修缮在本村关帝庙办学。

阳城县也与此类似，《阳城县志》记载：光绪二十九年（1903），在仰山书院创办高等官小学堂。光绪三十四年（1908），在城内旧教谕署、东关濩泽草堂、南关的尼姑庵、西关旧城守司及章训、东冶、阳邑、町店等地创办初等官小学堂20所，初等公学堂15所。阳城县润城镇有一通勒石于民国十年（1921）的《同修府城关帝庙及初高小学校碑文序》，所列参与捐银的省内外商店、铺号共有329家，村民和社会贤达人士共计582人之多，如贵为民国总统的徐世昌先生，都碑上有名，捐银五十两。碑文云：

> 我村关帝庙创修于何时，无考焉。地盘数十亩，殿宇百余楹，巍峨宏敞，为一邑魁。……己未春，敬归自虞都，我父老辈

崇推英雄，保存古迹之热度甚高，而兴工之议又起。是岁夏，村
中村长副闾长、诸执事，因筹办实业教育各经费，抽伐村北玉皇
庙柏树数株，邻村以旧日同社关系，群起纷争，几兴大讼。

　　邑侯麻立招所属村长齐集县署公开谈判，敬亦列席，因提议
玉皇庙柏树与其令日久枯朽，无宁及时变卖，并假关帝庙推广一
高小学校，作为开办费，既可以重兴庙工，尤可以培植人材，大
众公认，群纷遂解。当即备文立案，推定监工人员，克日鸠工庀
材，至辛酉夏而厥工先竣。

　　上述碑记主要记录了出售玉皇庙柏树作为教育经费，在关帝庙内设立
一所学校的事情。由于玉皇庙旧时为多社所建，因此砍伐玉皇庙柏树引起
了周边邻社的不满，遂产生纠纷，最后在县长的协调之下，庙里创建学
校的事宜终于成功。在阳城县润城镇东岳庙为民国时期"废庙兴学"的旧
址，当时的学校设立在庙里，教员就住在庙里。

　　在现代化过程中，传统文化被认为是"落后"、"愚昧"、"迷信"
的象征，需要代之以"进步"、"开化"、"文明"的理性体系，在这一
"去魅"的过程中，神明体系逐步弱化、动摇，逐渐趋于消失。

神明退出

　　民国以来战争的发展和现代化运动的推行，许多寺庙被破坏，宗教活
动场所也日益减少。阳城在1933年有寺僧389人，1938年共有寺庙238个，
1940年日本进入阳城后，僧人逃亡。檵山寺位于沁水城东端氏镇，唐昭宗
亲为檵山寺赐额"大云禅院"。檵山寺约创建于南北朝北魏初年，历代香
火极盛，山上风景佳美，可惜一代名寺竟毁于日军炮火之中。光绪《沁水
县志》载："碧峰寺，在县北三里碧峰山，内有千佛阁，寺东有灵泉，又
有舍利塔，是密公埋履处。"碧峰寺始建于晚唐，历代皆有重修，但该
庙却于民国二十七年（1938）被国民党九十三军第十师拆除。新中国成立

后，僧人全部还俗。清末阳城道教较大的宗教场所是"六观一阁"，即太清、岱岳、太极、万龄（白涧村）、灵泉（王村）、真武阁（东关），太清、岱岳和灵泉观为"三大观"。太清观下辖的太极、长生观、真武阁和酒庄、西关及桑林宫上等小庙、观。民国初期，太清观有道士8人。1930年，全县有道教徒135人。

新中国成立后僧道皆还俗，均回乡务农。庙宇被破坏，即便是留存下来的庙宇也是因为其被当做公共建筑而侥幸存在。除了上文谈到的学校外，很多庙宇还被当做医院、大队、政府机关占据，庙里神像已毁，但是建筑还是留存了下来。沁水县半峪村位于沁水东南角该村所辖四个自然村（上半峪、下半峪、反后、胡家掌），拥有人口1000余人。村里胡家掌上庙重修于明代万历五年（1577），顺治十五年（1658）、乾隆十年（1745）多次重修。庙内正殿佛爷，南殿地藏，西供人祖，东为禅堂，四角小房分别供关公、山神、孔圣、蚕农、鲁班、老君等神。庙内神像在20世纪40年代被捣毁，"文化大革命"期间二次被毁。集体化时代是生产队存放饲料处，如今庙宇已经成了断壁残垣。胡家掌庙始建于明末清初，原来是存放上庙各神牌位、神幔、神杖和祭祀用具之所，也是村内的文化活动中心。东西为看台，南面为乐台，后台有道光九年（1829）、二十一年（1841）唱戏题壁。新中国成立后作为村里小学保存至今。

沁水交口舜帝庙位于县城西南30公里处的土沃乡交口村，根据碑文记载，该庙始建于元至正六年（1346），距今已有600多年历史，以后历代多次重修，光绪九年（1883）是最后一次重修。如今，交口舜帝庙昔日的繁华不再，但凭借宏大的庙宇和留存的众多精美壁画、碑文，我们依稀可见这座庙宇当年的风采。然而，庙里各殿的神像早已不见踪影。交口村因位于涧河、蒲泓河两河交汇处而得名，这里林木郁葱，风景优美。然而今天的交口全村一共只有343口人，在乡村都市化的背景下常住人口只有不到百人，所以这里早已是杂草丛生，破败不堪。

无根的庙宇

近代以来，传统与现代呈现为一种"二元对立"的模式，在这一模式前提下，传统社会被认为是"简单"、"原始"、"未开化"的社会。晚清的"废庙兴学"运动，民国年间开始的乡村文化建设运动，经历"文化大革命"，到改革开放后的乡村文化建设，直至今天的新农村建设，中国的乡村在发生着天翻地覆的变化。在此过程中，乡村庙宇消失了，民众被"去魅"了，神明体系逐步瓦解了。

1986年，沁水县的古庙会有正月初七窦庄高禖爷庙会、二月初二小庙岭白云洞仙人庙会、二月初三郭壁关圣帝庙会、二月十五张马老君爷庙会、二月十九王壁府君庙会、三月初三郎壁玉清宫庙会、三月十二端氏汤王爷庙会、三月二十八上川娘娘庙会、四月初三蒲池女娲娘娘庙会、五月初五嘉峰五瘟爷庙会、六月初六下川舜王庙会、七月十五中村五谷庙会、八月初一柿庄祖师庙会、十月十五古堆三官庙等30余个庙会。到了2003年，保留下来的古庙会只有张马、赵庄、王壁、固县、张村、土沃、端氏等十多个古庙会。而随着乡村都市化，农村城镇化的快速推进，乡村衰落成为不得不面对的事情。相关部门最新的统计数字显示，我国的自然村十年前有360万个，现在却只剩270万个，一天时间消失的自然村大概有80到100个。在此情况下，神明信仰出现了弱化、松动，乃至于消失的状况。

传统时代是有神的村落、有神的社区，神与人的关系极其紧密，因此民众在历史时期多次重修庙宇，到了晚清以来百年现代化运动中庙宇被废、神明被毁，而改革开放后很多地方再次重修庙宇。庙宇在村落中经历了从传统时期的兴盛到民国以来的衰落再到改革开放后重修，而在这三个阶段中我们不能忽视国家的重要作用。也正是在此过程中，国家以一种外来力量凭借其权力体系一次次进入地方社会的过程中，不仅是将地方文化遗产的归属性紧握其中，而且将其管理权也置于自身的管辖之下，这与国家所具有的资源配置和行政权力有关。而在这一过程中，作为地方文化传承的文化持有者处于一种边缘的态势。从本质上说，地方或者说村落是遗产最终的落脚点，地方民众也应该是其最根本的表述群体，而且遗产也总是在"地方性知识"的不断发掘中延续与存在的。民国以来，国家对地方的渗透不断加深。但是一直以来从没有达到预定的效果，国家的很多政策在乡村被消解了。在乡村文化精英日益离开村庄的今天，执行政策的难度愈发加大，结果也就与预期的目标越来越远。实际上，以政府为主导的指导性变迁和调适，要在充分尊重当地民族文化的基础上，让人们在选择的过程中达成共识，而不能强制进行。因为任何一个新的事物，只有尊重既存的传统文化模式，才有获得较大成功的机会。政府所应该做的就是在尊重地方民众自主选择基础上进行适度引导，只有这样，乡村才能按照正常的轨迹前行，这才符合正常的发展规律。

参考文献

（清）胡聘之.山右石刻丛编.太原：山西人民出版社，1988.

（清）杨念先.阳城乡土志·阳城县金石记.栗守田标点、校注.太原：三晋出版社，2009.

晋城市地方志丛书编委会.晋城金石志.北京：海潮出版社，1995.

贾志军主编.沁水碑刻搜编.太原：山西人民出版社，2008.

田同旭，马艳主编.沁水历代文存.太原：山西人民出版社，2005.

张正明，科大卫，王勇红主编.明清山西碑刻资料选（续一）.太原：山西古籍出版社，2007.

田同旭，马艳.沁水县志三种.太原：山西人民出版社，2009.

车国梁主编.三晋石刻大全——晋城市沁水县卷.太原：三晋出版社，2012.

卫伟林主编.三晋石刻大全——晋城市阳城县卷.太原：三晋出版社，2012.

山西省阳城县志编撰委员会.阳城县志.北京：海潮出版社，1994.

山西省史志研究院编.山西通志·民族宗教志（第四十六卷）.北京：中华书局，1997.

阮元.十三经注疏（上册）.北京：中华书局，1980.

王小圣.海会寺碑碣诗文选.太原：山西人民出版社，2002.

《析城山文化丛书》编委会.阳城汤庙碑拓文选.北京：文物出版社，2012.

郭峪村志编纂委员会.郭峪村志.1995.

上伏村志编撰委员会.上伏村志.1995.

薛杜平.上庄古村.北京：中国建筑工业出版社，2009.

下孔村志编撰委员会.下孔村志.深圳：世界华人艺术出版社，2001.

郑村镇半峪村委员会.半峪村志.沁水县翱翔印刷社，2004.

长畛村志编纂委员会.长畛村志.山西省史志印刷厂，2007.

马刘勤.沁水县中村志.太原：山西人民出版社，2011.

楼庆西.西文兴村.石家庄：河北教育出版社，2002.

李秋香，楼庆西，陈志华.郭峪村.石家庄：河北教育出版社，2003.

田澍中，贾承健.梦回沁水（上、中、下）.太原：山西人民出版社，
2012.

[美]罗德尼·斯达克，罗杰尔·杰克著.信仰的法则：解释宗教之人的
方面.杨凤岗译.北京：中国人民大学出版社，2004.

刘清泉.古稀树木.北京：中国环境科学出版社，1997.

袁喜生.李濂年谱.开封：河南大学出版社，2001.

冯俊杰.山西神庙剧场考.北京：中华书局，2006.

杨庆堃著.中国社会中的宗教.范丽珠译.上海：上海人民出版社，
2007.

晋城市地方志编纂委员会编.晋城市志（全三册）.北京：中华书局，
1998.

后 记

　　从太原到晋城全程314公里，坐大巴需要5个小时，沿途汽车会经常在曲曲折折的太行山里穿行。走进太行山，我想起了愚公移山的故事。实际上，愚公是在挖山，不是在搬山，但他的精神感动了上天，于是天帝派出了夸娥氏的两个儿子搬走两座山。这个故事启示人们：只要有毅力就可以成功。而此故事之所以产生在这样的区域，除了说明历史时期这里交通不便之外，也在向我们传达着这个区域的民众有一种执着的精神。从历史时期的"太行八陉"到如今的高速公路，这个曾经封闭的区域也逐渐被外界所认识，沁河文化的内在特质也越来越引起社会各界的关注。

　　2014年5月31日上午，沁河文化研究会成立大会在沁水县嘉峰镇召开，山西省政府参事姚剑，晋城市文联主席贾大一，中共沁水县委常委、宣传部长梁云辉等各界人士出席成立大会。沁河文化研究会"旨在通过整合沁河流域的旅游资源，以文化传承为脉络，以打造可持续发展旅游业为有效途径，最终达到沁河流域新型城镇化的目标"。

　　2014年7月29日—8月8日，在"三晋文化传承与保护协同创新中心"学科召集人、副校长行龙教授带队下，山西大学"沁河风韵"学术工作坊的专家学者一行30余人来到沁河流域，开展了为期11天的田野考察。此次调查汇聚了山西大学历史、文学、政治、环境、教育、体育、美术等学科的专家教授，旨在对沁河流域风土民情、古堡建筑、历史文化、考古发现、生态环境、旅游开发等方面进行多学科集体调查。在这次集体考查中，沁水西南的历山是第一站，从此沿沁河而下，经过中村镇、土沃乡、端氏镇、嘉峰镇、润城镇、北留镇、蟒河镇，一直到河南武陟县沁河入黄口。

这次考查中，留给我印象最深的是沁河流域神明信仰的发达。不要说历山、槭山、小尖山、析城山这些名山大川有着规模庞大的宗教建筑以及历史悠久的神话传说，也不用说海会寺、青莲寺这些地方本就是宗教圣地，即便是村落里也是宗教建筑甚多，且历史悠久。沁水县中村历史上有"三堂四阁五大庙"、窦庄村至今留存的仍旧有17处宗教建筑，郭壁村也有18处宗教建筑，还有元代的舞楼……在这些村落里，不仅有舜庙、汤庙这些沁河流域的大庙，而且几乎每个大庙里都有关帝庙、高禖殿、老君庙、蚕姑这些颇具地方特色的神明系统。

沁河流域神明系统的发达与明清以来此地经济的繁荣有关，这里铁矿贮量丰富，至明朝天顺年间阳城铁产量已居全国首位。此外，还盛产硫黄、琉璃、煤炭、陶瓷、药材、蚕丝、棉布、纸张等。发达的商业，带动了庞大的商队——"阳城帮"，他们有着执着的精神，不畏艰难险阻，迈开双步走出太行山，足迹遍布大江南北、长城内外。阳城的润城镇、北留镇也被誉为三晋之地著名的"流通重镇"、"煤铁之乡"。与经济繁荣、商业发达密切联系的是这里文化昌盛，从唐代到清代，泽州文风鼎盛、人才辈出，五县文武进士：阳城县有进士123人，泽州县121人（含1名状元），陵川县94人（含7名状元），高平县80人（含1名状元），沁水县63人。另外，阳城民间还流传着"九凤朝阳"与"十凤齐鸣"的故事，以及"郭峪三庄上下伏，秀才举人两千五"的民谚，这都是当地文风鼎盛的体现。与此同时，这里修筑了诸多的深宅大院，从沁水西文兴村的柳氏民居，到窦庄、郭壁古建筑群，再到郭峪古村、皇城相府向我们展示的是这里耕读仕商的文化密码，也向我们透视了这里曾经的繁华与喧嚣。

正因为沁河流域经济繁荣、文化发达，所以历史时期修建了诸多的宗教建筑，且形成了难以穷尽的历史资料，单是下交汤帝庙内就有元代以来的碑刻20多通，郭峪古村原有碑刻七八十通，现在保留下来的也有20余通。除了碑刻外，家谱、村志、县志、文人诗集也不计其数。这些历史资料中很多是与宗教关联的，而宗教信仰是文化中的最深层。因此，通过宗教的研究来展示历史时期沁河流域民众的宗教信仰，这不论是对于了解沁河流域的历史，还是通过历史的研究总结其发展变迁过程中的规律，以此来为今天的新型城镇化建设服务，都具有很重要的意义，这也是我选取沁河流域的村庄神明作为研究的重要原因。然而，由于时间有限和能力所致，笔者只是在沁河流域庞杂的神明系统中选取了一些较有代表性的神明进行了研究，不妥之处，敬请方家指正。

以《搜神记——沁河流域的村庄神明》作为研究对象首先要感谢的是"三晋文化传承与保护协同创新中心"的负责人、山西大学中国社会史中心主任行龙教授。两年前，我从中山大学毕业，来到了山西大学，是他接纳了我，让我加入了他所领导的团队，两年来他以长者对于晚辈的关怀之情培育着我，使我逐步融入这个团队。另外，沁河流域对于我来说原本是一个"想象的区域"，正是在行老师的引领下，我"走近了他者的世界"，也走入了这个蕴涵着"富矿"的学术区域。同时在课题研究的开展过程中，行老师还多次不厌其烦地加以悉心指导，在此，我要说一声，谢谢了！

本课题的开展也得到了山西大学中国社会史研究中心各位老师的指导，胡英泽教授、郝平教授、常利兵副教授都曾给予过中肯的意见。尤其要感谢的是祖籍为阳城人的张俊峰教授，在课题的选题、调查过程中，他都给予了许多无私的帮助。感谢文学院的麻林森老师和郭俊红老师无私地奉献了自己拍摄的照片，使拙作离"图文并茂"更近了一步。课题之所以能顺利进行，还得益于12次"沁河风韵学术工作坊"的开展，每一次学术工作坊的开展都是对我思想的启迪与磨砺。

在多次调查过程中，我也得到了沁水县、阳城县多位领导的关怀与帮助。尤其应该感谢的是沁水县民政局原办公室主任，现为《沁河》杂志主编的王扎根老师，他虽然腿脚不便，但是在赴沁水调查过程中，一直充当我的向导，他宽以待人、乐于助人的风范时刻感动着我。在赴阳城的两次调查中，县博物馆的馆长李学乐、副馆长郭军亮也提供了最大的方便，不仅提供交通工具，而且全程陪同，这对于本课题的顺利开展起到了重要作用。

　　感谢山西人民出版社的各位领导与同志，本书的校对、审阅、排版等工作中都凝聚了他们许多的汗水，他们辛勤的工作值得我们铭记！

　　最后，向所有曾经帮助过我的各位领导、各相关单位，以及老师、同仁、朋友，特别是各位德高望重的前辈学者们，表示真诚感谢！同时，还要感谢沁水县和阳城县的普通民众，他们才是文化的持有者与历史的创造者，也是最应该感谢的人！

郭永平
二〇一五年十二月十五日